WULIU GUANLI ANLI FENXI

物流管理案例分析

姬　杨　张学建 ⊙ 主编

知识产权出版社
全国百佳图书出版单位

图书在版编目（CIP）数据

物流管理案例分析/姬杨，张学建主编．—北京：知识产权出版社，2015．3

ISBN 978-7-5130-3352-7

Ⅰ．①物…　Ⅱ．①姬…　Ⅲ．①物流—物资管理—案例—高等学校—教材　Ⅳ．①F252

中国版本图书馆CIP数据核字（2015）第026971号

内容提要

本书从供应链管理入手，对物流系统的分析、规划、控制、评价、预测、决策、物流信息管理、物流运输、物流配送、仓储和库存管理等方面进行了介绍，并针对我国高校开设物流专业的特点及具有不同物流特征的行业与领域，选择了汽车、服装、超市、食品、家电、医药等方面的经典案例。同时本书运用典型案例，将学生带入特定事件的现场，激发学生的兴趣，引导学生进行自主探究性的学习，提高分析和解决实际问题的能力，达到真正掌握并升华所学物流知识的目的。本书较为充分地表现物流学科与物流工程领域发展的水平与进展，可作为物流专业教材。

责任编辑：许　波　　　　**责任出版**：孙婷婷

物流管理案例分析

姬　杨　张学建　主编

出版发行：知识产权出版社有限责任公司	**网　　址**：http：//www.ipph.cn
电　　话：010-82004826	http：//www.laichushu.com
社　　址：北京市海淀区马甸南村1号	**邮　　编**：100088
责编电话：010-82000860转8380	**责编邮箱**：xbsun@163.com
发行电话：010-82000860转8101/8029	**发行传真**：010-82000893/82003279
印　　刷：北京中献拓方科技发展有限公司	**经　　销**：各大网上书店、新华书店及相关专业书店
开　　本：787mm×1092mm　1/16	**印　　张**：16.5
版　　次：2015年3月第1版	**印　　次**：2015年3月第1次印刷
字　　数：285千字	**定　　价**：48.00元

ISBN 978-7-5130-3352-7

前　言

物流专业教育强调对学生实践技能和管理能力的培养。作为一门实践性很强的学科，物流工程的研究对象是生产领域和流通领域的一切物料流以及有关的资金流、信息流等。物流工程的研究目的是通过科学的规划、管理与控制，来解决社会经济活动中流通成本上升的问题，以取得系统的优化效果。案例教学是要让学生在实际案例的启发中、在身临其境的氛围里主动参与学习。物流案例教学就是运用典型案例，将学生带入特定事件的现场，激发学生的兴趣，引导学生进行自主探究性的学习，提高分析和解决实际问题的能力，达到真正掌握并升华所学物流知识的目的。

本书正是在这一思想的指导下，从供应链管理入手，在物流系统的分析、规划、控制、评价、预测、决策、物流信息管理、物流运输、物流配送、仓储和库存管理等方面选择案例，针对我国高校物流专业教育的特点，选择了汽车、服装、超市、食品、家电、医药等具有不同物流特征的行业与领域的经典案例，对在物流方面成就突出的世界知名企业的物流实践案例进行分析。案例的选择既考虑到学科知识的系统性和全面性，也注重其时代性和先进性，尽可能充分地表现物流学科与物流工程领域发展的水平与进展。

本书由姬杨、张学建担任主编。具体分工为：姬杨编写第二章、第四章和第九章，张学建编写第一章和第八章，刘喆编写第六章，白莹编写第五章，朱美玉编写第三章，高扬编写第七章。

在本书的编写过程中，得到了一些大中型企业客户关系管理岗位人员的指导，编者对他们提出的宝贵意见和帮助在此表示感谢。同时本书参考和借鉴了很多专业资料并列于参考文献中，如有疏漏之处，敬请指证。

编者

2015 年 1 月

目　录

第一章　物流概念的产生及发展

第一节　物流的概念及定义

一、物流的概念

（一）物流概念的发展过程

1. 萌芽阶段

20 世纪 30 年代初，西方的市场营销教科书中就出现了包括物资运输、物资储备等业务的“实体供应”（Physical Supply）一词。1935 年，美国营销协会对物流（Physical Distribution）所下的定义是：“在生产与销售之中的物质资料和服务，从生产地点到消费地点的流动过程中伴随的种种经济活动。”

2. 扩展阶段

第二次世界大战期间，美国根据军事上的需要，在军火战时供应中使用了“后勤管理”（Logistics Management）一词。

3. 形成阶段

20 世纪 60 年代，日本通过对美国工厂后勤管理的考察，正式引进了“物流”这一概念。

（二）美国的物流定义

美国的物流定义归纳为四大派别：管理派、工程派、军事派、企业派。

1. 管理派

管理派以美国物流协会为代表。1963 年该协会对物流管理（Physical Distribution Management）的定义是：物流管理是为了计划、执行和控制原材料，在制品库存及制成品从起源地到消费地的有效率的流动而进行的两种以上活动的集成。1985 年下半年该学会进行调整，它对物流（Logistics）的定义是：物流是对货物、服务及相关信息从起源地到消费地的有效率、有效益的流动和储存进行计划、执行和控制，以满足客户要求的过程。该过程包括进向和去向、内部和外部的移动及以环保为目的的物料回收。

2. 工程派

工程派以美国物流工程师学会为代表。1974 年该协会对于物流的定义是：物流是与需求、设计、资源供给与维护有关，是一种支持目标，计划及运作的科学、管理、工程及技术活动的艺术。它将物流定义为将科学、管理、工程及技术活动集合在一起的一种艺术，显然对物流的要求非常高。

3. 军事派

一个国家最先进的技术一般是军事技术；一个国家最严厉、最有效的管理是军事管理；一个国家最先进的物流是军事物流。美国国家宇航局（NASA）拥有全球最先进的军事物流系统。美国空军 1981 年关于物流的定义是：物流是根据计划，执行军队调动与维护的科学。该定义从军事物资、人员、装备及服务四个方面对物流进行了规范，十分全面。

4. 企业派

美国一家著名的物流公司 Exel Logistics 1997 年在《物流术语词汇集》中给物流下了以下三种定义：

（1）物流是与计划和执行供应链中的商品及物料的搬运、储存及运输相关的所有活动，包括废弃物品及旧品的回收复用；

（2）物流是围绕物料管理和实物流通所发挥的功能；

（3）物流是对动态和静态库存的管理。

（三）我国目前的物流定义

1979 年 6 月，中国物资经济学会派代表团参加在日本举行的第三届国际物流会议，回国后代表团第一次把“物流”这一概念介绍到国内。1987 年 1 月 5 日，新成立的中国物流研究会在安徽蚌埠召开了首届大型学术年会。1997 年，原国内贸易部决定对物流的定义展开研究，经国家质量技术监督局批准作为国家标准研究项目，先后由北京工商大学、中国物资流通协会牵头组织编写。

我国现行的国家标准《物流术语》最后将物流定义为：物品从供应地向接收地的实体流动过程。根据实际需要，将运输、储存、装卸、搬运、包装、流通加工、配送、信息处理等基本功能实施有机结合。

二、物流管理发展的阶段及特征

（一）实体分销管理（PDM）

在20世纪60年代，当西方管理科学的重心开始从生产领域转向非生产领域时，PDM（Physical Distribution Management）的概念开始形成，并受到重视。当时被管理大师彼得·杜拉克（Peter·Drucker）称为经济增长的“黑暗大陆”，是“降低成本的最后边界”，是降低资源消耗，提高劳动生产率之后的“第三利润源泉”。

实体分销管理第一次将企业内部的运输、仓储、库存控制、物料搬运和订货处理等活动集成起来，相互联系、相互协调，从而使PDM实现了三方面的有益效果：使企业充分挖掘物流活动之间的相互联系，建立以最小成本满足客户需求的“分销组合”；使实体分销的客户导向性更强；提升了分销在整个阶层中的地位。

（二）企业集成化管理（ILM）

物流贯穿在整个企业的运作流程中，不仅包括分销物流，而且包括采购物流和生产物流。因此，实体分销管理的原理同样运用到原材料、零部件的购进等物流活动中，即通常所说的“采购物流管理”；应用到企业生产（服务）的物流活动中，即所谓的“生产（制造）物流管理”或“服务物流管理”，它能最大限度地降低企业内部物流的总成本。

（三）供应链管理（SCM）

合作竞争时代的到来，竞争无国界与企业相互渗透的趋势越来越明显，市场竞争实质上已不是单个企业之间的较量，而是供应链与供应链之间的竞争，对传统企业管理思想产生了巨大的冲击。面对变化无常，竞争日益激烈的市场环境以及客户需要的多样化和个性化及消费水平不断提高的市场需求，企业越来越注意利用自身的资源形成自己的核心能力，并利用其核心优势与其供应商、分销商、客户等上下游企业构建供应链网络组织，并通过供应商管理共同形成合作竞争的整体优势。

三、物流的产生和未来发展

（一）物流的产生

1. 经济全球化

第二次世界大战后，尤其20世纪60年代以来，国际直接投资迅猛发展，以跨国公司为代表的国家生产资本为主要特征的资本输出，成为国际资本运作的主要形式，并且极大地促进了国际间的分工与合作，使社会生产过程进一步国际化。到20世纪80年代，关税与贸易总协定（以下简称关贸总协定）的缔结，极大地加快了国际贸易自由化的进程。此后为监控关贸总协定的执行而成立的世界贸易组织（WTO），以及一些区域性联盟的成立，又进一步推动了区域贸易自由化的进程。贸易自由化和生产国际化促进了经济的全球化。同时世界大多数国家实行的经济自由化政策，使经济得以越过国界自由发展，企业、投资和生产的无国境化，以及超越国境的国际市场竞争越来越普遍。世界似乎变小了，世界商业之间的相互联系日益密切。

生产的国际化与贸易的自由化，都对国际运输提出了更高的要求，国际运输服务采用的运输方式的运输速度也越来越快，各种运输方式之间的衔接也越来越紧密。同时，国际贸易和运输中采用的信息技术也越来越复杂。

2. 即时制的出现

“适时”（JIT，Just-In-Time）也称为即时制。即时制管理的理论思想起源于美国，并因日本丰田公司在20世纪70年代后期的成功应用而闻名于世。其最高目标是使企业的原材料和外购零件的库存为零，生产缺陷为零。JIT被广泛地运用在生产、运输、分拨等各个方面，其意图是使生产者或供应者在质量、成本和送货时间等方面满足客户的需要。

3. 运输技术的更新和发展

其主要体现在集装箱化、集中运输和国际多式联运等几个方面。

（二）中国发展物流产业的“瓶颈”

中国发展物流产业的“瓶颈”表现在服务方式和手段比较原始和单一。目前多数从事物流服务的企业只能简单提供运输（送货）和仓储服务，而在流通加工、物流信息、服务、库存管理、物流成本控制等物流增值服务方面，特别是在物流方案设计以及全程物流服务等更高层次的物流服务还没有全面展开。

物流企业组织规模较小，缺乏必要的竞争能力。例如，全国从事公路货物运输的经营业户有270余万户，平均每个经营业主拥有的运营车辆仅1.43辆；拥有运营车辆超过100辆的企业只有中远、中外运等少数企业。

物流企业经营管理水平较低，物流服务质量有待进一步的提高。各种物流设施及装备的技术水平低，物流作业效率不高。设施结构不尽合理，不能充分发挥现有物流设施的效率，物流设施和装备的标准化程度也较低。

信息技术应用水平较低，信息系统建设滞后。工商企业内部物流信息管理和技术手段都还比较落后，如条形码技术、全球卫星定位系统（GPS）、物资采购管理（MRP）和企业资源管理（ERP）等物流管理软件，在物流领域中的应用水平较低。缺乏必要的公共物流信息平台，以 EDI、互联网等为基础的物流信息系统在我国还没有得到广泛的应用。

（三）物流未来的发展

1. “双向”发展

随着生产技术的高速发展以及经济市场化、全球化、需求个性化等因素的影响，产品的生产将向小批量、多品种、高附加值的方向发展，推动制造业向计算机集成制造、柔性制造、虚拟制造等全新模式变革。同时在生产物流基础上，力求维持一个最低的库存水平，甚至是“零库存”。为了适应这种生产的形式，物流的对策将是“双向”发展。

首先，物流将不断改进和发展物流系统，不断吸收高新技术，以适应新的生产要求，这些新技术包括：信息技术、网络技术、计算机技术、光电编码技术、自动控制技术、GPS 技术、动态仿真技术等。

其次，选择第三方物流。第三方物流（The Third Party Logistic，TPL 或 3PL）是指由除物流劳务的供需方之外的第三方去完成物流服务的物流运作与管理方式。因此，所谓第三方物流是指生产经营企业为集中精力搞好主业（产品的制造、产品的更新换代、产品销售等），把原来属于自己处理的物流活动，以合同方式委托给专业物流企业，同时通过信息系统与物流服务企业保持密切联系，以达到对生产经营企业物流全过程管理和控制的一种物流作业方式。

目前，在我国，第三方物流的概念和应用刚刚起步，第三方物流所需的社会环境和有关法律法规还处在建立和完善中，但第三方物流的发展潜力以及社会和经济效益已开始被人们所认识。

2. 一体化管理

一体化管理是物流管理的必然趋势。一体化是指各个部门统一规划、统一计划、统一实施、统一调整，使企业物流运营达到最佳化。

一体化管理有：

（1）企业内一体化。将企业各个部门统一管理、集中管理，使企业内物流效率提高，物流成本降低。

（2）后向一体化，即企业向后控制供应商，形成紧密型或松散联盟，使供应和生产一体化，实现供产结合。这是供应链一体化的一种形态。

（3）前向一体化，即企业向前控制分销系统，实现产销结合。这也是供应链一体化的另一种形态。

（4）前后一体化。这是供应链一体化的高级形态。

（5）横向一体化，即兼并或控制竞争对手的同类产品的企业。

3. 信息化

随着信息技术和计算机技术的发展，以及信息化建设投资的进一步降低，管理信息系统的建设将成为每个企业的必需投资。管理信息系统的建设包括 EDI 的建设、条形码应用等。特别重要的是，信息技术的应用范围应扩大到供应链的整个过程，否则，企业的信息网络只服务于供应链的一部分，难以发挥一体化的效能。

第二节　现代物流学的发展过程

世界上一些发达国家，如美国、日本等，其生产资料市场经过充分发育，现在已经形成了适合本国国情的现代化流通体系。研究其他国家物流的发展状况，可以借鉴其成功之经验，吸取其失败之教训。分析国外物流发展的经验与教训，应该说各有千秋——美国强调的是企业的“物流管理”，日本强调的是社会“物流系统”建设。

一、美国物流的发展

20 世纪 70 年代末，美国物流活动的经营环境发生了巨大变化，特别是 80 年代前后掀起的放松管制浪潮，为物流产业的迅速发展提供了广阔的空间。首先是 1977—1978 年《航空规制缓合法》的制定拉开了规制缓和的序幕，加速了航空产业的竞争，从而对货主运输产生了巨大影响。1980 年通过了汽车运输法案和铁路法案，根据这两项法案，运输公司可以灵活地决定运费和服务。1984 年随着海运法案的通过，运输市场已全面实现了自由化，这一系列规制缓和不仅带来了运输业的激烈竞争，而且由于运费的自由决定、运输路线、运送计划等自由度的增加，使物流业者能够真正满足客户需求，并实现与其他公司在物流服务上的差别化。对于货主来讲，可以从发货地到目的地之间自由选择、组合交通工具，实现联合运输。

在物流管理理论上，这一时期随着 MRP、MRP Ⅱ、MRP Ⅲ、DRP、DRP Ⅱ、看板制以及准时制等先进管理方法的开发和在物流管理中的运用，人们逐渐认识到需要从流通生产的全过程来把握物流管理，而计算机等现代科技的发展，为物流全面管理提供了物质基础和手段。1984 年，格拉罕姆 · 希尔曼（Graham Sharman）发表了题为《物流的重大影响》一文，该文使物流具有的战略意义得到企业高层管理人员的充分重视。最具有历史意义的是 1985 年美国的物流管理协会（原“国家实物配送管理委员会”）正式将名称从 National of Physical Distribution Management 改为 National Council of Logistics Management，从而标志着现代物流观念的确立及对物流战略管理的统一化。

20 世纪 80 年代中期以后，随着经济环境、产业结构和科学技术迅猛的发展及人们对物流管理认识的提高，物流理论和实践开始向纵深发展。在理论上，人们越来越清楚地认识到物流与经营、生产紧密相连，它已成为支撑企业竞争力的三大支柱之一。1985 年，威廉姆 · 哈里斯（William D. Harris）和斯托克 · 吉姆斯（James R. stock）在密歇根州立大学发表了题目为《市场营销与物流的再结合——历史与未来的展望》的演讲，他们指出从历史上看，物流近代化的标志之一是商流与物流的分离，但是随着 1965 年以西蒙（Simon Leonard）为代表的客户服务研究的兴起，特别是最近 20 年的客户服务研究中，人们逐渐从理论和实践上认识到现代物流活动对于创造需求具有相当重要的作用。因此，在这一认识条件下，如果再像原来那样指定的营销组合仅仅是产品、价格、渠道、促销等战略，而仍然将物流排除在外，显然不适应时代的发展。因此，非常有必要强调营销与物流的再结合。这一理论对现代物流的本质给予了高度总结，也推动了物流客户服务战略以及供应链管理战略的研究。

从物流实践来看，20 世纪 80 年代后期电子计算机和物流软件发展日益加快，更加推动了现代物流实践的发展，这其中的代表是 EDI 的运用与专家系统的利用。EDI 是一种结构化、标准化的信息传递方法，应用 EDI 时，计算机之间不需要任何书面信息媒介或人力的介入。这种信息传递不仅提高了传递效率和信息的正确性，而且带来了交易方式的变革，为物流纵深化发展带来了契机。此外，专家系统的推广也为物流管理提高了整体水平。现代物流为了保障效率和效果，一方面通过 POS 系统、条形码、EDI 等收集、传递信息，另一方面利用专家系统使物流战略决策实现最大化，从而共同实现商品附加价值。

值得特别指出的是，作为物流的一项重要内容和推动运输物流发展的政府政策，美国运输部部长罗德纳 · 斯拉特（Rodney E. Slater）提出的《美国运输部 1997—2002 财政年度战略规划》，已成为美国物流现代化发展的指南之一。这个规划反映了当时克林顿政府的长期主张，即运输不再是水泥、沥青和钢铁，最大的挑战是建立一个以国际为所及范围，以多种运输方式的联合运输为形式，以智能为特性，并将自然包含在内的运输系统。

美国作为物流理念的发源地，其物流研究、实际和技术开发一直处于世界前沿，有十分成熟的物流管理经验和发达的现代物流。特别是商贸流通和生产制造企业十分重视现代物流能力的开发。从20世纪50年代物流发展初期的“实物配送”（Physical Distribution）阶段，到20世纪80年代的“物流”（Logistics）阶段，再到当今的供应链管理阶段（Supply Chain Management），美国一直将物流战略作为企业商务战略的核心组成部分并予以高度重视，因此物流理念在企业广为普及。对物流设施的建设，主要指仓库和分销中心，即配送中心（Distribution Center）以及零售店等，也是企业根据自身物流战略而规划选址并进行建设。相对来说，政府在推动物流发展方面的作用比较小，这与美国“自由经济”和城市布局特点等国情是相符合的。

二、日本物流的发展

作为现代物流发展的后起之秀的日本，自从1963年从美国引进“物流”概念后，即开始受到企业和政府的高度重视。1970年，日本政府分别成立了物流管理协会（Japanese Logistics Management Association，JLMA）和日本物流管理委员会（Japanese Council of Logistics Systems，JILS）。1992年6月10日，两个组织合并设立日本物流系统协会（Japan Logistics Institute），以突出“物流系统”观念，强调从社会角度构筑人性化物流环境，体现可持续发展的理念，延伸内容至物流相关的交通系统等领域，突出物流作为社会功能（Social Function）系统对循环型社会发展的贡献。这在很大程度上超越了企业的行为空间，因此政府在整个物流发展方向的推动作用十分显著，规划引导力度较大。

1997年4月，日本政府出台了第一份物流策略方面的政策文件，即《综合物流施政大纲》，提出在2001年前各相关部门协调一致，共同完成三大目标：一是向亚洲、太平洋地区提供最便利和高质量的物流服务；二是以不妨碍产业布局和竞争力为前提，降低成本，提供物流服务；三是解决好与物流相关的能源问题、环境问题以及交通安全问题。经过几年努力，在三大目标取得一定进展的基础上，2001年7月6日，日本国会又通过了《新综合物流施政大纲》，指出如何加强国际竞争力，适应世界经济一体化新形势；如何加强环保，构筑循环型社会；如何开发现代信息技术，促进物流事业发展；如何发展物流业，满足国民的需求，与国民生活相和谐等四个问题。日本政府确定了之后五年的奋斗目标，即创建符合日本经济社会要求的新物流体系，从提供不亚于国际水平的物流服务目标出发，全方位推进各项施政措施。在物流方面，包括物流费用在内，将构筑具有国际竞争力的物流市场。同时，为了解决日益严重的环境污染等问题，满足国民日益增长的物流需求，政府要在提高物流效率，提供方便、快捷的物流服务方面狠下工夫，努力建成一个能减轻环境负担的新的物流体系和可循环型的新社会。

美国和日本在对物流内容把握上的差异，与两国发展物流的背景是紧密相关的。美国发展物流是在 1945 年第二次世界大战结束后，随着经济发展的需要而建立起发达的交通运输网的基础上起步的（从当初的 Physical Distribution 到后来的 Logistics）；而日本是在 20 世纪 60 年代经济开始腾飞，但交通网络尚未健全，并受困于交通供需矛盾的背景下发展物流的。作为现代意义上的物流，只是在信息技术发展提供了技术可能性背景下才发展的，至今其实没有多少年的历史，美国是在 1988 年才真正开始走向现代物流的，而日本也是在 1992 年才真正开始的。例如，日本在 1995 年以前，对全国主要制造行业进行的物流成本调查是每 10 年一次，即 1965 年、1975 年、1985 年、1995 年，而 1996 年后开始每年调查一次，所以日本对物流的重视也是近几年的事情。

现代物流的本质，很大程度上是一种管理思想、管理理念、管理技术，拥有“第三利润源”的美誉，这是对生产制造和流通企业而言的，所以应该充分重视生产指导和流通企业现代物流管理的发展和普及。当然，在一定环境下物流确实也表现为一种服务产业，而这种产业的组织形式和商务模式是多样化的，如以运输、仓储等为主的第三方物流（3PL）企业，以为企业提供物流方案设计（如供应链管理方案）为主的第四方物流（4PL）企业。把握物流这一本质，对人们制定好区域物流发展规划是非常重要的。

三、中国物流的发展

中国对物流概念、物流理论的研究是从 20 世纪 70 年代末引进西方发达国家的有关物流理念才开始发展的。物流作为经济管理的一个基本领域、基本功能，是经济社会发展的产物，其物流活动和物流管理在新中国经受了半个多世纪的洗礼，先后经历了计划经济下的发展阶段、有计划的商品经济下的发展阶段和在社会主义市场经济体制建立过程中的发展阶段。

（一）计划经济下的物流（新中国成立初期至 20 世纪 80 年代初）

这一时期，中国实行的是高度集中的计划经济管理体制，国家的整个经济运行处于计划管理之下。国家对各种商品特别是生产资料和主要消费品，实行指令性计划生产、分配和供应，商品流通企业的主要职责是保证指令性分配计划的实现。为了节省商品流通领域的费用，政府努力综合发展各种运输方式，合理布局物资储运点，建立合理库存，编制并不断修改主要物资的合理流向图，提倡综合利用各种运输方式及发展联运，但总体上是按计划生产、储存和运输，实现计划分配与供应。特别是1963年物资部门实现统一管理中转功效仓库以后，全国物流活动基本上由各种物资储运公司和商业储运公司来承担。物资储运公司遵循“以收抵支，收支平衡”的原则，无论中转次数多少，只向用货单位按国家规定的收费标准收取一次性管理费用，物资系统内部调拨物资不收管理费，国家要求物资企业发挥“蓄水池”的作用，导致社会物资存量不断上升，物资周转缓慢。工业消费品的储存和运输按三级批发的供销体制进行，即对一、二、三级商品批发供应站设立相应的商业储运公司，分别承担三级批发过程中的储运业务。当时的商品零售业主要是由国营的百货商店、粮店、副食店和各种物资供应站构成的，他们成为物流的终点，而且规模不大，内部物流活动主要是储存。与此相对应，企业生产按计划安排，物资供应按计划调拨，产品销售按计划分配，交通运输按计划执行，几乎所有的生产资料和消费资料都是由各级政府按部门、按行政区域通过计划手段进行分配和供应的。涉及物流的各个环节，包括采购、运输、仓储、包装、加工和配送等，均完全通过计划手段进行管理和控制，产业结构简单、基础设施短缺、物资供应匮乏的经济发展阶段，保持社会供应的相对稳定，但却导致了条块分割，自成体系，机构重叠，生产、流通及销售等环节相互分离，社会库存量大，物资周转缓慢，资金占用较多，给社会资源造成了极大的浪费。

可以说，这个时期的中国尚未有“物流”的概念，更没有“现代物流”的概念。资源分配和组织供应是按部门、行政区划进行的，物流活动的主要目标是保证国家指令性计划分配指标的落实，物流的经济效益目标被放到了次要位置。物流活动仅限于对商品的储存和运输，物流环节相互割裂，系统性差，整体经济效益低下。

（二）有计划的商品经济下的物流（20世纪80年代初至90年代初）

这个时期，中国引进了“物流”的概念，物流发展进入部分一体化的管理阶段。中国经济开始从计划经济逐步向市场经济过渡，随着产品和服务的商业化和市场化，市场竞争日益加剧，各类企业开始意识到现代物流的重要作用，不仅流通部门加强了物流管理，生产部门也开始重视物流问题；不仅国营物流企业的建设有所加强，同时一些集体和个体物流企业也有了发展，物流业已打破部门、地区的界限，向社会化、专业化的方向发展。但是，这个时期还没有真正意义上的现代物流运作和现代物流企业。

这个时期，我国实行了“对内搞活、对外开放”的政策，宏观经济开始发生了变化，企业经营自主权增加，多种经济成分进入了市场，国民经济步入了高速发展时期。与此同时，中国的物资分配体制、商品流通体制、交通运输体制也发生了重大变化，政府逐步放开了对企业生产、物资、价格的管理。工业企业自主决定其原材料的采购和产品的生产与销售；商贸企业根据流通体制改革和物资供应方式的调整变化，建设配送中心，开展商品物流配送服务；交通运输企业突破传统的观念，把业务范围向运输前后的两头延伸；货运代理企业作为托运人与承运人之间的桥梁与纽带，开办了代理货物托运、接取送达、订舱配载、联运服务等多项业务。国外先进的物流概念和物流管理方式开始进入我国，影响并渗透至我国物流活动的各个领域。

这个时期，由于经济活动已向市场经济转变，物流业开始重视经济效益。物流活动已不局限于被动的仓储和运输，而开始注重系统运作，即考虑包括运输、仓储、包装、装卸和流通加工在内的物流系统的整体效益。按系统化思想，推出了仓库一次性作业、集装单元化技术、自动化立体仓库、各种运输方式综合利用和联合运输等系统应用形式，用系统思想对物流全过程进行优化，使物流总费用最低，物流的经济效益和社会效益有所提高。

（三）社会主义市场经济下的物流（20世纪90年代中期至今）

1993年，党的十四届三中全会通过了《关于建立社会主义市场经济体制若干问题的决定》，加快了我国经济体制改革的步伐，经济建设开始进入一个新的历史发展阶段。科学技术的迅速发展和信息技术的普及应用，消费需求个性化、多元化趋势的加强，竞争机制的建立，使我国工商企业，特别是中外合资企业，为了提高竞争力，不断提出新的物流需求，我国经济界开始把物流发展提到了重要议事日程。国家逐渐加大力度对一些传统的仓储运输企业进行改革、改造和重组，使他们不断提高新的物流服务，与此同时出现了一批适应市场经济发展需要的现代物流企业。

随着改革开放的深入，经济增长方式的转变，国家在“十五”计划和2015年远景规划中明确提出了要进一步加速现代物流发展的战略目标，大多数地方政府也在各自的“十五”计划和长远规划中把发展现代物流放在重要的地位，并采取切实可行的措施发展现代物流，逐步建立起专业化、现代化、社会化的物流服务网络体系。目前，深圳、北京、天津、上海和广州等地政府极为重视本地区物流产业的发展，研究制定地区物流发展规划和政策措施；物流企业逐渐摆脱部门附属机构的地位，开始按照市场规律的要求开展物流活动。

经过多年发展，目前我国已经在交通运输、仓储设施、信息通信、货物包装与搬运等物流基础设施和装备等方面取得了长足的发展，为现代物流发展奠定了必要的物质基础。物流园区、配送中心、商品代理配送制、第三方物流的发展使得物流产业呈现一片欣欣向荣的景象。随着买方市场的形成，企业对物流领域中存在的“第三利润源泉”开始有了比较深刻的认识，优化企业内部物流管理，降低物流成本成为目前我国企业最为强烈的愿望和要求。

（四）“入世”后我国物流业的利弊分析

“入世”以后，在社会各界的共同努力下，我国现代物流取得了较快发展，由起步阶段开始迈向理性、务实、快速发展的新阶段，但仍然存在着一定的问题。

我国物流领域存在的突出问题主要表现在：一是物流服务的组织化水平和经营的集约化程度不高。一方面，作为需要的制造和商贸企业，受“大而全”“小而全”思想束缚，大量潜在的物流需求不能转化为有效的市场需求；另一方面，作为供方的物流企业，“小、散、差”的问题严重，经营模式、服务质量和工作效率难以满足社会化物流的需要。二是物流基础设施薄弱。虽然近年来物流基础设施建设步伐加快，但不仅总量不足，而且配套性、兼容性较差，不能满足物流增长的需要。三是物流的组织和布局不尽合理。条块分割、地区封锁和行业垄断极大地影响了物流资源的整合和一体化运作。四是物流发展缺乏统一、协调的产业政策体系支持，很多政策措施需要有关部门落到实处。

不少外国专家认为，物流业是中国加入 WTO 以后受冲击最大的行业之一。要衡量“入世”后外资进入对物流业的影响度，主要看两大指标：一是对中国物流业是推动还是制约。二是是否对中国物流业形成垄断，是使中国物流企业受兼并、倒闭，人员大量失业，还是国内外物流企业共同发展，形成共赢的格局。

外资进入中国物流业基本上是利大于弊。利主要表现在三个方面：第一，外国物流企业的进入，对中国传统物流业带来了一个巨大的冲击，打破了原有格局而寻求变局，加速了中国现代物流业的诞生。第二，跨国物流企业给中国带来了先进的物流理念、运作模式、管理规范、技术保障与优秀人才以及大量资金，加快了中国物流业的改造、重组与升级。第三，外资的进入，推动了物流的市场化进程，加速了物流市场的形成。

弊端主要表现在两个方面：第一，外资进入，占领了一部分中国物流市场，“蛋糕”被切走了一块。由于外资在许多方面占有优势，所以实际上变成了一种不平等竞争。第二，外资物流企业用高薪与中国物流企业争夺稀缺的物流人才，给国内物流企业造成了压力。

经过“入世”几年的磨合、竞争、发展，国有物流企业、民营物流企业、中外合资与外商独资物流企业都在市场上定了位，各有各的客户，各有各的地盘，但由于中国传统制造业、物流业务外包发展比较滞后，竞争必然会出现重组兼并，出现重新洗牌。外资物流企业的竞争力要高于国内物流企业，国内物流企业要有所准备，充分应对。当然这种局面不可能很快到来，三分天下的格局将维持相当一段时间。

第三节　相关案例分析

案例：美国现代物流发展状况及相关政策

美国经济高度发达，是世界上最早发展物流业的国家之一。美国政府推行自由经济政策，其物流业务数量巨大，且异常频繁，因而就决定了美国多渠道、多形式的物流结构特征。

一、美国物流业发展概况和结构特点

美国是世界上最早提出“物流”概念并将其付诸实践的国家之一。1901 年，格鲁威尔（J. F. Growell）在美国政府报告《关于农产品的配送》中，第一次论述了对农产品配送成本产生影响的各种因素，揭开了人们对物流认识的序幕。1927 年，柏索迪（R. Borsodi）在《流通时代》一文中首次用 Logistics 来称呼物流，为后来的物流概念奠定了基础。从实践发展的角度看，1941—1945 年的第二次世界大战期间，美国军事后勤活动的组织为人们对物流的认识提供了重要的实证依据，推动了战后对物流活动的研究以及实业界对物流的重视。1946 年，美国正式成立了全美输送物流协会（American Society of Traffic Logistics），这是美国第一个关于对专业输送者进行考察和认证的组织。

20 世纪 60 年代，随着世界经济环境的变化，美国现代市场营销的观念逐步形成，客户服务成为企业经营管理的核心要素，物流在为客户提供服务上起到了重要的作用。物流，特别是配送，得到了快速的发展。1960 年，美国的 Raytheon 公司建立了最早的配送中心，结合航空运输系统为美国市场提供物流

服务。1963 年，美国成立了国家实物配送管理委员会（National Council of Physical Distribution Management）。

进入 20 世纪 80 年代的美国，物流管理的内容已由企业内部延伸到企业外部，其重点已经转移到对物流的战略研究上，企业开始超越现有的组织结构界限而注重外部关系，将供货商（提供成品或运输服务等）、分销商以及客户等纳入管理的范围，利用物流管理建立和发展与供货厂商及客户稳定、良好、双赢、互助的合作伙伴关系，物流管理已经意味着企业应用先进的技术、站在更高的层次上管理这些关系。电子数据交换、准时制生产、配送计划，以及其他物流技术的不断涌现和应用发展，为物流管理提供了强有力的技术支持和保障。

20 世纪 90 年代，电子商务在美国如火如荼地发展，促使现代物流上升到了前所未有的重要地位。目前的发展表明，电子商务交易额中的 80%是商家对商家（B2B）交易。据统计，1999 年美国物流电子商务的营业额达到了 80 亿美元以上。电子商务是在互联网络开放环境下一种基于网络的电子交易、在线电子支付的新型商业运营方式。电子商务带来的这种交易方式的变革，使物流向信息化并进一步向网络化方向发展。此外，专家系统和决策支持系统的推广使美国的物流管理更加趋于智能化。

目前，美国物流产业的规模约为 9 000 亿美元，几乎为高技术产业的 2 倍之多，占美国国内生产总值的 10%以上。全球物流产业规模约为 3.43 万亿美元；1996 年，美国物流产业合同金额为 342 亿美元，并在此后 3 年以年平均 23%的速度增长；1996—2000 年，物流产业压减了 500 多亿美元，分摊到美国公司每年支出的库存利息有 40 多亿美元，支付的税金、折旧费、贬值损失及保险费用有 80 多亿美元，仓库费用有 20 多亿美元；整个物流活动占制成品成本的 15%～20%，将近 75%的美国制造商和供应商使用或正在考虑使用合同物流服务，这一数字还将继续上升①。

在美国，物流服务的外部化趋势与物流服务供需双方面临的压力有关。首先，从物流服务的需求方看，成本节省和获得高水平的服务，是导致美国企业把资本集中在主要的、能产生高效益并获得竞争力的业务上的主要诱因。有近 60%的公司认为物流不是它们的主业，使用外部物流合同承包商不仅减少了物流设施的新投资，而且解放了在仓库与车队上占用的资金，使其可以用在更有效率的地方。同时，采用第三方物流还可使企业获得物流管理专业公司的专业技能，克服

① 王成竹．《美国的物流及配送中心》，《中国商贸》2000 年 8 月．

内部劳动力效率不高的问题。其次，从物流供给方的角度看，一方面随着第三方物流服务业的壮大成长，其提供服务的标准已大大提高，作业效率也有了较大改进，为客户需求定制的各类新型服务得到了充分发展；另一方面由于公路运输等传统行业竞争越来越激烈，使得很多企业资金回报下滑，利润率降低，通过改造成综合物流公司，大承运人能对服务增加价值，形成进入门槛较高的细分市场，以保证与客户的长期合同。这也是促成第三方物流综合服务业快速成长和增加利润的因素。第三方物流服务公司的营销能力也变得更加有力和成熟，许多传统的运输和仓储公司都演变成了开展广泛物流服务的供应商。

在美国物流产业的发展中，人才的使用和培养发挥着重要作用。

(1) 企业高层物流主管的设立：在美国的企业中，对物流的认识及物流的地位已经上升到战略的高度。这一点可以反映在美国公司设立高层物流主管的增长比例中。

据美国奥尔良州立大学调查表明，1990 年，物流管理人员的年薪酬水平稳定在 6.4 万美元左右，物流主管则在 8 万～8.4 万美元这个水平上略有上浮；副总裁的薪酬涨幅最大，现在平均达 12.5 万美元。这在美国同时期各行业的年收入水平中属于中等偏上，可能与物流从业人员的受教育程度较高，责任范围广有一定的关系。

(2) 系统的物流教育体系与物流专业人才培养：在物流人才需求的推动下，美国已经形成了较为合理的物流人才教育培训体系。首先，建立了多层次的物流专业教育，包括研究生、本科生和职业教育等多个层次。许多著名的高等院校中设置物流管理专业，并为工商管理及相关专业的学生开设物流课程。其次，在美国物流管理委员会的组织和倡导下，全面开展物流在职教育，建立了美国物流业的职业资格认证制度，例如仓储工程师、配送工程师等若干职位。所有物流从业人员必须接受职业教育，经过考试获得上述工程师资格后，才能从事有关的物流工作。据美国奥尔良州立大学调查，物流管理者的受教育程度和专业结构情况如下：大约 92%的被调查者有学士学位，41%的人有硕士学位，22%的人有正式的资格证书。具体的专业结构为：本科毕业生的专业及结构分别为物流 12%，商科 52%，工程 12%，其他各类专业 24%。

二、美国物流的管理体制与政策

美国是西方资本主义国家中唯一长期实行运输、仓储等物流业私有化的国家。美国的物流市场错综复杂，又十分活跃，得益于它有一套完善的物流市场管理及法制管理体系。联邦层次的管理机构主要有各种管制委员会，其中州际商务委员会负责铁路、公路和内河运输的合理运用与协调，联邦海运委员会负责国内沿海和远洋运输，联邦能源委员会负责州际石油和天然气管道运输，而联邦法院则负责宪法及运输管制法律的解释、执行、判决和复查各管制委员会的决定，各有关行政部门，如交通部、商务部、能源部和国防部等负责运输管理的有关行政事务。立法机构是总的运输政策颁布者、各管制机构的设立和授权者，它们和州级相应机构一起，构成美国全国物流市场的管理机构体系。

美国自建国以来，一直设有州际商务委员会，其主要职责是制定除法律之外的规章制度，协调州与州之间的贸易矛盾、商业与进出口事务、消费者权益以及交通运输方面的事宜，为交通运输企业提供咨询服务。美国联邦政府交通部负责公路建设、管理与维护等工作，而如何使用好公路，做到合理运输，确保运输安全等，则属州际商务委员会的职责。仓储设施建设安全由仓储公司自己规划决定，联邦政府不予管理。

美国政府在物流高度发达的经济社会环境下，不断通过政府宏观政策的引导，确立以现代物流发展带动社会经济发展的战略目标，其近景、远景目标十分明确。美国在其到 2025 年的《国家运输科技发展战略》中，规定交通产业结构或交通科技进步的总目标是：建立安全、高效、充足和可靠的运输系统，其范围是国际性的，形式是综合性的，特点是智能性的，性质是环境友善的。其远景目标是：适应经济增长和贸易发展的需要，通过建立高效和灵活的运输系统，促进美国经济的增长及在本地区和国际上的竞争力；改进机动性和可达性，确保运输系统的畅达、综合、高效和灵活等。近期目标是：改进运输系统结构的完善性，使国家运输基础设施新增通行能力，与其运营效率保持平衡等。

作为物流的一项重要内容和推动运输物流发展的政府政策，美国运输部部长罗德纳·斯拉特（Rodney E. Slater）提出了《美国运输部 1997—2002 财政年度战略规划》，这已成为美国物流现代化发展的指南之一。规划指出，在 1997—2002 年作为跨越 20 世纪到 21 世纪桥梁的 5 年中，美国将面对全球化的市场、环境的挑战、跨越国界的安全威胁和通信与信息革命等环境要素的变化；面对这些挑战与变化，要为美国提供机会，给他们以灵活的选择。这一规划将完善 21 世纪的运输系统，该系统将是全世界最安全、易得、经济和有效的系统。可以说，从整体上讲，这个规划是美国物流管理发展的又一个里程碑。

三、思考与练习题

美国物流业发展的特点？

第二章　采购物流

第一节　采购概述

一、采购的含义

采购是各个企业所共有的职能，是企业经营的起始环节，同样也为企业创造价值。随着企业规模的不断扩大及精细管理和信息技术的广泛应用，采购的作用日益突出。它不仅是保证生产正常运转的必要条件，而且也为企业降低成本、增加盈利创造条件。

二、采购的概念

（一）基本概念

狭义的采购是买东西，就是企业根据需求提出采购计划、审核计划。选好供应商、通过商务谈判确定价格和交货条件，最终签订合同并按要求收货付款的过程。这种以货币换取物品的方式，可以说是最普通的采购途径，无论个人还是企业机构，其消费或者生产的需求大都是通过购买的方式来满足。因此，在狭义的采购之下，买方一定要先具备支付能力，也就是要有钱，才能换取他人的物品来满足自己的需求。

广义的采购是指除了以购买的方式占有物品之外，还可以通过其他途径取得物品的使用权，来达到满足需求的目的。广义的采购除购买之外，还可以通过租赁、借贷和交换等途径来完成。

我们可以从以下几个方面来全面理解采购的概念。

1. 采购是从资源市场获取资源的过程

采购对于生产或生活的意义在于能提供生产或生活所需要、但是自己缺乏的资源。这些资源，既包括生活资料，也包括生产资料；既包括物质资源（如原材料、设备、工具等），也包括非物质资源（如信息、软件、技术、文化用品等）。

资源市场由能够提供这些资源的供应商组成，从资源市场获取这些资源都是通过采购的方式来进行。采购的基本功能就是帮助人们从资源市场获取他们所需要的各种资源。

2. 采购是商流过程和物流过程的统一

采购的基本内容，就是将资源从资源市场的供应者手中转移到客户手中的过程。在这个过程中，一是要实现将资源的所有权从供应者手中转移到客户手中，二是要实现将资源的物质实体从供应者手中转移到客户手中。前者是个商流过程，主要通过商品交易、等价交换来实现；后者是个物流过程，主要通过运输、储存、包装、装卸、流通加工等手段来实现。采购过程实际上是这两个方面的完整结合，缺一不可；只有这两个方面都完全实现了，采购过程才算完成了。因此，采购过程实际是商流过程与物流过程的统一。

3. 采购是一种经济活动

采购是企业经济活动的主要组成部分。既然是经济活动，就要遵循经济规律，追求经济效益。在整个采购活动过程中，一方面，通过采购获取了资源，保证了企业正常生产的顺利进行，这是采购的效益；另一方面，在采购过程中也会发生各种费用，这就是采购成本。我们要追求采购经济效益的最大化，就要不断降低采购成本，以最少的成本去获取最大的效益。而要做到这一点，科学采购是必然要求。科学采购是实现企业经济利益最大化的基本利润源泉。要实现科学采购，就要科学地进行采购管理。

（二）相关概念

1. 订购、购置和购买

订购、购置和购买等概念与采购是不同的。订购是采购过程的一部分，它是指依照事先约定的条件向供应商发出采购订单，它还被用在没有询问供应商的条件下直接发出采购订单的情况。电话订购属于这个范畴，因为电话订购的产品已经列在供应商的产品目录中。订购实际上与采购过程的最后几道程序有关。“购置”一词一般用于固定资产和设备的采购。购买主要指获取商品所有权的采购活动，是采购中的商流活动；采购比购买的含义更广泛、更复杂。

2. 供应

在美国和欧洲，供应具有包括采购、存储和接收在内的更广泛的含义；在中国，“供应”一词的基本含义是指供应商提供产品或服务的过程，偏重于物流活动，而采购更偏重于商流活动。

3. 开发原料来源

在物流领域里越来越流行的一个术语是“开发原料来源”。它包括寻找供应源、保证供应的连续性、确保供应的替代源、搜集可获得资源的信息等活动。这些活动中的大多数与采购过程中的寻找和选择供应商有关。

4. 采购管理

采购管理指的是对采购过程的计划、组织、协调和控制等。它包括管理供应商关系所必需的所有活动。它着眼于企业内部、企业和其供应商之间构建采购关系和持续改进采购过程，因此采购管理包括内部和外部两个方面的内容。

三、采购的范围

采购的范围是指采购的对象或标的。采购按其对象的不同可分为有形采购和无形采购。有形采购的内容包括原料、辅助材料、半成品、零部件、成品、投资品或固定设备及 MRO（Maintenance Repair and Operations，保养、维修与运营）；无形采购主要是服务和技术采购，或是采购设备时附带的服务。

采购的对象还可以分为直接物料和间接物料。直接物料是与最终产品生产直接相关的物料；间接物料是与最终产品不直接相关的商品或服务。间接物料又可以分为 ORM（Operating Resource Management，运营资源管理）和 MRO。ORM 通常是指企业日常采购的办公用品和服务；MRO 是指维持企业生产活动持续进行的维护、修理、装配等所需的间接物料（包括备品备件、零部件等，如润滑油）。

四、采购的地位和作用

在传统思维里，采购就是拿钱买东西，目的就是以最少的钱买到最好的商品。但是，随着市场经济的发展、技术的进步、竞争的日益激烈，采购已由单纯的商品买卖发展成为一种职能，一种可以为企业节省成本、增加利润、获取服务的职能。总体而言，采购由战术地位提高到了战略地位。

（一）采购的地位

采购曾一度被认为是一种注重文书工作的行政职能。近年来，企业才开始意识到采购活动本质上是具有战略意义的。

采购在企业中具有举足轻重的地位。采购已经成为企业经营的一个核心环节，是获取利润的重要来源，在企业的产品开发、质量保证、供应链管理及经营管理中起着极其重要的作用。走出传统的采购认识误区，正确确定采购的地位，是当今每个企业在全球化、信息化市场经济竞争中赖以生存的一个基本保障，更是现代企业谋求发展壮大的一个必然要求。

1. 采购的价值地位

采购成本是企业成本管理中的主体和核心部分，采购是企业管理中“最有价值”的部分。在工业企业的产品成本构成中，采购的原材料及零部件成本占企业总成本的比例随行业的不同而不同，大体在30%~90%，平均水平在60%以上。从世界范围来说，对于一个典型的企业，一般采购成本（包括原材料、零部件）要占60%，工资和福利占20%，管理费用占15%，利润占5%。而在中国的工业企业中，各种物资的采购成本要占到企业销售成本的70%。而现实中，许多企业在控制成本时将大量的时间和精力放在不到总成本40%的企业管理费用及工资和福利上，而忽视其主体部分——采购成本，因此往往是事倍功半，收效甚微。

2. 采购的供应地位

从供应的角度来说，采购是整体供应链管理中“上游控制”的主导力量。在工业企业中，利润是同制造及供应过程中的物流和信息流流动速度成正比的。在商品生产和交换的整体供应链中，每个企业既是客户又是供应商。为了满足最终客户的需求，企业都力求以最低的成本将高质量的产品以最快的速度供应到市场，以获取最大利润。从整体供应链的角度来看，企业为了获得尽可能多的利润，都会想方设法加快物料和信息的流动，这样就必须依靠采购的力量，充分发挥供应商的作用，因为占成本60%的物料及相关的信息都发生或来自供应商。供应商提高其供应可靠性及灵活性。缩短交货周期、增加送货频率可以极大地改进工业企业的管理水平，如缩短生产总周期、提高生产效率、减少库存、增强对市场需求的应变力等。

此外，随着经济一体化及信息全球化的发展，市场竞争日益激烈，客户需求的提升驱使企业按库存生产，而竞争的要求又迫使企业争取按订单生产。要解决这一矛盾，企业只有将供应商纳入自身的生产经营过程中，将采购及供应商的活动看成自身供应链的一个有机组成部分，才能加快物料及信息在整体供应链中的流动，从而将客户所希望的库存成品向前推移为半成品，进而推移为原材料。这样既可减少整个供应链的物料及资金负担（降低成本，加快资金周转等），又可及时将原材料、半成品转换成最终产品，以满足客户的需要。在整体供应链管理中，“即时生产”是缩短生产周期、降低成本和库存，同时又能以最快的交货速度满足客户需求的有效做法；而供应商的“即时供应”则是开展“即时生产”的主要内容。

3. 采购的质量地位

质量是产品的生命。采购物料不只是价格问题（而且大部分不是价格问题），更多的是质量水平、质量保证能力、售后服务、服务水平、综合实力等。有些东西看起来买得很便宜，但需要经常维修。经常不能正常工作，就大大增加了使用的总成本；如果买的是假冒伪劣商品，就会蒙受更大的损失。一般企业将质量控制按时序划分为采购品质量控制、过程质量控制及产品质量控制。

由于产品中价值的60%是通过采购商由供应商提供的，毫无疑问，产品的质量很大程度上受采购品质量控制（Incoming Quality Control，IQC）的影响。也就是说，保证企业产品“质量”不仅要靠企业内部的质量控制，更依赖于对供应商的质量控制。这也是“上游质量控制”的体现。上游质量控制得好，不仅可以为下游质量控制打好基础，同时可以降低质量成本，减少企业来货检验费用（降低IQC检验频率，甚至免检）等。经验表明，一个企业要是能将1/4甚至1/3的质量管理精力花在供应商的质量管理上，那么企业自身的质量（过程质量及产品质量）水平可以提高50%以上。可见，通过采购将质量管理延伸到供应商质量控制，是提高企业自身质量水平的基本保证。

同时，采购能对质量成本的削减作出贡献。当供应商交付产品时，许多公司都会进行来料检查和质量检查。所采购货物的来料检查和质量检查的成本的减少，可以通过选择那些有健全的质量保证体系的供应商来实现。

采购不但能够降低所采购的物资或服务的价格，而且能够通过多种方式增加企业的价值，这些方式主要有支持企业的战略、改善库存管理、稳步推进与主要供应商的关系、密切了解供应市场的趋势等。因此，加强采购管理对企业提升核心竞争力也具有十分重要的意义。

（二）采购管理的作用

1. 直接作用

采购管理在以下几个方面对经营的成功具有重大贡献。

（1）采购管理可以通过实际成本的节约显著提高营业利润。

（2）通过与供应商一起对质量和物流进行更好的安排，采购管理能为更高的资本周转率作出贡献。

（3）通过科学的采购流程管理，能够对企业的业务流程重组及组织结构的改革作出贡献。

（4）采购部门通过与市场的接触可以为企业内部各部门提供有用的信息。

这主要包括价格、产品的可用性、新供应源、新产品及新技术的信息。这些信息对企业的其他部门都非常有用。供应商所采用的新营销技术和配送体系很可能对营销部门大有好处；而关于投资、合并、兼并对象及当前和潜在的客户等方面的信息，对营销、财务、研发和高层管理都有一定的意义。

2. 间接作用

除了直接降低采购成本，采购职能也能够以一种间接的方式对公司竞争地位的提高作出贡献。这种间接贡献以产品品种的标准化、质量成本（与检查、报废、修理有关的成本）的降低和产品交货时间的缩短等形式出现。在实践中，这些间接贡献通常比直接节省的资金更加实在。

（1）产品标准化。可以通过采购标准化的产品来减少采购品种，从而降低企业生产成本。这样还可降低对某些供应商的依赖性，更好地使用竞标的方法。

（2）减少库存。通过对采购活动的科学管理，可以实现对企业各个生产环节所需原材料的即时供应，从而降低企业的库存水平以及因大量库存而带来的资金占用。

（3）增强柔性。迫于国际竞争的压力，越来越多的公司正尝试实施柔性制造系统。这些系统能提高公司的市场反应速度，还可以促进企业产品质量的提高、降低库存水平、加快资金周转。这种系统的实施要求供应商具有良好的素质。把提高供应商的质量和水平作为采购管理任务的主旨可以提高企业在其最终客户市场的竞争力。

（4）对产品设计和革新的贡献。随着科技的进步，产品的开发周期在极大地缩短，产品开发同步工程应运而生。以汽车为例，20 世纪 50 年代的开发周期约为 20 年，70 年代缩短为 10 年，80 年代缩到 5 年，90 年代则进一步缩短到 3 年左右。企业之所以能做到这一点是与供应商参与早期开发分不开的。通过采购让供应商参与到企业产品开发中，不仅可以利用供应商的专业技术优势缩短产品开发时间、节省产品开发费用及产品制造成本，还可以更好地满足产品功能性的需要，提高产品在整个市场上的竞争力。成功的工业革新常常是从供应商和买方的相互深入作用中实现的，积极地寻求这种相互作用是采购的任务。

（5）提高企业部门间的协作水平。这些年来，许多公司都采用了事业部结构，事业部有着相当大的自主权。在这样一种结构中，每一个事业部的经理都需要报告其全权负责部门的损益情况。因此，事业部经理要对收入和成本，包括原料成本负责。在这种情况下，整个公司的集中采购可以促使各部门加强协调和协作。

总之，采购管理在企业管理中占有至关重要的地位，采购环节是整个经营中关键的一环。因此，搞好采购工作和做好采购管理，是企业在激烈的市场竞争中发展的基本条件。

五、采购的基本程序和原则

（一）采购的程序

采购的基本程序会由于采购品的来源（国内采购、国外采购）、采购的方式（议价、招标）及采购的对象（物料、工程发包）等不同，而在作业细节上有若干差异，但每个企业的基本采购程序则大同小异。

在采购过程中，作为制造业的购买方，首先，要寻找相应的供应商，调查其产品在数量、质量、价格、信誉等方面是否满足购买要求；其次，在选定了供应商后，要以订单方式传递详细的购买计划和需求信息给供应商并商定结款方式，以便供应商能够准确地按照客户要求的性能指标进行生产和供货；最后，要定期对采购物料的管理工作进行评价，寻求提高效率的采购流程创新模式。

采购的基本程序如下：

1. 提出需求

任何采购都产生于企业中某个部门的确切需求。负责具体业务活动的人应该清楚地知道本部门独特的需求：需要什么、需要多少、何时需要。这样，采购部门就会收到这个部门发出的物料需求单。这类需求也可以由其他部门的富余物料来满足，但是公司迟早都需要进行新的物料采购。

采购部门还应协助使用部门预测物料需求。采购部经理不仅应要求需求部门在填写请购单时尽可能采用标准化格式及尽可能少发特殊订单，而且应督促尽早地预测需求以免出现太多的紧急订单。由于不可能完全准确地了解价格变化和整个市场状况，为了避免供应终端的价格上涨，采购部门有时要发出一些期货订单。采购部门和供应商早期参与合作会带来更多信息，从而可以削减成本，加速产品推向市场的进度并能带来更大的竞争优势。

2. 描述需求

如果不了解使用部门到底需要些什么，采购部门就不可能进行采购。出于这个目的，就必然要对需要采购的商品或服务有一个准确的描述。准确地描述所需的商品或服务是采购部门和使用部门，或是跨职能采购团体的共同责任。如果通过对需求描述作某种调整，公司可能获得更多的效益，那采购部门就应该对现存的需求描述提出质疑。采购部门和提出具体需求的部门在确定需求的早期阶段进行交流有重要的意义；否则，轻则由于需求描述不够准确而浪费时间，重则会产生严重的财务后果并导致供应的中断及公司内部关系的恶化。

由于在具体的规格要求交给供应商之前，采购部门是能见到它的最后一个部门，因此需要对其进行最后一次检查。如果采购部门的人员对申请采购的产品或服务不熟悉，这种检查就不可能产生实效。任何关于采购事项描述的准确性方面的问题都应该由需求部门向采购者或采购团队进行"交底"，采购部门不能想当然地处理。

采购的成功始于采购要求的确定，同时应制定适当的办法来保证供应商能完全理解。这些办法通常包括：制定规范、图样和采购订单的书面程序；发出采购订单前公司与供应商协商；在采购文件中提供清晰地描述所订产品或服务的数据，如产品的精度等级、检查规程、应用的质量标准等。所有检查或检验方法和技术要求应指明相应的国家和国际标准。在很多企业中，物料单是描述需求的最常用的单据。

3. 选择可能的供应来源，评价供应商

根据需求说明再选择成绩良好的厂商。供应商是企业外部影响企业生产运作系统运行的最直接因素，也是保证企业产品的质量、价格、交货期和服务的关键因素。因此，对供应商的评价很重要。

4. 确定适宜的价格

确定了可能的供应商之后，进行价格谈判，确定适宜的价格。

5. 发出采购订单

对报价进行分析并选择好供应商后，就要发出订单。

6. 订单跟踪与催货

采购订单发给供应商之后，采购部门应对订单进行跟踪和催货。在采购订单发出时，企业会确定相应的跟踪催货日期。甚至有些企业会设有一些专职的跟踪和催货人员。

跟踪是对订单所做的例行追踪，以确保供应商能够履行其货物发运的承诺。如果产生了问题，如质量或发运方面的问题，采购方就要对此尽早了解，以便及时采取相应的行动。跟踪需要经常询问供应商的进度，有时甚至有必要到供应商那里去走访。不过这一措施一般仅用于关键的、大额的和提前较早的采购事项。通常，为了及时获得信息并知道结果，跟踪是通过电话进行的；现在一些公司也使用由计算机生成的简单表格，以查询有关发运日期和在某一时间点采购计划完成的百分比。

催货是对供应商施加压力，使其按期履行最初所做出的发运承诺、提前发运货物或加快已经延误的订单涉及的货物发运。如果供应商不能履行发运的承诺，采购部门会威胁取消订单或是以后可能进行罚款。催货应该只用于采购订单中的一小部分，因为如果采购部门对供应商能力已经做过全面分析的话，那被选中的供应商就应该是那些能遵守采购合约的可靠的供应商；如果公司对其物料需求已经做了充分的计划工作，不是特殊情况，不必要求供应商提前发运货。

7. 产品检验

采购合同上应明确产品检验体系。该检验体系应在采购合同签订之前由供应商和采购方达成协议。下面方法的任何一种均对应于产品检验：

（1）采购方信赖的供应商的质量保证体系。

（2）供应商提交检查检验数据和程序控制记录。

（3）当收到产品时由采购方进行抽样检查或检验。

（4）在发送前或在规定的程序中由采购方进行检查。

（5）由独立的认证机构进行认证。

采购方必须在采购合同上明确指出最终客户（若有最终客户参与）是否在供应商的场地进行验证活动。供应商应提供所有设施和记录来协助检验。

8. 退货处理

如果厂商因所交货品与合约规定不符而验收不合格，应依据合约规定退货，并立即办理重购。

9. 结案

凡验收合格付款，或验收不合格退货，均须办理结案手续，清查各项书面资料有无缺失，绩效好坏等，签报高级管理层或权责部门核阅批示。

10. 记录与档案维护

凡经过结案批示后的采购案件，应编列档案登记编号分类保管，以便参阅或事后发生问题的查考。档案应该具有一定保管期限的规定。

（二）采购的原则

采购决策应该以正确的商业导向为基础，兼顾对其他部门的影响，并以适应公司内部客户要求为目的。

1. 商业原则

要发展一个采购和供应战略，就必须对公司的经营方针有一个全面的理解。公司的目标市场是什么？那些市场未来的主要发展状况如何？公司所要面临的是什么样的竞争？公司在制定价格政策时有什么余地？原料价格的上涨能以何种程度转嫁到最终客户身上，这种方法是否可行？公司在新产品和新技术方面有何计划？何种产品会在未来一年中退出市场？理解这些问题是十分重要的，因为它将决定采购和供应战略如何对实现公司的商业目标给予支持。

2. 整体效应原则

采购决策不能孤立地制定，并且不能仅以采购业绩的最优为目标。制定采购决策时应该考虑这些决策对于其他主要活动的影响（如生产计划、物料管理和运输），因此，制定采购决策需要以平衡企业总成本为基础。例如，在购买一条新的包装流水线时，不仅要考虑初始投资，而且要考虑将来用于购买辅助设备、备件和服务的成本。因为供应商卖出设备是一回事，在许多年里提供令人满意的服务则是另一回事。因此，要做出决策，就要考虑所有受其影响的领域，使用一种跨职能的并且以团队为基础的方法。采购和供应战略只有与所有领域和有关的（高级）经理们紧密合作才能有效地发挥作用。

3. 适用性原则

采购并不只应该作为一种服务职能起作用，采购部门应该有主动地适应内部客户要求的意识。对于内部客户提出的采购申请，采购部门应当有能力提出其他更加符合企业生产实际的、更为节约的采购方案，并能与客户进行有效的沟通。他们应该始终如一地追求提高公司所购买的产品和服务的性能价格比。为了完成这一任务，采购部门应该能够提出现有的产品设计、所使用的原料或部件的备选方案和备选的供应商。

六、采购管理的发展趋势

（一）传统采购管理与现代采购管理的区别

采购管理经历了从传统采购向现代采购的发展。传统采购主要有比价采购、询价采购、招标采购等，现代采购主要指战略采购、电子采购等。

传统采购模式的主要特点表现在如下几个方面：

（1）传统采购过程是典型的非信息对称博弈过程。选择供应商在传统的采购活动中是一个首要的任务。在采购过程中，采购方为了能够从多个竞争性的供应商中选择一个最佳的供应商，往往会保留私有信息，因为如果给供应商提供的信息越多，供应商的竞争筹码就越大，这样对采购一方不利。因此采购方尽量保留私有信息，而供应商也在和其他的供应商竞争中隐瞒自己的信息。这样，采购与供应双方都不进行有效的信息沟通，形成了非信息对称的博奕过程。

（2）验收检查是采购部门的一个重要的事后把关工作，质量控制难度大。质量与交货期是采购方要考虑的另外两个重要因素，但是在传统的采购模式下，要有效控制质量和交货期只能通过事后把关的办法，因为采购方很难参与供应商的生产组织过程和有关质量控制活动，相互的工作是不透明的。因此，需要按照各种有关标准（如国际标准、国家标准等）进行检查验收。缺乏合作的质量控制会导致采购部门对采购物品质量控制的难度增加。

（3）在传统的采购模式中，供应与需求之间的关系是临时的、短期的合作，而且竞争多于合作。由于缺乏合作与协调，采购过程中各种抱怨和扯皮的事情比较多，采购人员的很多时间消耗在解决日常问题上，没有更多的时间来做长期性预测与计划工作。供应与需求之间缺乏合作增加了许多生产的不确定性。

（4）对客户需求的反应迟钝。由于供应与采购双方在信息的沟通方面缺乏及时的信息反馈，在市场需求发生变化的情况下，采购方也不能改变供应商已有的订货合同，导致在需求减少时库存增加、需求增加时供不应求。供需之间对客户需求的响应没有同步进行，缺乏应付需求变化的能力。

（二）采购管理的发展趋势

一方面，基于市场已经由卖方市场向买方市场转换的事实，买方比数年以前更具支配地位；另一方面，在产品售价和毛利方面逐渐增长的压力已经导致材料成本方面面临越来越大的压力，在这样的背景下，采购和供应战略出现了新的发展趋势，具体如下所述。

1. 协同采购

在拥有数家制造厂的公司中，采购优势可以通过合并共同采购来加以实现。在很多这种类型的欧洲公司中，甚至国际上都显现出这样一种协同采购的趋势。以往，这种情况在原料的采购上很普遍；现在，类似的方法也用在计算机硬件和软件、生产货物和部件的采购上。

2. 采购的整合

采购管理一体化要求生产计划、库存控制、质量检查和采购之间紧密合作，采购不能够只遵循自身的原则。为了确保不同的相关领域的有效整合，采购正被逐渐纳入供应链管理中。

3. 采购与生产计划的结合

采购与生产计划的结合是为了让采购更规范，既能与生产部门的需求相一致，又能更好地选择供应商。在实践中，供应商选择在很大程度上是由技术规范决定的。通常，规范一旦确定就很难改变（若改变，只能在很高成本的基础上）。从商业的观点来看，针对一个特别的供应商制定规范是不合适的，那样会导致供应商的垄断，进而严重阻碍买卖谈判。为了防止这一点，在前期就将采购与生产计划结合起来，按照生产计划的需要制定规范。

4. 采购管理集中化

采购管理集中化可以集中全公司和集团的采购力，对整个供应市场产生影响，使采购处于有利地位；同时，采购的集中也有利于公司对供应商的管理，便于公司主体资源的优化。在商品经济的竞争环境下，同类产品的价格相差无几，这样企业的利润完全取决于自己的成本控制。如果企业对成本控制不力，成本居高不下，企业利润就很难保证，甚至亏损；一旦亏损，企业将无力开发新品种、开拓新市场，无法应付对手的进攻（如降价），就会处于不利的竞争地位。采购管理的集中可以增强企业的核心竞争力，从而推动企业的发展。

5. 采购管理职能化

以往，很多公司的采购部门隶属于生产部门；近年来，越来越多的公司的采购部门从生产部门或其他部门独立出来，开始直接向总经理、副总经理汇报。相应地，采购部门发挥着越来越大的作用，采购职能也从原来被动地花钱，开始有了节省资金、满足供应、降低库存等一系列目标。

当然，采购要完成这些任务绝不是只要形成独立的采购部就可以做到的。采购要做到这些需要做很好的采购需求分析、采购计划、资金占用计划，控制和形成采购供应战略，管理好战略供应链资源和供应商资源；让采购成为供应链管理的强有力的一环，将生产计划、物料计划、采购、仓储、运输集成为一个反应迅速、总成本最低、物流速度快、响应市场要求的灵敏链条。企业要战胜对手，过去强调产品、技术，现在强调市场宣传、国际化和结盟，不再是企业自己的单打独斗，而是需要联合供应链上的每一个成员的力量，形成一条成本低、反应快、服务好的供应链、价值链。这样，采购部门就会成为公司核心竞争力的一部分，成为公司连接供应商和客户的桥梁，成为公司的核心业务部门。当然，这样就对采购管理者和采购员的素质有了前所未有的高要求，只有这样，采购才能发挥出前所未有的作用。建立采购管理的战略，应该培养和造就一支高素质的采购管理和实施团队。

6. 采购管理专业化

传统采购组织中，采购员发挥不了很大作用：一方面是领导对采购认识的局限，采购环境的恶劣，以及对采购舞弊的恐惧；另一方面也由于采购员和采购组织的软弱无力和技能缺乏，造成采购的低技术性。

实际上，采购员需要了解购买的物品，了解产品的原理、性能要求，了解市场行情、价格走势，了解供应商的实力、供应商报价的合理性，实地考察供应保证能力，需要极强的谈判能力和计划能力，有能力在保障供应的同时保证价格和质量标准。这些能力不是一蹴而就的。总之，作为专业采购人员，需要掌握至少一门符合企业实际需要的采购内容的专业；同时，采购人员需要有能力与公司在其他国家的同样的物品采购部门进行沟通，了解世界市场变化和供应商的表现，因此英语表达和沟通能力、计算机网络知识也很需要。而资深采购专家则需要项目管理、财务管理、供应链管理等专业技能。

7. 制造/购买决策

实践表明，一些生产活动应由专业供应商更快、更便宜地完成；而且公司能够在质量方面对供应商提出比对其内部的生产部门更高的要求。这就是在一些生产企业中采购额占销售额的比例一直持续上升的原因。因此，各大公司都在对自己的制度或购买决策进行详细的研究。采购部应该参与到这种研究之中，因为它们是市场信息的重要来源。

8. 全面质量管理和即时生产

在一些公司（尤其是那些制造过程以组装为特征的公司）中，可以发现它们越来越关注质量的提高和生产率的增长，因此公司内部都在实施全面质量管理和即时生产。为保证即时生产的顺利运行，必须实行即时采购，严格保证采购品的质量。

9. 环境问题

在许多国家中，环境问题越来越普遍，各国政府制定的环境法规越来越严格。例如，在德国，有关工业包装的严格法规最近已经开始生效，所有不必要的包装都必须加以避免（如发泡包装和牙膏的包装盒）。包装物生产商将逐渐要对使用过的包装废弃物负责。这就是为什么大众公司在制造其最新的 Golf 轿车（在美国被称为 Rabbit）时，要求在汽车生命周期的最后可以把不同的部件和零件（较容易地分拆开）进行重新加工利用的原因之一。大众汽车公司甚至为了达到这个目标而建立了自己的再加工部门。环境问题给采购提出了全新的挑战，它们将给制造企业带来新的问题。与供应商一起寻求解决问题的思路和措施也是采购的任务，这些思路和措施应该能够解决或缓解这些问题。

10. 电子采购

B2B 在线拍卖是实现网络采购的一种技术，它是通过 Internet 或专有网络实时进行的向下定价（Downward Pricing）或反向拍卖（Reverse Auctions）。拍卖由企业或代表企业的网络采购公司控制，通过网络采购公司的专用软件接收多个潜在供应商的竞价，从而实现采购物料或服务的功能。这种物料或服务的 B2B 在线拍卖模型最早由 Free Markets 等公司在 1995 年提出。这些公司提供的服务通常被称为“市场营造”（Market Making），公司本身因其在电子市场中促成买卖双方成交而常被称为“市场营造者”（Market Maker）。

这些网络采购公司制定了一整套完善的从事在线拍卖的规则；另外他们也提供诸如市场分析、咨询和投标分析等相关的增值服务。网络采购公司的核心技能是信息技术、商品管理和对买卖双方的了解。这些公司专长于在线拍卖间接物料（如商店消费品）、直接物料（如客户定制的零部件）或其他商品（如煤、原材料、计算机、办公用品等）。

第二节 采购分类

一、集中采购与分散采购

（一）集中采购

1. 集中采购的含义

集中采购是相对于分散采购而言的，它是指企业在核心管理层建立专门的采购机构，统一组织企业所需物品的采购、进货业务。跨国公司的全球采购部门的建设是集中采购的典型应用。它以组建内部采购部门的方式，来统一管理其分布于世界各地分支机构的采购业务，减少采购渠道，通过批量采购获得价格优惠。

随着连锁经营、特许经营和代工生产（Original Equipment Manufacturing，OEM）模式的增加，集中采购更是体现了经营主体的权力、利益、意志、品质和制度，是经营主体赢得市场，保护产权、技术和商业秘密，提高效率，取得最大利益的战略和制度安排。因此，集中采购将成为未来企业采购的主要方式，具有很好的发展前景。如 IBM、恒基伟业、麦当劳等企业都在这一层面上通过集中采购实现了自身的利益。

2. 实施集中采购的优势

实施集中采购有以下优势。

（1）有利于获得采购规模效益，降低进货成本和物流成本，争取主动权。

（2）易于稳定本企业与供应商之间的关系，得到供应商在技术开发、货款结算、售后服务支持等诸多方面的支持与合作。

（3）集中采购责任重大，采取公开招标、集体决策的方式，可以有效地遏止腐败。

（4）有利于采购决策上专业化分工和专业技能的发展，同时也有利于提高工作效率。

（5）如果采购决策都集中控制的话，所购物料就比较容易达到标准化。

（6）减少了管理上的重复劳动。这样就不必让每一个部门的负责人都去填采购订单，只需采购部门针对公司的全部需求填一张订单就可以了。

（7）可以节省运费和获得供应商折扣。由于合并了多个部门的需求，采购部找到供应商时，其手上的订单数量就足以引起供应商的兴趣，采购部可以说服供应商尽快发送或给予折扣。除此之外，因为集中了所有的需求后货物可以整车地进行装运，因此可以节省运费。

（8）物资短缺时，不同部门间不会为了物资而相互竞争而引起采购价格上涨。

（9）对于供应商而言，这也可以推动其自身的有效管理。他们不必同时与公司内的许多人打交道，而只需和采购经理联系。

3. 集中采购所适用的采购主体和采购客体

1）所适用的采购主体：

（1）集团范围实施的采购活动。

（2）跨国公司的采购。

（3）连锁经营、OEM 厂商、特许经营企业的采购。

2）所适用的采购客体：

（1）大宗或批量物品，价值高或总价多的物品。

（2）关键零部件、原材料或其他战略资源，保密程度高，产权约束多的物品。

（3）容易出问题的物品。

（4）最好是定期采购的物品，以免影响决策者的正常工作。

4. 集中采购的实施步骤

（1）根据企业所处的国内外政治、经济、社会、文化等环境及竞争状况，制定本企业采购战略。

（2）根据本企业产品销售状况、市场开发情况、生产能力，确定采购计划。

（3）定期或根据大宗物品采购要求做出集中采购决策，决策时要考虑市场反馈意见，同时需要结合生产过程中的工艺情况和质量情况。

（4）当决策做出后，由采购管理部门实施信息分析、市场调查及询价，并根据库存情况进行战术安排。

（5）由采购部门根据资源供给状况、自身采购模式和采购进度安排，结合最有利的采购方式实施采购，并办理检验送货手续，及时保障生产需要。

（6）对于符合适时、适量、适价、适地的物品，经检验合格后要及时办理资金转账手续，保证荣誉，争取下次合作。

（二）分散采购

1. 分散采购的定义

与集中采购相对应，分散采购是由企业下属各单位，如子公司、分厂、车间或分店实施的满足自身生产经营需要的采购。这是集团将权力分散的采购活动。

分散采购是集中采购的完善和补充，有利于采购环节与存货、供料等环节的协调配合，有利于增强基层工作责任心，使基层工作富有弹性和成效。

分散采购具有如下基本特点。

（1）批量小或单件物品，且价值低，开支小。

（2）过程短、手续简、决策层次低。

（3）问题反馈快，针对性强，方便灵活。

（4）占用资金少，库存空间少，保管简单、方便。

2. 分散采购的优劣势比较

分散采购的优势与劣势如表 2-1 所示。

表 2-1 分散采购的优势与劣势

分散采购优势	分散采购劣势
对利润中心直接负责	采购能力分散，缺乏规模经济
对于内部客户有更强的客户导向	缺乏对供应商统一的态度
较少的官僚采购程序	分散的市场调查
较少需要内部协调	在采购和物料方面形成专业技能的可能性有限
与供应商直接沟通	对不同的经营单位可能存在不同的采购条件

3. 分散采购适用的采购主体和客体

1）分散采购适用的采购主体

（1）二级法人单位、子公司、分厂、车间。

（2）距主厂区或集团供应基地较远，其供应成本低于集中采购成本的情况。

（3）异国、异地供应的情况。

2）分散采购适用的采购客体

（1）小排量、单件、价值低、总支出在产品经营费用中所占比重小的物品（各厂情况不同，自己确定）。

（2）分散采购优于集中采购的物品，包括费用、时间、效率、质量等因素均有利，不影响正常的生产与经营的情况。

（3）市场资源有保证，易于送达，较少物流费用的物品。

（4）分散后，各基层有这方面的采购与检测能力的物品。

（5）产品开发研制、试验所带的物品。

4. 分散采购的程序和方法

分散采购的程序与集中采购大致相同，只是取消了集中决策环节，直接实施其他步骤。企业下属单位的生产研发人员根据生产、科研、维护、办公的需要，填写请购单，由基层主管审核、签字，到指定财务部门领取支票或汇票或现金，然后到市场或厂家购买、进货、检验、领取或核销、结算即可。采购时一般采用现货交易方式。

（三）选择集中采购或分散采购时应该考虑的标准

集中采购的优势就是分散采购的劣势，分散采购的优点也正是集中采购的不足。在实际采购中要趋利避害、扬长避短，根据企业自身的条件、资源状况、市场需要，灵活地做出制度安排，并积极创新采购方式和内容，使企业在市场竞争中处于有利的地位。

在决定采购是集中或分散进行时，应该考虑下面的因素或标准。

（1）采购需求的通用性。经营单位对购买产品所要求的通用性越高，从集中的或协作的方法中得到的好处就越多。这就是为什么大型公司中的原材料和包装材料的购买通常集中在一个地点的原因。

（2）地理位置。当经营单位位于不同的国家或地区时，就可能会极大地阻碍集中采购。例如，在欧洲和美国之间的贸易和管理实践就存在较大的差异，甚至在欧洲范围内也存在着重大的文化差异。一些大型公司已经将全球的协作战略转为地区的协作战略。

（3）供应市场结构。有时，公司会在它的一些供应市场上选择一个或数量有限的几个大型供应商组织。在这种情况下，力量的分散肯定对供应商有利，而采用协同的采购方法则可以获得一个更好的谈判地位。

（4）潜在的节约。某些类型的原材料的价格对采购数量非常敏感，购买数量越多，单位成本越低。标准商品和高技术部件都是如此。

（5）所需的专门技术。有时，有效的采购需要非常高的专业技术，例如对高技术半导体和微芯片的采购。因此，大多数电子产品制造商已经将这些产品的购买集中化。在购买软件和硬件时也是如此。

（6）价格波动。如果物资（例如果汁、小麦、咖啡）价格对政治和经济气候的敏感程度很高，集中的采购方法就会受到偏爱。

（7）客户需求。有时，客户会向制造商指定他所需产品应具备的条件。这种现象在飞机制造工业中非常普遍，这些条件是与负责产品制造的经营单位商定的，这种情况下不适于采取集中采购模式。

除了以上需要考虑的因素外，选择集中采购时，还应该以有利于资源的合理配置、减少交易环节、加速周转、简化手续、满足要求、节约物品、提高综合利用率，保证和促进生产的发展，调动各方的积极性、促进企业整体目标的实现等为原则。

当然，集中采购和分散采购并不是完全对立的，仅靠一种采购方式不能满足生产需要。大多数公司在两个极端之间进行平衡：在某个时候它们会采用集中的采购形式，而在几年以后也许他们将选择更加分散的采购形式。

二、联合采购

集中采购是指企业或集团企业内部的集中化采购管理，而联合采购是指多个企业之间的采购联盟行为；因此，可以认为联合采购是集中采购在外延上的进一步拓展。随着市场竞争的日益激烈，企业在采购过程中实施联合已经成为企业降低成本、提高效益的重要途径之一。

（一）实施联合采购的必要性

如果从企业外部去分析我国企业的现行采购机制，其外部特征是各企业（无论是国内还是国外）的采购基本上仍是各自为政，相互之间缺乏在采购及相关环节的联合和沟通，或采购政策不统一，采购效率低下，很难实现经济、有效的采购目标。由此导致的主要问题有以下几个方面。

（1）各企业都设有采购及相关业务的执行和管理部门。如从企业群体、行业直至国家的角度来看，采购机构重叠，配套设施重复建设，造成采购环节的管理成本和固定资产投入大幅度增加。

（2）多头对外，分散采购。对于通用和相似器材无法统一归口和合并采购，无法获得大批量采购带来的价格优惠，使各个企业的采购成本居高不下。采购管理政策完全由企业自行制定，其依据为企业自身的采购需求和采购环境条件，与其他企业基本没有横向的联系，不了解其他企业的采购状况和需求。

（3）各企业自备库存，又缺乏企业间库存资源的信息交流和统一协调，使通用材料的储备重复，造成各企业的库存量增大，沉淀和积压的物资日益增多。

（4）采购环节的质量控制和技术管理工作重复进行，管理费用居高不下。各企业在质量保证系统的建立和控制、供应商评审和管理、器材技术标准和验收规范等各类相关文件的编制和管理上未实现一致化和标准化。各个企业重复进行编制和管理等工作，相关的管理费用难以降低。

（5）采购应变能力差。以外包生产为例，由于产品设计的改进、制造方法的改进等原因造成的材料紧急需求不可避免，但是由于从国外采购周期比较长，器材的紧急需求难以满足。

因此，在采购工作中需要突破现行采购方式的束缚，从采购机制上入手，探索新形势下企业间的合作。利用采购环节的规模效益是从根本上解决上述问题的方法之一。

（二）联合采购的优点

这里引入了企业群体规模采购成本的概念，即两个以上的企业采用某种方式进行联合采购时的总成本。企业在采购环节上实施联合可极大地减少采购及相关环节的成本，为企业创造可观的效益。联合采购的优点主要体现在以下方面。

1. 采购环节

如同批发和零售的价格差距一样，器材采购的单价与采购的数量成反比，即采购的数量越大，采购的价格越低。例如，对于飞机制造用器材，此种价差有时可达 90%。企业间联合采购，可合并同类器材的采购数量，通过统一采购使采购单价大幅度降低，使各企业的采购费用相应降低。

2. 管理环节

管理落后是我国企业的普遍现象，而管理的提高需要企业付出巨大的代价。后继企业只有吸取先行企业的经验和教训，站在先行者的肩上，才能避免低水平重复，收到事半功倍的效果。对于一些生产同类产品的企业，如果各个企业在采购及质量保证的相关环节的要求相同、需要的物品相同，就可以在管理环节上实施联合，归口管理相关工作。联合后的费用可以由各个企业分担，从而使费用大大降低。

3. 仓储环节

通过实施各企业库存资源的共享和器材的统一调拨，可以大幅度减少备用物资的积压和资金占用，提高各企业的紧急需求满足率，减少因器材供应短缺造成的生产停工损失。

4. 运输环节

器材单位重量运费率与单次运输总量成反比，特别是国际运输更为明显。企业在运输环节的联合，可通过合并小重量的货物运输，使单次运量加大，从而可以较低的运费率计费，减少运输费用支出。

（三）联合采购的方式

国际上一些跨国公司为降低采购成本，发展了联合采购的具体形式。

1. 采购战略联盟

采购战略联盟是指两个或两个以上的企业出于对整个世界市场的预期目标和企业自身总体经营目标的考虑，采取一种长期联合与合作的采购方式。这种联盟是自发的，非强制性的，联盟各方仍保持各个公司采购的独立性和自主权，彼此依靠相互间达成的协议以及经济利益的考虑联结成松散的整体。现代信息网络技术的发展使得企业间可通过网络保证采购信息的即时传递，使处于异地甚至异国的企业间实施联合采购成为可能。国际上一些跨国公司为充分利用规模效益、降低采购成本、提高企业的经济效益，正在向采购战略联盟发展。

2. 通用材料的合并采购

这种方式主要运用于有互相竞争关系的企业之间，通过合并通用材料的采购数量和统一归口采购来获得大规模采购带来的低价优惠。在这种联合方式下，每一项采购业务都交给采购成本最低的一方去完成，使联合体的整体采购成本低于各方原来进行单独采购的成本之和，这是这些企业的联合准则。这种合作的组织策略主要分为虚拟运作策略和实体运作策略。虚拟运作策略的特点是组织成本低，它可以不断强化合作各方最具优势的功能和弱化非优势功能。

如美国施乐公司（Xerox）、斯坦雷公司（Stanley Works）和联合技术公司（United Technologies）三家组成的钢材采购集团。虽然施乐公司的钢材用量仅是其他两家用量的1/4，但是它通过这种方式获得了这两家公司大规模采购带来的低价好处。美国波音公司为降低其零部件采购成本、提高其民用飞机的竞争实力，根据其零部件生产商原材料采购状况，制定了在全球范围内统一全部约750个生产商的原材料采购和运输业务，以整合这些生产商的原材料采购渠道及价格。其目的是通过降低生产商的原材料采购成本，进而降低其零部件的采购成本、降低飞机整机成本，最终提高其竞争能力。

这种企业间的合作正在世界范围内盛行。联合采购已超过了企业界限、行业界限，甚至国界。目前，我国一些企业为解决采购环节存在的问题，正在探讨企业间联合采购的可能性。企业在采购及其相关环节的联合将为企业降本增效，提高企业的竞争力开创良好的前景。

三、询价采购

所谓询价采购，就是采购者向选定的若干个供应商发出询价函，让供应商报价，然后根据各个供应商的报价而选定供应商的方法。询价采购是国际上通用的一种采购方式。

（一）询价采购的特点

询价采购有以下特点。

（1）不是面向整个社会所有的供应商，而是在充分调查的基础上，筛选了一些比较有实力的供应商。所选择的供应商数量不是很多，但是其产品质量好、价格低、企业实力强、服务好、信用度高。

（2）采购过程比较简单、工作量小。因为备选供应商的数量少、范围窄，所以无论是通信联系、采购进货都比较方便、灵活，采购程序比较简单、工作量小、采购成本低、效率高。

(3) 邀请性采购。询价采购通常是分别向各个供应商发询价函，供应商并不面对面地竞争，团此各自的产品价格和质量能比较客观、正常地反映出来，避免了面对面竞争时常常发生的价格扭曲、质量走样等情况。

正是询价采购这样的特点和优点，才被广泛地应用于企业采购和政府采购活动之中。尽管询价采购具有上述优点，但它还具局限性，就是它所选供应商数量少、范围窄，可能选中的供应商不一定是最优的。与其他采购方式相比，询价采购较适用于数量少、价值低的商品或急需商品的采购。

(二) 询价采购的实施步骤

1. 供应商的调查和选择

为发挥询价采购的特点和优越性、克服其局限性，最关键的一条，就是要对资源市场进行充分调查，掌握供应商的基本情况。只有这一步做好了，才能保证询价采购的供应商都是优秀的供应商。

2. 编制及发出询价函

询价采购不同于招标等采购方式，为充分发挥其特点、尽量简化手续、提高办事效率，应编制简单明了的询价函。询价函包括以下几项内容：

(1) 项目名称、数量、技术参数要求。

(2) 履约期限及交货地点。

(3) 供应商应携带的资质证明材料。

(4) 递交报价单地点、截止时间。

(5) 报价单位法人代表或委托人签字盖章。

询价函编制好后，应至少选择向三家以上的供应商发出。

3. 报价单的递交及评审

(1) 递交。供应商在报价截止日期前，将报价单密封并在封口处加盖公章，递交到采购机关。

(2) 评审。采购机关应在规定时间内组成评审小组，对供应商的报价进行详细分析、比较。为了确保商品质量、性能达到需方单位要求，对于一些专业性较强或非常规的商品，可以由需方单位及供应商共同磋商，或到供、需双方现场考察商品的质量和运行环境。为了更加有效地利用资金，可在原有报价的基础上与供应商进行谈判，争取少花钱，多办事，办好事。

应该注意的是，省钱并不是采购的唯一目的，不要单纯为了追求节支率，而无限度地压价。有些供应商为了抢占采购市场，甚至以低于成本的价格竞价，从而导致供应商之间的恶性竞争。长此以往，供应商会逐渐对参与询价采购活动失去兴趣或产生一些投机取巧的行为。从长远角度来讲，不利于采购市场的健康发展。

4. 合同的签订及验收、付款程序

（1）签订合同。选中供应商后，供应商与需方单位按询价采购的程序签订采购合同，合同中应明确采购项目名称、数量、金额、交货方式、履约期限、双方权利与义务、保修期、验收方法、付款方式及违约责任等条款。

（2）验收、付款。合同履行完毕，由采购机关会同需方单位对商品进行验收，对技术性要求高的商品，可邀请专业人士协助验收。验收合格后，由需方单位填制验收单，交采购机关审验，办理有关付款手续。

5. 履约保证金

为了约束供应商切实履行合同，中标的供应商应在签订合同时向采购机关交纳一定数额的履约保证金。在合同履行完毕，质量无问题时，予以结清。

如果在采购活动中，邀请到的供应商不足三家，或者三家报价均高于控制价格，应该根据实际情况采取二次询价或者改变采购方式来确定供应商。

四、即时制采购

即时制采购是在 20 世纪 90 年代，受即时制生产管理思想的启发而出现的。即时制生产方式最初是由日本丰田汽车公司在 20 世纪 60 年代率先使用的。在 1973 年爆发的经济危机中，这种生产方式使丰田公司渡过了难关，因此受到了日本和其他国家生产企业的重视，并逐渐引起了欧洲和美国的日资企业及当地企业的重视。近年来，JIT 模式不仅作为一种生产方式，也作为一种采购模式开始流行起来。

（一）即时制采购的原理

即时制生产的基本思想是“彻底杜绝浪费”，“只在需要的时间，按需要的量生产所需要的产品”。这种生产方式的核心是追求一种无库存生产系统，或是库存量达到最低的生产系统。即时制的管理思想目前已经被运用到采购、运输、储存以及预测等领域。

即时制采购是一种先进的采购模式，它的基本思想是：在恰当的时间、恰当的地点，以恰当的数量、恰当的质量提供恰当的物品。它是从即时生产发展而来的，是为了消除库存和不必要的浪费而进行持续性改进的采购模式。要进行即时化生产必须有即时的供应，因此即时制采购是即时化生产管理模式的必然要求。它和传统的采购方法在质量控制、供需关系。供应商的数目、交货期的管理等方面有许多不同，其中，供应商的选择、质量控制是其核心内容。

即时制采购对即时制生产思想的继承也在于对“零库存”的要求，这就需要和供应商签订在需要的时候提供需要数量的原材料的协议。这意味着可能一天一次，一天两次，甚至每小时好几次的物资采购。即时制采购的核心要素包括减少批量、频繁而可靠的交货、提前压缩并且高度可靠，保持一贯的高质量。

（二）即时制采购与传统采购的比较

供应链环境下的即时制采购模式与传统的采购模式的不同之处在于其采用订单驱动的方式；这种订单驱动的方式使供应与需求双方都围绕订单运作，也就是实现了即时制、同步化运作。传统的采购模式下，采购的目的就是补充库存，而即时制采购模式追求的是零库存。

即时制采购与传统采购的不同主要表现在以下几个方面。

1. 供应商的数量不同

传统采购通常采用多头采购，供应商的数目较多，企业与供应商的关系是通过价格竞争而选择供应商的短期合作关系；即时制采购采用的是较少的供应商，甚至只选择一个供应商，且与供应商的关系是长期合作关系。

2. 对交货时间的要求不同

即时制采购的一个重要特点是要求即时交货。能否即时交货是客户评价供应商的一个重要条件，能否即时交货取决于供应商的生产与运输条件。作为供应商来说，要使交货即时，可从以下几个方面着手：不断改进企业的生产条件，提高生产的可靠性和稳定性，减少由于生产过程的不稳定导致延迟交货的现象。作为即时化供应链管理的一部分，供应商同样应该采用即时化的生产管理模式，以提高生产过程的即时性。另一方面，为了提高交货即时性，运输问题不可忽视。在物流管理中，运输是一个很重要的问题，它决定即时交货的可能性。特别是全球的供应链系统，运输过程长，而且可能要先后经过不同的运输工具，需要中转运输等，因此就有必要进行有效的运输计划与管理。

3. 选择供应商的标准不同

在传统的采购模式中，一般通过价格竞争选择供应商，供应商与客户的关系是短期的合作关系，当发现供应商不合适时，可以通过市场竞标的方式重新选择供应商。但在JIT采购模式中，由于供应商和客户是长期的合作关系，供应商的合作能力将影响企业的长期经济利益，因此对供应商的要求就比较高。在选择供应商时，需要对供应商进行综合评价，评价的标准应包括产品质量、交货期、价格、技术能力、应变能力、批量柔性、交货期与价格的均衡、价格与批量的均衡、地理位置等，而不像传统采购那样主要依靠价格标准。

4. 制定采购批量的策略不同

小批量采购是即时制采购的一个基本特征。即时制采购和传统的采购模式的一个重要不同之处在于：即时制生产需要减小生产批量，因此采购的物资也应采用小批量办法。从另外一个角度看，由于企业生产对原材料和外购件的需求是不确定的，而 JIT 采购又旨在消除原材料和外购件库存，为了保证即时、按质、按量供应所需的原材料和外购件，采购必然是小批量的。

5. 对送货和包装的不同要求

由于 JIT 采购消除了原材料和外购件的缓冲库存，供应商交货的失误和送货的延迟必将导致企业生产线的停工待料。因此，可靠的送货是实施 JIT 采购的前提条件。

6. 对信息交流的需求不同

JIT 采购要求供应与需求双方信息高度共享，保证供应与需求信息的准确性和实时性。由于双方的战略合作关系，企业在生产计划、库存、质量等各方面的信息都可以及时进行交流，以便出现问题时能够及时处理。只有供需双方进行可靠而快速的双向信息交流，才能保证所需的原材料和外购件的即时按量供应；同时，充分的信息交换可以增强供应商的应变能力。所以，实施 JIT 采购，就要求供应商和制造商之间进行有效的信息交换。信息交换的内容包括生产作业计划、产品设计、工程数据、质量、成本、交货期等。信息交换的手段包括电报、电传、电话、信函、卫星通信等。现代信息技术的发展，为高效的信息交换提供了有力的支持。

（三）即时制采购的优点

JIT 采购是关于采购的一种全新的思路，根据资料统计，JIT 采购在以下几个方面已经取得了令人满意的成果.

1. 大幅度减少原材料和外购件的库存

根据国外一些实施采购策略企业的测算，JIT 采购可以使原材料和外购件的库存降低 40%～85%。原材料和外购件库存的降低，有利于减少流动资金的占用，加速流动资金的周转，同时也有利于节省原材料和外购件库存占用的空间，从而降低库存成本。

2. 提高采购物资的质量

实施 JIT 采购后，企业的原材料和外购件的库存很少，甚至为零。因此，为了保障企业生产经营的顺利进行，采购物资的质量必须从根源上抓起。也就是说，购买的原材料和外购件的质量保证，应由供应商负责，而不是企业的采购部门。JIT 采购就是要把质量责任返回给供应商，从根源上保障采购质量。为此，供应商必须参与制造商的产品设计过程，制造商也应帮助供应商提高技术能力和管理水平。

在现阶段，我国主要是由制造商来负责监督购买物资的质量；验收部门负责购买物资的接收、确认、点数统计，并将不合格的物资退回给供应商，因而增加了采购成本。实施 JIT 采购后，从根源上保证了采购质量。

一般来说，实施 JIT 采购，可以使购买的原材料和外购件的质量提高 2-3 倍。而且原材料和外购件质量的提高，又降低了质量成本。据估计，实施 JIT 采购可使质量成本降低 26%~63%。

3. 降低原材料和外购件的采购价格

供应商和制造商的密切合作及内部规模效益与长期订货，再加上消除了采购过程中的一些浪费（订货手续、装卸环节、检验手续等），就使购买的原材料和外购件的价格得以降低。例如，生产复印机的美国施乐（Xerox）公司，通过实施 JIT 采购策略，其采购物资的价格下降了 40%~50%。

此外，推行 JIT 采购策略，不仅缩短了交货时间，节约了采购过程所需资源（包括人力、资金、设备等），而且提高了企业的劳动生产率，增强了企业的适应能力。

（四）即时制采购带来的问题及其解决办法

1. 小批量采购带来的问题及其解决

小批量采购必然增加运输次数和运输成本，对供应商来说，这是很为难的事情，特别是供应商在远距离的情形，在这种情况下实施 JIT 采购的难度就很大。解决这一问题的方法有四种：一是使供应商在地理位置上靠近制造商，如日本汽车制造商扩展到哪里，其供应商就跟到哪里；二是供应商在制造商附近建立临时仓库，实质上，这只是将负担转嫁给了供应商，而未从根本上解决问题；三是由一个专门的运输承包商或第三方物流企业负责送货，按照事先达成的协议，集中分布在不同地方的供应商的小批量物料，即时按量送到制造商的生产线上；四是让一个供应商负责供应多种原材料和外购件。

2. 采用单源供应带来的风险

采用单一供货商的采购模式有很大的风险，比如供应商有可能因意外原因中断交货。另外，采取单源供应，使企业不能得到竞争性的采购价格，对供应商的依赖性过大等。因此，必须与供应商建立长期互利合作的新型伙伴关系。如在日本，98%的 JIT 企业采取单源供应。但实际上，一些企业常采用同一原材料或外购件由两个供应商供货的方法，以其中一个供应商为主，另一个供应商为辅。许多企业也不是很愿意成为单一供应商。原因很简单：一方面，供应商是具有独立性较强的商业竞争者，不愿意把自己的成本数据披露给客户；另一方面，供应商不愿意成为客户的一个产品库存点。

3. 库存管理压力

工业企业在实施 JIT 采购时，其中一个重要环节就是要减少库存与生产周期，要做到这两点，采购及供应商的管理至关重要。事实上，控制、减少原材料的库存、缩短原材料的交货周期、在原材料供应过程中实施 JIT 采购，相对于企业内部实施 JIT 生产来说见效更快，而且实施起来更容易，一方面能为本企业实施 JIT 打下基础，另一方面也能推动企业整体供应链的优化。

（五）即时制采购的实施

1. 实施条件

即时制采购的成功实施需要具备一定的前提条件，实施即时制采购的最基本的条件如下。

（1）供应商与企业的距离越近越好。供应商和客户企业的空间距离越小越好。距离太远，操作不方便，发挥不了即时制采购的优越性，很难实现零库存。

（2）制造商和供应商应建立互利合作的战略伙伴关系。即时制采购策略的推行，有赖于制造商和供应商之间建立起长期的、互利合作的新型关系，相互信任、相互支持、共同获益。

（3）注重基础设施的建设。良好的交通运输和通信条件是实施即时制采购策略的重要保证，企业基础设施建设的标准化，对即时制采购的推行至关重要。所以，要想成功实施即时制采购策略，制造商和供应商都应注重基础设施的建设。当然，这些条件的改善，不仅仅取决于制造商和供应商的努力，各级政府也须加大投入。

(4) 强调供应商的参与。即时制采购不只是企业采购部门的事，它也离不开供应商的积极参与。供应商的参与，不仅体现在准时、按质、按量供应制造商所需的原材料和外购件上，而且体现在积极参与制造商的产品开发设计过程中。与此同时，制造商有义务帮助供应商改善产品质量，提高劳动生产率，降低供货成本。

(5) 建立实施即时制采购策略的组织。企业领导必须从战略高度来认识即时制采购的意义，并建立相应的企业组织来保证该采购策略的成功实施。这一组织的构成，不仅应有企业的采购部，还应包括产品设计部门、生产部门、质量部门、财务部门等。其任务是：提出实施方案、具体组织实施、对实施效果进行评价和连续不断的改进。

(6) 制造商向供应商提供综合的、稳定的生产计划和作业数据。综合的、稳定的生产计划和作业数据可以使供应商及早准备，精心安排生产，确保准时、按质、按量交货；否则，供应商就不得不求助于缓冲库存，从而增加其供货成本。有些供应商在制造商工厂附近建立仓库以满足制造商的即时制采购要求，实质上这不是真正的即时制采购，而只是库存负担转移。

(7) 注重教育与培训。通过教育和培训，使制造商和供应商充分认识到实施即时制采购的意义，并使其掌握即时制采购的技术和标准，以便对即时制采购进行不断的改进。

(8) 加强信息技术的应用。即时制采购建立在有效信息交换的基础上，信息技术的应用可以保证制造商和供应商之间的信息交换。因此，制造商和供应商都必须加强对信息技术，特别是电子数据交换技术的投资，以便更加有效地推行即时制采购策略。

2. 实施步骤

开展即时制采购同其他工作一样，须遵循计划、实施、检查、总结提高的基本思路，具体包括以下步骤。

1) 创建即时制采购团队

世界一流企业的专业采购人员有三个责任：寻找货源、商定价格、发展与供应商的协作关系并不断改进。因此，专业化的高素质采购队伍对实施即时制采购至关重要。为此，要成立两个团队：一个是专门处理供应商事务的团队，该团队的责任是认定资格、评估供应商的信誉和能力。与供应商谈判签订即时制采购合同。向供应商发放免检签证等，同时要负责供应商的培训与教育；另外一个团队专门负责消除采购中的浪费。这些团队中的人员应该对即时制采购的方法有充分的了解和认识，必要时要进行培训。

如果这些人员本身对即时制采购的认识和了解都不彻底，就不可能指望供应商的合作了。

2）分析现状，确定供应商

首先要根据采购物品的分类选择价值量大、体积大的主要原材料及零部件，结合供应商的关系，优先选择伙伴型或优先型供应商进行即时制采购可行性分析，确定可实施即时制采购模式的供应商。分析采购物品及供应商情况时要考虑的因素有原材料或零部件的采购量、年采购额、物品的重要性（对本公司产品生产、质量等的影响）、供应商的合作态度、供应商的地理位置、物品的包装及运输方式。物品的储存条件及存放周期、供应商现有供应管理水平、供应商参与改进的主动性、该物品的供应周期、供应商生产该物品的生产周期及重要原材料采购周期、供应商现有的送货频率、该物品的库存量等，然后根据现状，进一步分析问题所在以及导致问题产生的原因。

3）设定目标

针对供应商目前的供应状态，提出改进目标。改进目标包括供货周期、供货频次、库存等。改进目标应有时间要求。

4）制订实施计划

实施计划要明确主要的行动点、行动负责人、完成时间、进度检查方法及时间、进度考核指标等。其中，本公司内的主要行动有：

（1）将原来的固定订单改为灵活订单，订单的订购又分成两部分：一部分是已确定的、供应商必须按时按量交货的部分；另一部分是可能因市场变化而增减的，供应商准备原材料、安排生产计划时参考的预测采购量。订单内容取决于本公司的生产周期、供应商的生产交货周期、最小批产量等。

（2）调整相应的运作程序及参数设置，在公一月内相关人员之间进行沟通、交流，统一认识、协调行动。

（3）确定相应人员的职责及任务分工等。在供应商方面，需要对供应商进行沟通、培训，使供应商接受即时制采购的理念，确认本公司提出的改进目标，包括缩短供应时间、增加供应频次、保持合适的原材料、在制品及成品的库存等。同时供应商也相应认可有关的配合人员的责任、行动完成时间等。

5）改进实施

改进实施的前提是供应原材料的质量改进和保障，同时要考虑采用标准、循环使用的包装、周转材料与器具，以缩短送货的装卸、出入库时间。改进实施的主要环节是将原来独立开具的固定订单改成滚动下单，并将订单与预测结合起来。首先，可定期（如每季）向供应商提供半年或全年采购预测，便于供应商提前安排物料采购及生产安排；其次，定期定时（如每周或每月）向供应商提供每周、每半月或每月、每季的流动订单。流动订单包括固定和可变的两部分，供应商按流动订单的要求定期、定量送货。为良好地体现供应商在整体供应链中的作用，供应商最好定期（每周、每半月或每月）向制造商提供库存（含原材料、在制品、成品）报告，以便制造商在接受客户订单及订单调整时能准确、迅速、清晰地了解供应商的反应能力。实施即时制采购还应注意改进行政效率，充分利用电话、传真及电子邮件等手段进行信息传递以保证信息传递的及时性、准确性、可靠性。在开展即时制采购的过程中，最重要的是要有纪律性，要严格按确定的时间做该做的事情（如编制采购预测、开具订单、提交库存报告等），同时要有合作精神与团队意识。只有采购、计划、仓管、运输、收验货、供应商等密切配合，才能保证即时制采购顺利实施。

6）绩效衡量

衡量即时制采购实施绩效要定期检查进度，以绩效指标（目标的具体化指标）来控制实施过程。采购部门或即时制采购实施改进小组要定期（如每月）对照计划检查各项行动的进展情况、各项工作指标、主要目标的完成情况，并用书面形式采用图表等方式体现出来。对于未如期完成的部分应重新提出进一步的跟进行动，调整工作方法，必要时调整工作目标。

第三节 相关案例分析

案例1：联合国考察“浙江制造”，中国企业面临出口新路

一、基本知识点

采购环境：采购环境包括宏观环境和微观环境。宏观环境是指能对项目组织怎样及如何采购产生影响的外部环境，包括国际经济政策的变化，财政金融政策的调整，市场利率及汇率的波动，通货膨胀及其趋势，战争、罢工等政局动荡，市场季节性的变化等各种因素。而微观环境则是指项目组织的内部条件，包括项目组织在采购中可能采取的组织政策、方式和程序、项目资金状况、场地、道路、码头等各种条件。

国际采购：国际采购是指利用全球的资源，在全世界范围内去寻找供应商，

寻找质量最好，价格合理的产品（货物与服务）。

二、背景介绍

2005 年 10 月 27 日到达杭州，11 月 1 日离开宁波，联合国儿童基金会采购司司长艾伦·科尔及副司长等一行官员的中国之行非常充实。他们在近一周的时间之内实地考察了华立集州、贝发集团、宁波彬彬文具等近十家浙江企业，并开始和中国企业面对面地讨论合作的可能性。虽然这次考察并没有如人们想象的那样带来大笔订单，但联合国直接采购“中国制造”的前景正变得越来越清晰。

三、问题提出

联合国哥本哈根采购司官员 Mikko 给了大家一些数据，在今年联合国采购的 5 000 万美元的文体用品中，其中 3 000 万美元的产品是由中国生产，但却没有一个是直接采购自中国。

他表示，如果中国企业能成为联合国的供应商，直接向联合国供应产品，联合国就可以减少 15%~20%的采购成本，从而可以采购更多的产品用来救助更多需要帮助的人。而这也成为联合国儿童基金会此次中国浙江之行的重要原因。

据了解，作为全球最大的采购商，联合国每年在全球采购各种产品和服务的金额超过 50 亿美元，用于维和、粮农组织和儿童基金会。其中，联合国直接从中国采购的产品仅为 7 000 万美元，占其总金额的 1.37%，这一比率对作为联合国常任理事国的中国及中国的经济发展来说显得并不协调。

而从联合国采购的产品种类、质量要求和每一单的采购金额来看，中国的中小企业获得订单的优势非常突出，尤其是轻工业大省——浙江。目前联合国儿童基金会每年在全球的采购超过 8 亿美元，但在中国的订单只有 3 000 万美元。

四、解决方案

我们正是希望通过这种牵线搭桥，让双方坐到一起来，增进彼此了解。目前联合国主动希望和中国企业直接合作，进行采购，并且提供必要的帮助。

2005 年，浙江省也接了 1 000 多万美元的联合国的订单；但都是通过中间商来做的，有的还通过了好几个中间商。从中国的出口贸易来说，我们当然希望能直接成为联合国的供应商，虽然我们的出口订单总价不可能有太大的增加，但我们可以通过成为联合国的直接供应商，从而在国际上获得更多的机会。据了解，联合国 191 个成员国的国内企业采购也常常会通过联合国的采购指定供应商名录寻找采购货源，这部分每年所发生的采购额即可达 4 000 亿美元之巨，还有许多跨国公司如GE等也参考这个名录来寻找采购对象，商机之大不言而喻。

这是中小企业走向世界的非常好的方式，因为联合国采购不涉及任何贸易壁垒或者倾销反倾销的问题。

只要你公司登录联合国网站，如实填写相关表格，要求成为联合国相应机构的采购供应商，如实填写相关信息，通过联合国的审查后，你就可以成为联合国的采购供应商。联合国审查的三个主要因素是：企业要有两年的出口经验或者有自营性出口权，有健康的财务报表，在和联合国的沟通方面没有问题。

当产品达到联合国采购的质量要求，并且能完全按照双方签订的合同来供货，这种合作其实非常简单，而且成为联合国的采购供应商不需要任何费用。

跟一般的出口贸易比较起来，联合国采购的最大特点是没有预付款，不开信用证，货到30天后付款。很多小企业可能无法承担这样的风险，况且产品的质量必须过关。

五、小结

联合国对中国的直接采购对中小企业来说无疑是个机会，无论是生产企业还是流通企业，但目前主要的障碍就是我们的企业对他们不熟悉。如果通过各种渠道，或者类似于这次政府搭建的平台，让更多的企业了解其采购的做法，把一些基本的程序介绍给企业，企业应该会有更好的机会。

六、思考与练习题

1. 我国中小企业怎样才能直接获得联合国采购订单？
2. 联合国采购对供应商有哪些要求？

案例2：沃尔玛的“亲商政策”

一、基本知识点

全球采购是指利用全球资源，在全世界范围内寻找供应商，向供应商购买产品或服务的过程，是国际物流的起点。采购是企业物流活动的重要环节，采购成本在企业销售收入中所占的比例很高，这决定着采购成本的节约存在着倍增效应。

二、背景介绍

2002年，世界上最富有的公司是一家卖各种零碎生活用品的公司。这家公司名为沃尔玛，年营业额2 198亿美元，名列《财富》“世界500强”第一名。

2002年，也正是中国流通业“试点开放”的最后一年。这意味着，中国零售业全面开放的预备期已近临界点，一个星期以后，至少在省级以上城市，外资零售巨头即可全力进驻。

三、问题提出

“企业之王”沃尔玛和世界上最活泼、机会最大的市场相遇后，会出现什么？外资控股、独资、并购；本土企业扩张、对抗、衰亡……一切都有可能发生。

四、解决方案

然而，在政策的转折点上，已经进入中国6年的沃尔玛没有大张旗鼓的开店计划，没有轰轰烈烈的资本运作。沃尔玛致力于将自己在全世界范围内发展的成功经验克隆到中国。它没有参与其他零售商心照不宣的“供应商掠夺战”，在供应商只有喊冤的中国市场实行着它的“亲商政策”。

另一方面，沃尔玛是跨国零售企业采购中的大赢家，2001年，它以120亿美元的中国采购额令整个中国市场叹为观止。从无到有，这一切只是在5年中完成的，零售终端并未遍布中国的沃尔玛如何完成如此庞大的采购任务？

20世纪80年代中后期，沃尔玛安装了公司专用的卫星通信系统，将总部、分销中心和各个商店之间联系起来；20世纪90年代，这家在当时已经被认为处于“老旧”业态的公司开始实施新的配送系统，配送中心为商店提供货源而不是货物。

沃尔玛店面遍布全球的、分布在美国、墨西哥、巴西、阿根廷、德国、波多黎各、英国、韩国、加拿大、中国等公司就这样被联系在一起，超过130万名员工组成一个庞大的高效率机器。

沃尔玛中国自然受惠于此：2001年，沃尔玛在全球设立了24个采购点，将全球采购总部由香港搬到深圳；2002年，沃尔玛停止采购外包，年销售额1 900亿美元的商品全部交给深圳这个全球采购总部及所属的采购网络负责。一时间，沃尔玛在中国的采购地位变得异常重要。

同所有的沃尔玛分公司一样，沃尔玛中国的管理信息系统来自强大的国际系统支持。一份专业调查报告显示：电脑系统可以给沃尔玛采购员提供保存两年的销售历史，电脑记录了所有商品——具体到每一个规格、不同颜色的单品的销售数据，包括最近各周的销售量、存货多少。这样的信息支持能够使采购员知道什么品种该增加，什么品种该淘汰；好销的品种每次进多少才能满足需求，又不致积压。

电脑系统还能提供供应商的资料：与提供给采购员的数据相同，这样翔实的数据使生产商能细致地了解哪些规格、哪些颜色的产品好销，然后按需组织生产。

五、小结

沃尔玛正是利用现代高科技武装自己，最后胜过所有竞争对手，使它在中国一开始就别具一格。

六、思考与练习题

1. 在中国零售业全面开放之际，沃尔玛采取的主要策略是什么？
2. 沃尔玛在采购方面有哪些优势？

第三章　仓储物流

第一节　现代仓储在物流中的作用

一、什么是仓储

仓储从字面上可理解为用仓库来储存东西，这个概念比较简单。书上也说明了商品的储存是指商品离开生产领域但在进入消费领域之前，处于流通领域时所形成的“停滞”。马克思在《资本论》中也说明过，在产品处于它从生产出来的过程和它进入消费过程之间的间隔期间，产品形成商品储存。

二、现代物流中仓储的意义

现代物流中仓储的意义表现在两个方面。

1. 保持商品物质实体的有用性

在社会生产与生活中，经常会出现产品生产的节奏同产品消费的节奏不一致的情况，因此总会存在现在用不上或用不了或有必要留待以后使用的产品，那么为了在产品生产与消费的时间差距内保证产品的有用性，就必须要借助于仓储，这是仓储的最基本意义。

2. 调节产品流通

随着经济的进一步发展，仓储的意义也在发生变化。我们知道，市场需求逐渐个性化、多样化，生产方式也逐渐向多品种、小批量的柔性生产方式转变，因此现代物流也必须适应多品种、小批量的特征，但多品种、小批量就意味着物流费用的上升，例如对运输来说，过多的小批量、零担运输必然导致高成本，所以在这里有必要通过仓储产品的集散作用来协调产品的流通过程，我们在后面将具体讲到仓储是如何来协调流通、降低成本的。

三、现代仓储在物流中的作用

1. 仓储是现代物流不可缺少的重要环节

关于仓储对于物流系统的重要意义我们还可以从供应链的角度来进一步认识。从供应链的角度，物流过程可以看作由一系列的“供给”和“需求”组成，当供给和需求节奏不一致时，也就是两个过程不能够很好地衔接，出现生产的产品不能即时消费或者存在需求却没有产品满足，在这个时候，就需要建立产品的储备，将不能即时消费的产品储存起来以备满足后来的需求。供给和需求之间既存在实物的“流动”，同时也存在实物的“静止”，静止状态即是将实物进行储存，实物处于静止是为了更好地衔接供给和需求这两个动态的过程。

2. 仓储能对货物进入下一个环节前的质量起保证作用

在货物仓储环节对产品质量进行检验，能够有效地防止伪劣产品流入市场，保护了消费者权益，也在一定程度上保护了生产厂家的信誉。通过仓储来保证产品质量主要有两个环节：一是在货物入库时进行质量检验，看货物是否符合仓储要求，严禁不合格产品混入库场；二是在货物的储存期间，要尽量使产品不发生物理以及化学变化，尽量减少库存货物的损失。

3. 仓储是保证社会再生产过程顺利进行的必要条件

货物的仓储过程不仅是商品流通过程顺利进行的必要保证，也是社会再生产过程得以进行的保证。通过搞好仓储活动，发挥仓储活动连接生产与消费的纽带和桥梁作用，借以克服众多的相互分离又相互联系的生产者之间、生产者与消费者之间在商品生产与消费地理上的分离、衔接商品生产与消费时间上的不一致，以及调节商品生产与消费方式上的差异，使社会简单再生产和扩大再生产能建立在一定的商品资源的基础上，保证社会再生产的顺利进行。

4. 仓储是加快商品流通，节约流通费用的重要手段

虽然货物在仓库中进行储存时，是处于静止的状态，会带来时间成本和财务成本的增加，但事实上，整体而言，它不仅不会带来时间的损耗和财务成本的增加，相反它能够帮助加快流通，并且节约运营成本。在前面讲仓储的必要性的时候已经谈过仓储能够有效地降低运输和生产成本，从而带来总成本的降低。

5. 仓储能够为货物进入市场做好准备

仓储能够在货物进入市场前完成整理、包装、质检、分拣等程序，这样就可以缩短后续环节的工作时间，加快货物的流通速度。

四、仓库的分类

从不同的侧面来分析，仓库可以有不同的分类标准，下面我们主要从以下几个方面来讨论仓库的分类。

1. 按仓库用途来分类

仓库按照它在商品流通过程中所起的作用可以分为以下几种。

（1）采购供应仓库

采购供应仓库主要用于集中储存从生产部门收购的和供国际间进出口的商品，一般这一类的仓库库场设在商品生产比较集中的大、中城市，或商品运输枢纽的所在地。

（2）批发仓库

批发仓库主要是用于储存从采购供应库场调进或在当地收购的商品，这一类仓库一般贴近商品销售市场，规模同采购供应仓库相比一般要小一些，它既从事批发供货，也从事拆零供货业务。

（3）零售仓库

零售仓库主要用于为商业零售业做短期储货，一般是提供店面销售，零售仓库的规模较小，所储存物资周转快。

（4）储备仓库

这类仓库一般由国家设置，以保管国家应急的储备物资和战备物资。货物在这类仓库中储存时间一般比较长，并且储存的物资会定期更新，以保证物资的质量。

（5）中转仓库

中转仓库处于货物运输系统的中间环节，存放那些等待转运的货物，一般货物在此仅做临时停放，这一类仓库一般设置在公路、铁路的场站和水路运输的港口码头附近，以方便货物在此等待装运。

（6）加工仓库

前面在讲仓库的功能的时候已经讲过仓库的加工、支持功能，一般具有产品加工能力的仓库被称为加工仓库。

（7）保税仓库

保税仓库是指为国际贸易的需要，设置在一国国土之上，但在海关关境以外的仓库。外国企业的货物可以免税进出这类仓库而办理海关申报手续，而且经过批准后，可以在保税仓库内对货物进行加工、储存等作业。

2. 按保管货物的特性分类

（1）原料仓库：原料仓库是用来储存生产所用的原材料的，这类仓库一般比较大。

（2）产品仓库：产品仓库的作用是存放已经完成的产品，但这些产品还没有进入流通区域，这类仓库一般附属于产品生产工厂。

（3）冷藏仓库：它是用来储藏需要进行冷藏储存的货物，一般多是农副产品、药品等对于储存温度有要求的物品。

（4）恒温仓库：恒温仓库与冷藏仓库一样，也是用来储存对于储藏温度有要求的产品。

（5）危险品仓库：危险品仓库从字面上就比较容易理解，它是用于储存危险品的。危险品由于可能对人体以及环境造成危害，因此在此类物品的储存方面一般会有特定的要求。例如，许多化学用品就是危险品，它们的储存都有专门的条例。

（6）水面仓库：像圆木、竹排等能够在水面上漂浮之类的物品，它们可以储存在水面上。

3. 按照场库的构造来分类

（1）单层仓库：单层仓库是最常见的，也是使用最广泛的一种仓库建筑类型，这种仓库只有一层，也就当然地不需要设置楼梯，它的主要特点是：

①单层仓库设计简单，所需投资较少。

②由于仓库只有一层，因此在仓库内搬运、装卸货物比较方便。

③各种附属设备（例如通风设备、供水、供电等）的安装、使用和维护都比较方便。

④由于只有一层，仓库的地面承压能力都比较强。

（2）多层仓库：有单层仓库，必然对应的有多层仓库。多层仓库一般占地面积较小，建在人口稠密、土地使用价格较高的地区。由于是多层结构，因此货物一般是使用垂直输送设备来搬运。总结起来，多层仓库有以下几个特点：

①多层仓库可适用于各种不同的使用要求，例如可以将办公室和库房分处两层，在整个仓库布局方面比较灵活。

②分层结构将库房和其他部门自然地进行隔离，有利于库房的安全和防火。

③多层仓库作业需要的垂直运输重物技术已经日趋成熟。

④多层仓库一般建在靠近市区的地方，因为它占地面积较小，建筑成本可以控制在有效范围内，所以，多层仓库一般经常用来储存城市日常用的高附加值的

小型商品。

⑤使用多层仓库存在的问题在于建筑和使用中的维护费用较大，一般商品的存放成本较高。

（3）立体仓库：立体仓库又被称为高架仓库，它也是一种单层仓库，但同一般的单层仓库的不同在于，它利用高层货架来储存货物，而不是简单地将货物堆积在库房地面上。在立体仓库中，由于货架一般较高，所以货物的存取需要采用与之配套的机械化、自动化设备。一般将存取设备自动化程度较高的仓库称为自动化仓库。

（4）筒仓：筒仓就是用于存放散装的小颗粒或粉末状货物的封闭式仓库，一般这种仓库被置于高架上。例如，筒仓经常用来存储粮食、水泥和化肥等。

（5）露天堆场：露天堆场是在露天堆放货物的场所，一般堆放大宗原材料，或者不怕受潮的货物。

4. 按建筑材料的不同分类

根据仓库使用的建筑材料的不同，可以将仓库分为钢筋混凝土仓库、钢质仓库、砖石仓库等。

5. 按仓库所处位置分类

根据仓库所处的地理位置，可以分为码头仓库、内陆仓库等，这是根据仓库的地理位置赋予仓库的特性来进行的分类。

6. 按仓库的管理体制分类

根据仓库隶属关系的不同，可以分为以下几类：

（1）自用仓库：自用仓库就是指某个企业建立的供自己使用的仓库，这种仓库一般由企业自己进行管理。

（2）公用仓库：这是一种专业从事仓储经营管理的，面向社会的，且独立于其他企业的仓库。

五、仓库的主要性能参数

仓库的最重要的两个性能参数是仓库的库容量和出入库频率。

库容量是指仓库能容纳物品的数量，是仓库内除去必要的通道和间隙后所能堆放物品的最大数量。在规划和设计仓库时首先要明确库容量。库容量可用“t”“m”或“货物单元”表示。

出入库频率表示仓库出入库货物的频繁程度，它的大小决定了仓库内搬运设备的参数和数量，出入库频率可用“t/h”或“托盘/h”表示。

除去以上两个主要参数外，决定仓库性能的还有以下一些因素和参数。如储存物品的特性；托盘及其辅助工具的尺寸；仓库的自动化程度；出入库平均作业时间；仓库约束条件（如运输条件、仓库高度、面积及地面承载能力等）等。

评价仓库经营效率的主要指标为库容量利用系数和库存周转次数。

库容量利用系数是平均库容量与最大库容量之比。由于这是一个随机变动的量，一般取它的平均值作为考核指标。

库存周转次数是年库存总量或年出库总量与平均库存量之比。对于生产性和经营性的仓库，库存周转次数越多说明资金周转越快。一些经营好的仓库可以达到每年24次以上，即不到半个月就周转一次。对于储备性仓库，库存周转次数不是一个重要指标。

其他的衡量指标还有以下几点：

(1) 单位面积的库容量。这是总库容量与仓库占地面积之比。在土地紧缺、征用费用高的地方，它还是一个很重要的经济指标。

(2) 全员平均劳动生产率。这是仓库全年出入库总量与仓库总人数之比。通常它取决于仓库的机械化程度。

(3) 装卸作业机械化程度。这是指用装卸机械装卸货物的作业量与总的装卸作业量之比。

(4) 机械设备的利用系数。这是机械设备的全年平均小时搬运量与额定小时搬运量之比。可用这个系数来评估机械设备系统配置的合理性。

第二节　现代仓储与配送中心

一、配送中心与仓库

配送中心是仓库的仓储功能和扩展出来的销售功能的综合，是以“仓储业务”为核心，以尽可能降低其服务对象的库存为主要目标，根据客户的订单和销售预测，进行规模化的采购、进货、保管；然后，按客户订单所需商品及数量，在规定的时间准时送达客户的公共仓库。配送中心通过集中向客户进行多频次的配送业务，可将支线搬运及小搬运统一起来，使物流过程得以优化和完善；通过将众多客户的小批量商品集中，进行一次发货，可提高末端物流的经济效益；通过高水平的配送，众多客户可以不设仓库或少设仓库，实现生产企业的“零库存”，继而大大提高供应链的竞争力。很显然，这是一条改造物流结构的最优途径。

配送中心的具体功能：

1. 保管功能

保管功能是配送中心的主要内容之一。它与一般的仓库不同，其仓库形式、平面布置、设备组成等要有利于拣选方法、拣选路线、拣选设备等。为了充分利用仓库的面积和空间，为了提高保管商品的出入库频率，其机电、信息、管理一体化的水平要高于传统意义上的仓库。货架的高层化、作业机械化、自动化、信息网络化是配送中心的发展趋势。

2. 倒装功能

配送中心采购时，为了降低运输成本，一般采用大包装或散装；同时，因商品来自不同的制造厂或流通企业，运输包装的形式也各不相同；为利于配送中心的机械化和自动化作业，必须进行商品的集装箱单元化，即进行倒装作业。倒装作业一般在入库区和出库区或在商品整理、检验作业时进行。

3. 拣选功能

商品在配送中心保管时，一般是按保管单元的形式来分区域存放；但出库时，首先按客户订单的商品目录进行拣选。同一张订单可能只有一种，但通常是若干种；同一张订单的商品可在一个区域内存放，也可在不同区域存放；所需的商品数量，可能是一个整保管单元（如托盘、盒箱、单件等），也可能不是一个整保管单元，所以应根据具体情况而定。

4. 流通加工功能

经济、高效的运输、装卸、保管一般需要大的包装形式。但在配送中心下位的零售商、最终客户一般需要小的包装。为解决这一矛盾，配送中心要设置流通加工功能。流通加工功能与制造加工不同，它对商品不做性能和功能上的改变，仅仅是对商品大小、数量和包装形式的改变。

5. 运送功能

配送中心需在其服务范围内，准时地把必要的商品按所要求的数量送达客户。为了减少客户的库存或做到零库存，运送是多频次的。这就需要配备相应的运输设备及装卸设备，这是做到良好服务的重要保证之一。

6. 信息管理功能

为了从供货商处准时地采购商品，然后准时地向客户配送，为客户提供快捷满意的服务，并最大限度地减少库存，提高工作效率，信息的加工、处理十分重要。配送中心应具有完备的仓库管理信息系统，并又能与各供货商、各客户的ERP或其他信息系统实施实时的链接。

二、仓储的战略决策

仓储系统的能力与费用的确定取决于仓储作业的战略规划。对于任何一个新建的仓库而言，通过制定正确的战略规划可降低仓库的建设投资和仓库的运行费用；对于已有的仓库，通过战略目标的明确，则可改善仓库的出入库频率和提高货位的利用率。因此制定一个完整的战略规划对仓储企业具有十分重要的意义。

仓储企业的战略规划涉及仓库空间决策、仓库自建或租赁决策、仓储设备决策等内容。

（一）仓库空间决策

仓库所需空间一般由货物存储所需的空间、仓库过道和通道空间、存储设备存放空间和仓库管理人员办公所需空间组成。

仓库内部空间的大小首先可根据每年储存货物的数量和存储货物的特点，通过对未来市场需求情况的预测，确定所需要的基本存储空间；再根据对企业发展的规模和速度的预测，确定仓库未来的弹性发展空间；然后根据对仓库的内部布局和作业设计、作业机械确定仓库的通道和过道空间，从而确定仓储作业所需的硬性使用空间。

在此基础上，综合考虑仓库建设成本、仓库的维修成本和客户服务方面的因素，在满足客户服务的前提下，追求总成本的最小化，从而确定合理的仓库空间的大小。

（二）仓库自建或租赁决策

评价仓储经营效率的一个重要指标是库容量利用系数，仓库设计的出发点就是满仓利用。但仓库全年实际处于满仓的可能性极小，经营运作良好的仓库处于满仓的时间也仅为全年的75%~85%。因此，在15%~25%的时间里那些旨在满足高峰所需的仓库空间并没有得到充分利用。在这种情况下，有效的办法是建立企业自有仓库，以满足75%的仓储要求，而用公共仓库或合同仓库应付高峰期的要求。

（三）仓储设备决策

竞争性的市场要求仓库具有准确、及时的信息处理、存储和出入库系统及高效的包装和输送系统。但在仓储作业的许多环节中，手工操作仍然必不可少。所以对于一个企业来讲，仓储作业中的人工操作和机器自动化处理的合理配置就显得至关重要。

合理的仓储设备必须符合标准化，能保持或提高物料的搬运活性，使物料处于易搬运的放置状态；满足“移动路径最短、存储空间占用最小、人工控制程度最低”的原则，而且在成本开销方面，必须能够做到最低的成本开支。

在仓储设备的选择决策时，一般来说，应基于仓库现有内部布局，遵循技术成熟、经济合理、安全可靠、操作方便和满足需求的原则，从设备的生产效率、设备的采购成本、设备的可靠性和设备的柔性化程度以及设备维修的难易等方面考虑。

三、仓库的基本组成

不同类型仓库的功能有所差异，若按仓储系统的信息管理来分，包含了四个基本子系统：入库子系统、仓储子系统、装卸搬运子系统和出库子系统。若按功能区域划分，可分成储货区、入库区、出库区和管理区。对于配送中心的附属仓库还有相应的信息子系统、货物分拣子系统和专用的分拣区。

（一）入库子系统

该系统是仓储作业的缓冲区，承担着货物的接运、货物的验收以及办理入库手续、并将到库货物按储存要求拆开包装，组成新的存储单元，如托盘、包装或容器，并完成有关信息的登录等一系列活动。货物接运的主要任务是及时准确地从交通运输部门提取入库物质；货物验收的主要任务是核对证件、实物检验和入库登记。

在大多数情况下，货物在入库区采用自然堆放方式，因此，入库子系统的面积大小应能保证上述工作的顺利进行；为提高仓库的入库效率，应考虑从载重汽车或列车上接运货物的装卸工艺和装卸设备的布置及将货物从入库区送往库存区的输送系统，尽量减少货物在入库区内装卸作业次数和装卸作业时间，实现物流的机械化。此外，在规划该子系统时，还应考虑仓库管理部门的办公场所、控制中心所需空间、空托盘的堆放空间和库内运输车辆的停车场所及必要的消防设施。

（二）仓储子系统

该系统的任务是做好货位的管理工作及仓储物品的养护工作，如防虫、防鼠害作业、防腐作业、防锈蚀作业、防老化、防变质作业和仓储中的安全工作，保证仓储物品不受环境影响，使其本身的物理、化学、生物性能不发生变化。

货物在仓库内的存入和堆码方式一般有自身堆码、托盘堆码和货架存放三种方式。

1. 自身堆码

自身堆码就是将同一种货物，按其形式、质量、数量和性能等特点，码垛成一个个货堆。在货堆与货堆之间留有供人员或搬运设备出入的通道。常见的堆码方法有重叠式堆码（板材）、纵横交错式堆码、正反交错式堆码和旋转交错式堆码等。

（1）重叠式。即各层码放方式相同，上下对应。这种方式的优点是工人操作速度快，包装货物的四个角和边重叠垂直，承载能力大。缺点是各层之间缺少咬合作用，容易发生塌垛。在货物底面积较大的情况下，采用这种方式具有足够的稳定性，如果再配上相应的紧固方式，则不但能保持稳定，还可以保留装卸操作省力的优点。

（2）纵横交错式。相邻两层货物的摆放旋转 90°，一层横向放置，另一层纵向放置。每层间有一定的咬合效果，但咬合强度不高。

（3）正反交错式。同一层中，不同列的货物以 90°垂直码放，相邻两层的货物码放形式是另一层旋转 180°的形式。这种方式类似于建筑上的砌砖方式，不同层间咬合强度较高，相邻层之间不重缝，因而码放后稳定性较高，但操作较为麻烦，且包装体之间不是垂直面相互承受载荷，所以下部货物容易被压坏。

（4）旋转交错式。第一层相邻的两个包装体互为 90°，两层间码放又相差 180°，这样相邻两层之间互相咬合交叉，货体的稳定性较高，不易塌垛。其缺点是码放的难度较大，且中间形成空穴，降低了托盘的利用效率。

采用自身堆码时，货堆的高度受货物强度的制约，一般以底层货物不被压坏为前提，另外货堆的高度还受堆垛设备（如叉车）提升高度的限制。故货堆的高度一般小于 4m。这种堆码方式是一种最简单、最原始的堆码方式。

如果货物的包装比较规整，而且有足够的强度时，则可采用无托盘的自身堆码方式。在叉车上装一些属具，如纸箱夹、推出器等进行作业。

2. 托盘堆码

托盘堆码即将货物码在托盘上，货物在托盘上码放方式可采用自身堆码码放的形式，然后用叉车将托盘货一层层堆码起来。对于一些怕挤压或形状不规则的货物，可将货物装在货箱内或带立柱的托盘上。由于货箱堆码是由货箱或托盘立柱承受货垛的重量，故这种托盘应具有较高的强度和刚度。

采用托盘堆码时，其堆码和出入库作业常采用叉车或其他堆垛机械完成，若采用桥式堆垛机时，堆垛高度可达8m以上，故其仓库容积利用率和机械化程度比自身堆码有较大的提高。

3. 货架存放

在仓库内设置货架时，应将货物或托盘放在货架上。采用货架存入的最大特点：货物的重量由货架支撑，互相之间不会产生挤压，可实现有选择地取货或实现先入先出的出库原则。总之，货架存放形式为仓库的机械作业和计算机管理提供了必要的条件。

（三）装卸搬运子系统

该系统包括货物的入库、出库机械系统及货架（货垛）堆取作业机械系统。若无特殊要求，可将出入库机械系统合为一体。货物的运输可以采用人力驱动，也可采用半自动或全自动的方式，借助辊道输送机、链式输送机、叉车、堆垛机，辅以行车、手推车、电瓶搬运车完成货物的出入库及上下货架作业。

（四）出库子系统

货物的出库、发运是储存过程的终止，也是仓库作业的最后一个环节。该系统承担着整理、包装出库物资，核对出货凭证并登账及向承运机构点交货物。货物出库时，一般遵循“先进先出”的原则，对有效期限的货物要在限期内发放完毕；对于采用自身堆码和托盘堆码方式的仓库，也可采用“后进先出”的方式；对多品种、小批量的货物出库可以采用拣选出库。

四、仓储物流规划原则

物流技术是对一个物流系统应用系统规划的基本思想，从物流系统整体效益出发，采用工程技术的优化方法，进行组织管理、规划设计的技术。仓储物流技术是支持仓储作业并对仓库内的物流进行系统化和合理化的技术。

仓库运作效率的高低与仓库的规划、和仓库内部的物流是否合理密切相关。因此在仓库的功能区域布置阶段，要根据仓库类型、仓库空间布置形式和仓库的工作流程，在库内的物流路线确定后，才能确定设备的类型；然后根据订单的响应周期，确定货物的体积流、件数流、定出仓储设备的数量和速度，最后通过评估才能确定。这是一项比较复杂的工作。

（一）仓储ABC分析

在仓库的设计初期，要考虑的因素有很多，但在任何一个系统中，往往少数事物具有决定性的影响。相反地，其余绝大部分事物却影响不大。将有限的力量主要（重点）用于解决这具有决定性影响的少数事物上和将有限力量平均分摊在全部事物上，两者比较，当然是前者可以取得较好的成效，而后者成效较差。ABC 分析便是在这一思想的指导下，通过分析，将“关键的少数”找出来，并确定与之相适应的管理方法，这便形成了要进行重点管理的 A 类事物，这就能够以“一倍”的努力取得 7~8 倍的效果。因此，在仓储物流规划中，首先应明确系统中的“关键少数”，由此确定仓库的布局和设备的选型。

此处仅以库存的 ABC 分析及重点管理方法为例来说明 ABC 分析的一般步骤。

（1）按分析的对象和分析内容，收集有关数据。

（2）处理数据。

（3）制作 ABC 分析表。

（4）绘制 ABC 分析图。

（二）仓储物流规划的原则

仓储规划方案应能做到以尽可能低的成本，实现货物在仓库内快速、准确地流动。这个目标的实现，要通过物流技术、信息技术、成本控制和仓库的组织结构的一体化策略才能达到。仓储系统的物流规划原则不是一成不变的，要视具体情况而定。在特定场合下，有些原则是互相影响甚至互相矛盾的。为了做出最好的设计，有必要对这些原则进行选择和修改。

1. 系统简化原则

要根据物流标准化做好包装和物流容器的标准化，把杂货、粮食、饮料、食盐、食糖、饲料等散装货物、外形不规则货物组成标准的储运集装单元，实现集装单元与运输车辆的载重量、有效空间尺寸的配合、集装单位与装卸设备的配合、集装单位与仓储设施的配合，这样做会有利于仓储系统中的各个环节的协调配合，在异地中转等作业时，不用换装，提高通用性，减少搬运作业时间、减轻物品的损失、损坏，从而节约费用，同时也简化了装卸搬运子系统，降低系统的操作和维护成本，提高系统的可靠性，提高仓储作业的效率。

2. 平面设计原则

即如无特殊要求，仓储系统中的物流都应在同一平面上实现，从而减少不必要的安全防护措施，减少利用率、作业效率低和能源消耗较大的起重机械，提高系统的效率。

3. 物流和信息流的分离原则

现代物流是在计算机网络支持下的物流，物流和信息流的结合解决了物流流向的控制问题，提高了系统作业的准确率，从而提高了系统作业效率。如果不能实现物流和信息流的尽早分离，就要求在物流系统的每个分、合节点均设置相应的物流信息识读装置，这势必造成冗余度，增加系统的成本；如果能实现物流和信息流的尽早分离，将所需信息一次识别出来，再通过计算机网络传到各个节点，即可降低系统的成本。

4. 柔性化原则

仓库的建设和仓储设备的购置，需要大量的资金。为了保证仓储系统高效工作，需要配置针对性较强的设备；而社会物流环境的变化，又有可能使仓储货物品种、规格和经营规模发生改变。因此，在规划时，要注意机械和机械化系统的柔性和仓库扩大经营规模的可能性。

5. 物料处理次数最少原则

不管是以人工方式还是自动方式，每一次物料处理都需要花费一定的时间和费用，通过复合操作，或者减少不必要的移动，或者引入能同时完成多个操作的设备，就可减少处理次数。

6. 最短移动距离，避免物流线路交叉原则

移动距离越短，所需的时间和费用就越低；避免物流线路交叉，即可解决交叉物流控制和物料等待时间问题，保持物流的畅通。

7. 成本与效益原则

在建设仓库和选择仓储设备时，必须考虑投资成本和系统效益原则。在满足作业需求的条件下，尽量降低投资。

第三节 仓库规划与设计

仓库一般是指以库房、货场及其他设施、装置为劳动手段，对商品、货物、物资进行收集、整理、储存、保管和分发等工作的场所，在工业中则是指储存各种生产需用的原材料、零部件、设备、机具和半成品、产品的场所。仓库是重要的物流设施，正确的规划与设计将对物流系统的运作产生重大的影响。

一、仓库的规划与设计

一般仓库主要由物料储存区、验收分发作业区、管理室及生活间和辅助设施四部分组成。

本节将以一般常规仓库为主，介绍仓库的主要性能指标、建筑形式、仓库布局以及设备配置等内容。

二、仓库面积指标

仓库面积包含有效面积和辅助面积两部分。有效面积是指货架、料垛实际占用的面积。辅助面积是指验收、分类、分发作业场地、通道、办公室及生活间等需要的面积。

仓库面积计算方法有两种：一种是荷重计算法；另一种是堆垛计算法。

（一）荷重计算法

荷重计算法是一种常用的计算方法，是根据仓库有效面积上的单位面积承重能力来确定仓库面积的方法。

$$S=\frac{Q\times T}{T_0\times q\times \alpha}$$

式中：S——仓库总面积（m^2）；

Q——全年物料入库量（t），可由用户提供；

T——物料平均储备期（天）（见表 3-1）；

q——仓容物资储存定额（t/m^2），（见表 3-1）；

α——仓库面积利用系数（见表 3-1）；

T_0——一年中的工作天数。

（二）堆珠计算法

表 3-1　仓库面积计算指标

仓库名称	平均储备期（天）	仓容物资储存定额 q（t/m^2）	面积利用系数 α
金属材料库	90~120	1.0~1.5	0.4
配套件库	45~70	0.6~0.e	0.35~0.4
协作作库	30~35	0.8~1.0	0.4

续表

仓库名称	平均储备期（天）	仓容物资储存定额 q（t/m^2）	面积利用系数 α
油化库	45~60	0.4~0.6	0.3~0.4
铸工铺料库	45~60	1.5~1.8	0.4~0.5
五金铺料库	60~90	0.5~0.6	0.35
中央工具库	60~90	0.6~0.8	0.30
中央备件库	60~90	0.5~0.8	0.35~0.4
建筑材料库	45~60	0.5~0.9	0.35~0.4
氧气瓶库	15~30	16 瓶/m^2	0.35~0.4
电石库	30~45	0.6~0.7	0.35~0.4
成品库	15~30		

根据各种物料的外形尺寸或包装尺寸分别堆放在地面上、托盘上或货架上得到的实际占地面积（即有效面积），把各种物料实际占地面积加起来除以面积利用系数即得仓库总面积。面积利用系数的选取：①货架为0.25~0.30；②堆存为0.45~0.6；③托盘堆存为0.4~0.5；④混合储存为0.35~0.40。

随着人们物流管理的认识，平均储备期在大大缩短，因此，在实际工作中应根据实际情况设定平均储备期。

三、仓库总平面布置

1. 仓库总平面布置原则

（1）仓库应位于服务中心，或靠近主要服务部门。

（2）仓库应靠近铁路、公路或码头，并设站台以便装卸。

（3）性质相同的仓库应尽量合并，组建较大的单层仓库、多层仓库、高架仓库，以充分利用装卸设备和节约用地。

（4）应满足防火及环保卫生要求，以保证生产安全。

2. 仓库常用设备的选择

仓库常用设备的选择见表3-2。

表 3-2　仓库设备选型

设备类型＼方法存储	堆存	托盘货架	驶入式货架	密集式货架	重力式货架	穿梭车用货架	高货架
普通起重机	0						
普通叉车	0	0	0	0	0	0	
巷道堆垛叉车	0	0	0		0	0	0
桥式堆垛起重机	0	0	0				0
巷道式堆垛超重机			0		0	0	0

3. 仓库通道宽度

过道的宽度是根据物料尺寸和放进取出操作是否方便等来确定的。采用人工存取的货架之间的过道宽度，一般为 0.9～1.0m；货堆之间的过道宽度，一般为 1m 左右。用手推车搬运时通道的宽度一般为 2～2.5m；用小型叉车搬运时，一般为 2.4～3.0m；进入汽车的单行通道一般为 3.6～4.2m。

仓库通道宽度设计需要考虑托盘尺寸、货物单元尺寸、搬运车辆型号及其转弯半径的大小等参数。同时，也与货物堆存方式、车辆通行方式有关，仓库通道宽度是根据物料的周转量、物料的外形尺寸和库内通行的运输设备来确定的。物料周转量大、收发较频繁的仓库，其通道应按双向运行的原则来确定，其最小宽度的计算式为

$$B=2b+C$$

式中：B——最小通道宽度（m）；C——安全间隙，一般采用 0.9m；b——运输设备宽度（含搬运物料宽度）（m）。

四、仓库建筑结构

随着新型建筑材料及结构的应用，几乎各种工业建筑结构都广泛应用于仓库建筑。常用的仓库建筑结构如表 3-3 所示。

表 3–3　仓库库房建筑结构及特点

类型		示意图	建筑结构	优点	缺点	适用条件
单层仓库	无起重机的单层仓库	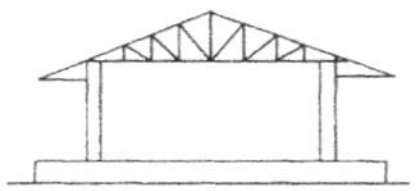	1. 砖木结构 2. 钢筋混凝土结构 3. 钢木混凝土结构	1. 结构简单 2. 建造容易 3. 造价低 4. 作业方便	1. 占地多 2. 库房体积利用差 3. 库容量小	适用存放一般中、小件物品和单元化货物。中、小型仓库和不受场地限制，投资有限时可采用
	有起重机的单层仓库	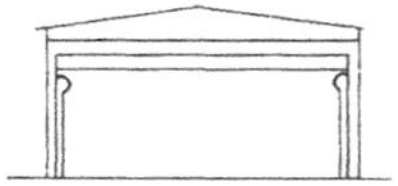	1. 钢筋混凝土结构 2. 钢结构	1. 结构简单 2. 装卸作业机构化 3. 提高装卸效率和减轻劳动强度 4. 作业方便	1. 占地多 2. 库房体积利用不高 3. 造价较无起重机的高	适用要求室内存放的一般长、大件，笨重货物和装箱件。一般大、中、小型仓库均可采用
多层仓库	带站台的多层仓库	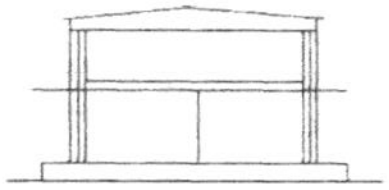	一般都是钢筋混凝土结构	1. 节约用地 2. 库容量大 3. 库房干燥	1. 作业次数增多，运程长 2. 需加垂直运输设备 3. 结构较复杂 4. 投资比单层仓库高	横层适用存放单位面积荷重不超过 $2t/m^2$ 的一般货物，最好存放小件物品和轻泡货物。大、中型仓库和受场地限制时可采用

续表

类型		示意图	建筑结构	优点	缺点	适用条件
多层仓库	有起重机的多层仓库	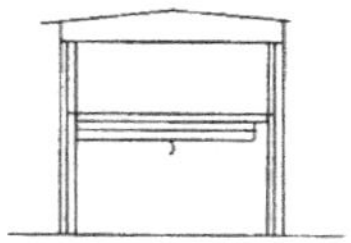	钢筋混凝土结构	1. 节约用地 2. 库容量大 3. 库房干燥 4. 大件可用起重机作业	1. 作业次数增多，运程长 2. 需加垂直运输设备 3. 结构较复杂 4. 投资比单层仓库高 5. 跨距要求加大，增加楼层梁的高度	需要吊车装卸大件时采用
	带站台和地下室的多层仓库	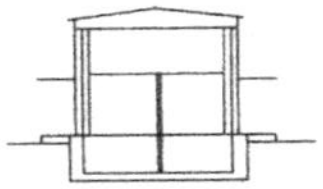		1. 节约用地 2. 库容量大 3. 库房干燥 4. 地下室阴凉	1. 作业次数增多，运程长 2. 需加垂直运输设备 3. 结构较复杂 4. 投资比单层仓库高 5. 地下室防潮、通风 6. 造价比以上几种形式均高	只在保管的物料要求地下室存放时和场地受限制时采用

续表

类型		示意图	建筑结构	优点	缺点	适用条件
露天仓库	门式起重机露天仓库	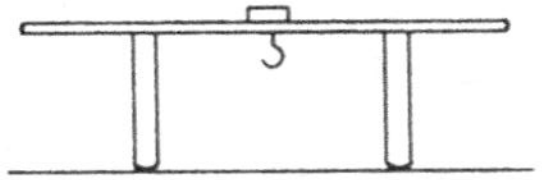	有全门式的和半门式的	1. 结构极简单 2. 建造易，大方便 3. 门架宽，装面大	1. 铁路不能横向引入 2. 结构笨重运行速度受到限制	适用存放不怕日晒雨淋的长、大件，笨重货物、设备、集装箱及散装原材料等。大、中型露天仓库可采用
	桥式起重机露天仓库	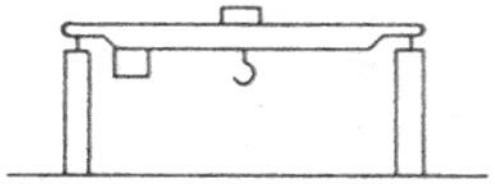	钢筋混凝土立柱铺砌地面	1. 铁路可纵横向引入 2. 运行速度较快 3. 结构简单	比门式起重机露天仓库建造复杂些	
	露天堆场		高出四周地面并铺有地坪的场地	场地布置可因地制宜面积利用系数低		
棚库		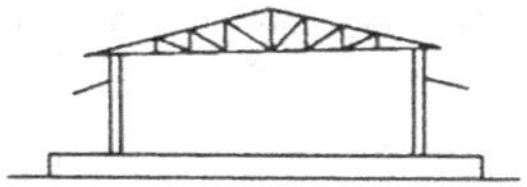	有顶，四周无墙的敞开建筑，多为砖木结构和钢砖结构	1. 结构简单 2. 造价低 3. 通风好	1. 占地多 2. 库房体积利用差 3. 库容量小	适用存放不受气候影响，但怕日晒雨淋的一般物料。中、小型仓库和不受场地限制时可采用

1. 仓库的高度

$$H=h_1+h_2+h_3+h_4+h_5+h_6$$

式中：H——仓库高度（m）；

h_1——屋架下弦，起重机顶端距离，一般大于 0.2m；

h_2——起重机轨顶至起重机顶端距离（m）；

h_3——吊钩至轨顶面距离（m）；

h_4——货物吊起时底面至吊钩的距离（m）；

h_5——货物吊起时底面至料垛或货架之间的安全间隙，可取 0.5m、1.0m；

h_6——料垛或货架的高度（m）。

2. 仓库地面

仓库地面的要求为常规要求。

3. 仓储站台参数

流通仓库、仓库的生产效率很大程度上依赖于收发货物的作业效率，站台与收发货车辆的衔接决定收发货的作业效率。因此，站台的设计与库房的配置是需要考虑的因素。

站台货位数量及站台高度是仓库需要首先考虑的两个问题。

站台货位数量是由卡车数量、卡车停靠时间决定的：

N（站台数量）$=T_R$（每小时停靠车数）$\times t$（停留时间）

站台高度的设计，在一个库区内可考虑停靠车辆的种类，有若干不同高度的停靠位置，也可考虑车种平均高度尽可能缩小货车车厢底板与站台高度差，以达到提高作业效率的目的。不同车辆参考高度如表 3-4 在所示，仓库中进出货车种类可能很多，因而即使考虑不同高度的站台，也很难使全部车辆与站台相接后车厢底板与站台处于同一高度，为此，可采用站台自动调节踏板或采用升降平台。

表 3-4 各种车辆适应的站台高度

车型	站台高度（m）	车型	站台高度（m）
平板车	1.32	冷藏车	1.32
长途挂车	1.22	作业拖车	0.91
高区卡车	1.17	载重车	1.17
国际标准集装箱拖车	1.40		

五、单层仓库规划特点

1. 单层仓库货品储存特点

单层仓库可用于储存各种物品和集装单元货物，具体如下。

（1）货架储存。适用品种繁多且数量少的小件物品，或品种多且有一定批量的、需随意取出所要的单元化货物。前者用人工存取，后者用叉车和无轨堆垛机存取。

（2）堆垛储存。适用大批量：品种少和不怕压的包装货物，以及不规则件和长、大件。一般用吊车或叉车存取。

（3）平托盘堆叠储存。适用品种少批量大和不怕压的规则货物，为加速出入库时所采用。一般用叉车存取。

（4）柱式托盘堆叠储存。适用品种少且批量大和怕压的货物，为加速出入库时所采用。一般用叉车存取。

2. 仓库平面布置基本原则

（1）仓库最大占地面积必须符合建筑设计规范的要求。

（2）库房或每个防火隔间的安全出口数目，不宜少于两个，面积少于 $100m^2$ 的防火隔间，可设置一个门。

（3）库房内设有几个仓库时，其隔墙需隔到顶。

（4）仓库大门要求向外开启，一般多用平开门和侧推拉门。门的尺寸、门和门之间的距离以及通道宽度和过道宽度应符合设计的要求。

（5）窗台高度一般要求在 2m 以上，以满足安全要求。

（6）仓库采用人工和叉车装卸车时，一般宜在仓库的两侧设置汽车站台和铁路站台；有吊车的仓库也可不设置站台，汽车直接进入库内装卸，铁路可引入库内。

（7）仓库地面要求平坦、不起尘、坚固等，地面一般材料的具体要求是：地面负荷则根据货物每平方米有效面积存放重量乘以存放高度来确定，并需考虑搬运车辆的动荷载。

（8）采暖地区需要采暖的仓库，采暖温度一般 8～12℃，只考虑工人操作温度时可为 5℃，管理室一般为 16℃。

（9）仓库作业区和储存区的照明推荐取 50～100lx。

（10）仓库要求干燥，通风良好。除建筑耐火等级为一、二级的丁、戊类仓库外，在库内一般都应设消火栓。

3. 单层仓库平面布置基本方法

（1）重大件货物、周转量大和出入库频繁的货物，宜靠近出入口布置，以缩短搬运距离，提高出入库效率。

（2）容易着火的货物，应尽量靠外面布置，以便管理。

（3）要考虑充分利用仓库面积和空间，使布置最紧凑。

（4）有吊车的仓库，汽车入库的运输通道最好布置在仓库的横向方向，以减少辅助面积，提高面积利用率。

（5）仓库内部主要运输通道的宽度，一般采用双行道。

（6）仓库出入口附近，一般应留有收发作业用的场地。

（7）货架的布置一般分横列式和纵列式两种布置。

（8）仓库内设置管理室及生活间时，应该用墙与库房隔开，其位置应靠近道路一侧的入口处。

六、多层仓库平面布置特点

多层仓库除必须符合单层仓库平面布置原则要求以外，还必须满足以下要求。

（1）多层仓库的最大占地面积、防火隔间面积、层数，应根据储存物品类别和建筑耐火等级，遵照现行建筑设计防火规范来确定。

（2）一座多层库房的占地面积小于 $300m^2$ 时，可设一个疏散楼梯；面积小于 $100m^2$ 的防火隔间，可设置一个门。

（3）多层仓库建筑高度（室外地面到檐口或女儿墙）超过 24m 时，应按高层库房处理。

（4）多层仓库物料分布原则：上轻下重，周转快的物料分布在底层。层间垂直运输设备可采用载货电梯、升降机、电葫芦。

（5）仓库建筑可为单跨或多跨。当设有地下室时，地下室净空高度不宜小于 2.2m。

（6）楼板荷重控制在 $2t/m^2$ 左右为宜。

七、自动化仓库的规划设计

（一）自动化仓库的发展概况

自动化仓库也称高架仓库，一般指采用几层、十几层乃至几十层高的货架储存货物，并且用专门的仓储作业设备进行货物出库或入库作业的仓库。由于这类仓库能充分利用空间进行储存，故形象地称为自动化仓库。

自动化仓库的出现和发展是第二次世界大战以后生产发展的必然结果。第二次世界大战以后，随着经济的恢复和生产的发展，原材料、配套件、制成品的数量不断增加，对于物料搬运和储存提出了越来越高的要求。传统的仓储方式日益不能适应生产和流通的要求。土地稀缺、地价上涨，促进仓储作业向空间发展，由简易仓库向高架仓库发展。

早在20世纪50年代，美国就出现了使用桥式堆垛机的仓库，使货架间的通道大幅度减小，单位面积的储存量平均提高52%。此后，自动化仓库在美国和西欧（德、英、瑞士、意）得到迅速发展。1963年，美国某公司首先在仓库业务中采用计算机控制，建立了第一个计算机控制的自动化仓库。20世纪60年代中期以后，日本开始兴建自动化仓库，而且发展的速度越来越快。近年来无论在质与量方面均赶上并超过了西欧。据日本《产业机工》的统计，截至1982年，日本已拥有各种自动化仓库3 257座，几乎相当于欧美国家拥有量的总和。

我国对自动化仓库及其专用设备的研究开始得并不晚，早在1963年就由北京起重运输机械研究所设计了第一台1. 25t桥式堆垛机，由大连起重机厂完成试制。20世纪70年代中期，郑州纺织机械厂首次利用仓储技术，改建了一座自动化仓库。这座仓库是利用原有锯齿形厂房改建而成的，用于存放模具。1977年，由北京起重运输机械研究所等单位研究制造出北京汽车制造厂自动化仓库，该库属于整体式结构，采用计算机进行控制和数据处理。从此后，自动化仓库在我国得到迅速发展。到目前为止，我国已建成的自动化仓库有300座以上，这些仓库使用在机器制造业、电器制造业、电工企业、商业和储运业、军需部门等行业。由于自动化仓库是现代物流技术的核心，随着我国生产和经济的不断发展，对自动化仓库数量和质量的需求将会越来越大。

（二）自动化仓库的基本组成

自动化仓库的结构和种类很多，但其一般均由建筑物、货架、理货区、管理区、堆垛机械和配套机械等几部分组成。

1. 建筑物

如果是低层自动化仓库，则多为一般建筑物。如果是中、高层自动化仓库，则需要设计和建造新的专用建筑物。

2. 货架

货架的作用是存放货物，它是自动化仓库的中心部分。货架的种类很多，详见第四章。

3. 理货区

理货区是指整理货场或倒货区域与高层货架区相衔接。在中、高层自动化仓库中是和高层货架区域相邻的1~2层建筑物，由分货场、暂存站台和出入卡车停车场构成。

4. 管理区

这是出入库管理及库存管理区域。对于计算机管理的自动化仓库，管理区域也就是计算机控制管理室。

5. 堆垛机械

对于低层自动化仓库一般使用叉车等，对于中、高层自动化仓库一般使用有轨巷道堆垛机、无轨巷道堆垛机或桥式堆垛机等。

6. 配套机械

配套机械是指除货架外的出入库搬运作业、理货作业以及卡车装卸作业所使用的主要机械。如出入库台车、托盘装载装置、叉车、输送机等，为了特别防止出入库时货物散垛，也有的仓库备有压缩包装机。对于分拣仓库，还备有自动分拣、配货装置。

（三）自动化仓库的分类

自动化仓库的种类是随着生产的不断发展和进步而变化的。物流系统的多样性，决定了自动化仓库的多样性。通常有如下几种分类方法。

1. 按照建筑形式分类

按照建筑形式可分为整体式和分离式自动化仓库两种。一般地，整体式高度在12m以上；分离式高度在12m以下，但也有15~20m的。整体式自动化仓库的货架与仓库建筑物构成一个不可分割的整体，货架不仅承受货物载荷，还要承受建筑物屋顶和墙侧壁的载荷。这种仓库结构质量轻，整体性好，对抗震也特别有利。分离式自动化仓库的货架和建筑物是独立的，适用于利用原有建筑物做库房，或者在厂房和仓库内单建一个高货架的场合。由于这种仓库可以先建库房后立货架，所以施工安装比较灵活方便。

2. 按仓库高度分类

按仓库高度不同，自动化仓库可以分为高层（>12m）、中层（5~12m）和低层（<5m）自动化仓库。

3. 按货架的形式分类

按库内货架形式的不同，自动化仓库可以分为单元货格式货架仓库、贯通式货架仓库、旋转式货架仓库和移动式货架仓库。

单元货格式自动化仓库是应用最为广泛的一种仓库，这种仓库的特点是，货架沿仓库的宽度方向分为若干排，每两排货架为一组，其间有一条巷道，供堆垛机或其他仓储机械作业（如图 3-1 所示），每排货架沿仓库纵长方向（L 向）分为若干列，沿垂直方向（H 向）分为若干层，从而形成大量货格，用以储存货物。货物是以集装单元的形式储存在自动化仓库中的。在我国建成的所有自动化仓库中，单元货格式自动化仓库约占到 90%以上。

通常，对于单元货格式自动化仓库，有如下概念及术语：

（1）货格：货架内储存货物的单元空间。

（2）货位：货格内存放一个单元货物的位置。

（3）排：宽度方向（B 向）上货位数的单位。

（4）列：长度方向（L 向）上货位数的单位。

（5）层：高度方向（H 向）上货位数的单位。

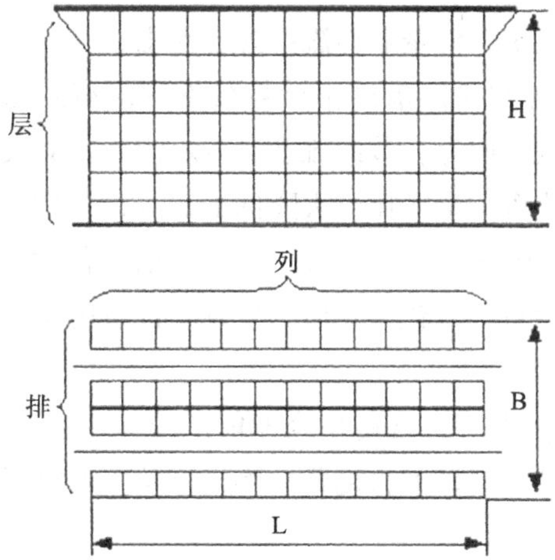

图 3-1　单元货格式自动化仓库货架布置示意图

4. 按仓库的作业方式分类

按仓库的作业方式可以分为单元式仓库和拣选式仓库。

单元式仓库的出入库作业都是以货物单元（托盘或货箱）为单位，中途不拆散。所用设备为叉车或带伸缩货叉的巷道堆垛机等。

拣选式仓库的出库是根据提货单的要求从货物单元（或货格）中拣选一部分出库。其拣选方式可分为两种：第一种是拣选人员乘拣选式堆垛机到货格前，从货格中拣选所需数量的货物出库，这种方式叫“人到货前拣选”；第二种方式是将存有所需货物的托盘或货箱由堆垛机搬运至拣选区，拣选人员按出库提货单的要求拣出所需的货物，然后再将剩余的货物送回原址，这种方式叫“货到人处拣选”。对整个仓库来讲，当只有拣选作业而不需要整单元出库时，一般采用“人到货前拣选”作业方式；如果仓库作业中仍有相当一部分货物需要整单元出库，或者拣选出来的各种货物还需要按客户的要求进行组合选配时，一般采用“货到人处拣选”作业方式。

（四）自动化仓库的优点

自动化仓库具有下列优点。

（1）自动化仓库能大幅度地增加仓库高度，充分利用仓库面积与空间，减少占地面积。自动化仓库目前最高的已经超过40m。它的单位面积储存量要比普通的仓库高得多。例如，一座货架15m高的自动化仓库，储存机电零件和外协件，单位面积储存量可达2~5t/m^2，是普通货架仓库的4~7倍。

（2）便于实现仓库的机械化、自动化，从而提高出、入库效率，能方便地纳入整个企业的物流系统，使企业物流更为合理化。

（3）提高仓库管理水平。借助于计算机管理能有效地利用仓库储存能力，便于清点盘货，合理减少库存，节约流动资金。例如，某汽车厂的仓库，在采用自动化仓库后，库存物资的金额比过去降低了50%，节约资金数百万元。

（4）由于采用货架储存，并结合计算机管理，可以容易地实现先入先出的出入库原则，防止货物自然老化、变质、生锈。自动化仓库也便于防止货物的丢失，减少货损。

（5）采用自动化技术后，自动化仓库能适应黑暗、有毒、低温等特殊场合的需要。例如，储存胶片卷轴的自动化仓库，以及各类冷藏、恒温、恒湿自动化仓库等。

总之，自动化仓库的出现，使传统的仓储观念发生了根本性的变化。原来那种固定货位、人工搬运和码放、人工管理、以储存为主的仓储作业已改变为自由选择货位，按需要实现先入先出的机械化、自动化仓储作业。在储存的同时，可以对货物进行必要的拣选、组配并根据整个企业生产的需要，有计划地将库存货物按指定的数量和时间要求送到合适的地点，满足均衡生产的需要。可以说，自动化仓库的出现使“静态仓库”变成了“动态仓库”。

八、自动化仓库规划的步骤与内容

自动化仓库的规划设计一般包括以下几个阶段：

（1）概念设计：明确建设自动化仓库的目标和有关的背景条件，也是总体设计的准备阶段。

（2）基本设计：对自动化仓库的总体布置、设施配备、管理和控制方式、进度计划以及预算等进行全面的规划和设计，即总体设计阶段。

（3）详细设计：根据总体设计的要求，对组成自动化仓库的所有设备和设施进行详细的设计或选型，此阶段要完成所有设备和设施的制造和施工图纸。

下面将以单元式自动化仓库为例，介绍总体规划与设计的一般步骤和方法。

（一）规划准备阶段

自动化仓库是一项系统工程，需要花费大量投资，因此在建设前必须明确企业建设自动化仓库的必要性和可能性，并对建库的背景条件进行详细的分析。一般都要做以下几个方面的工作。

（1）确认建设自动化仓库的必要性。根据企业的生产经营方针、企业物流系统的总体布置和流程，分析并确定自动化仓库在企业物流系统中的位置、功能和作用。

（2）根据企业的生产规模和水平，以及自动化仓库在整个物流系统中的位置，分析企业物流和生产系统对自动化仓库的要求，并考虑企业的经营状况和经济实力，确定自动化仓库的基本规模和自动化水平。

（3）调查拟存货物的品名、特征（例如易碎、怕光、怕潮等）、外形及尺寸、单件重量、平均库存量、最大库容量、每日入出库数量、入库和出库频率等，以便确定仓库的类型、库容量和出入库频率等。

（4）了解建库现场条件，包括气象、地形、地质条件、地面承载能力、风及雪载荷、地震情况以及其他环境影响等。

（5）调查了解与仓库有关的其他方面的条件。例如，入库货物的来源及入库作业方式，进、出库门的数目，包装形式和搬运方法，出库货物的去向和运输工具等。

概念设计阶段也是项目的详细论证阶段。如果论证通过，本阶段的分析研究结果也为自动化仓库的总体设计奠定了一个可靠的基础。

（二）规划设计阶段

1. 确定仓库的结构类型和作业方式

自动化仓库一般都是由建筑物、货架、理货区（整理和倒货区域）、管理区、堆垛机械和配套机械几部分组成的。确定仓库的结构类型就是确定各组成部分的结构组成，如：

（1）建筑物的特征：原有还是新建；高层还是低层等。

（2）货架的结构和特征：库架合一或库架分离式；横梁式或牛腿式；焊接式或组合式等。

（3）理货区的面积和功能：与高架区的位置关系；所进行的作业；配备的设施等。

（4）堆垛机械的类型：有轨巷道式堆垛机、无轨堆垛机、桥式堆垛机和普通叉车等。

（5）配套设备的类型：配套设备主要指完成货架外的出入库搬运作业、理货作业以及卡车的装卸作业等的机械和设备。其包括叉车、托盘搬运车、辊子输送机、链条输送机、升降台、有轨小车、无轨小车、转轨车以及称重和检测识别装置等。对于一些分拣仓库，还配备有自动分拣和配货的装置。应根据自动化仓库的规模和工艺流程的要求确定配套设备的类型。

最后，根据工艺要求，决定是否采用拣选作业。如果以整单元出库为主，则采用单元出库作业方式；若是以零星货物出库为主，则可采用拣选作业方式；并根据具体情况，确定采用“人到货前”拣选，还是“货到人处”拣选。

2. 确定货物单元的形式、尺寸和重量

货物单元是指进行出入库作业和储存的集装单元，由集装单元电器具和货物两部分组成。因为单元式自动化仓库是以单元化搬运为前提的，所以确定货物单元的形式、尺寸及重量显得尤为重要。一般需要确定两个方面的内容：集装单元电器具的类型、货物单元的外形尺寸和重量。

自动化仓库常用的集装单元电器具有托盘和集装箱，且以托盘最为常见。托盘的类型又有许多种，如平托盘、箱式托盘、柱式托盘和轮式托盘等，一般要根据所储存货物的特征来选择。当采用堆垛机作业时，不同结构的货架，对托盘的支腿有不同的要求，在设计时尤其要注意。

为了合理确定货物单元的尺寸和重量，需要对所有入库的货物进行 ABC 分析，以流通量大而种类较少的 A 类货物为主要矛盾，选择合适的货物单元的外形尺寸和重量。对于少数形状和尺寸比较特殊以及很重的货物，可以单独进行储存。

自动化仓库是以单元化搬运为前提的，所以确定货物单元的形式、尺寸及重量是一个重要的问题。它不仅影响仓库的投资，而且对于整个物流和仓储系统的配备、设施以及有关因素都有极为重要的影响。因此，为了合理确定货物单元的形式、尺寸和重量，需要对所有入库的货物，抓住在流通中的关键环节，对货物单元的品种进行 ABC 分析，选择最为经济合理的方案。例如，汽车上的前桥、后桥、车身等大件，形状不规则，尺寸又大，难以形成单元，就不一定非要与其他零件同入一个自动化仓库。它们的储存问题可以用推式悬挂输送机或者其他方式单独处理。

3. 确定堆垛机械和配套设备的主要参数

自动化仓库常用的堆垛机械为有轨巷道堆垛机、无轨堆垛机（高架叉车）、桥式堆垛机和普通叉车等。在总体设计时，要根据仓库的高度、自动化程度和货物的特征等合理选择其规格结构，并确定其主要性能参数（包括外形尺寸、工作速度、起重量及工作级别等）。

自动化仓库配套设备的配备应根据系统的流程和工艺统筹考虑，并根据自动化仓库的出入库频率、货物单元的尺寸和重量等确定各配套机械及设备的性能参数。

总体设计时，要根据仓库的规模、货物的品种、出入库频率等选择最合适的机械设备，并确定其主要参数；根据出入库频率确定各个机构的工作速度；根据货物单元的重量选定起重、装卸和堆垛设备的起重量；对于输送机，则根据货物单元尺寸确定输送机的宽度，并确定使整个系统协调工作的输送机的速度。

4. 确定仓库总体尺寸

确定仓库的总体尺寸，关键是确定货架的长、宽、高总体尺寸。自动化仓库的设计规模主要取决于其库容量，即同一时间内储存在仓库内的货物单元数。如果已经给出库容量，就可以直接应用这个参数；如果没有给出，就要根据拟存入库内的货物数量、出入库的规律等，通过预测技术来确定库容量。根据库容量和所采用的作业设备的性能参数以及其他空间限制条件，即可确定仓库的总体尺寸。

5. 确定仓库的总体布置

确定了自动化仓库的总体尺寸之后，便可进一步根据仓库作业的要求进行总体布置。主要包括自动化仓库的物流模式、高架区的布局方式和出入库输送系统的方式。

6. 选定控制方式

自动化仓库的控制方式，一般可分为手动控制和自动控制两种。

手动控制方式设备简单，投资小，对土建和货架的要求也较低。主要适用于规模较小、出入库频率较低的仓库，尤其适用于拣选式仓库。

自动控制是自动化仓库的主要控制方式。自动化仓库的自动控制系统根据其控制层次和结构不同，可分为三级控制系统和二级控制系统，一般由管理级、监控级和直接控制级组成（二级控制系统由管理级、控制级组成），可完成自动化仓库的自动认址和自动程序作业。适用于出入库频率较高、规模较大的自动化仓库，特别是一些暗库、冷库或生产线中的自动化仓库，可以减轻工人的劳动强度，提高系统的生产效率。

7. 选择管理方式

自动化仓库的管理方式一般可分为人工台账管理和计算机管理两种方式。台账管理方式仅适用于库存量较小、品种不多、出入库频率不高的仓库。在自动化仓库中，一般都采用计算机管理，与自动控制系统结合，实现自动化仓库的自动化管理和控制，是自动化仓库管理的主要方式。在总体设计阶段，要根据仓库的规模、出入库频率、生产管理的要求、仓库自动化水平等方面的因素综合考虑选定一种管理方式。

8. 提出土建、公用设施的要求

在总体设计时，还要提出对仓库的土建和其他公用设施的要求：

（1）根据货架的工艺载荷，提出对货架的精度要求。

（2）提出地面需要承受的载荷以及对基础均匀沉降的要求。

（3）确定对采暖、采光、通风、给排水、电力、照明、防火、防污染等方面的要求。

9. 投资概算

分别计算自动化仓库各组成部分的设备费用、制造费用、设计及软件费用、运输费用、安装及调试费用等，综合得到自动化仓库的总投资费用。

10. 进度计划

在总体设计的最后，要提出自动化仓库设计、制造、安装、调试以及试运营的进度计划以及监督和检验措施。

九、仓库的总体布置

（一）物流模式

货物在自动化仓库的流动形式有三种，即同端出入式、贯通式和旁流式，如图 3-2 所示。

同端出入式是货物的入库和出库在巷道同一端的布置形式，包括同层同端出入式（图 3-3（a））和多层同端出入式（图 3-3（b））两种。这种布置的最大优点是能缩短出入库周期。特别在仓库存货不满，而且采用自由货位储存时，优点更为明显。此时，可以挑选距离出入库口较近的货位存放货物，缩短搬运路程，提高出入库效率。此外，入库作业区和出库作业区还可以合在一起，便于集中管理。

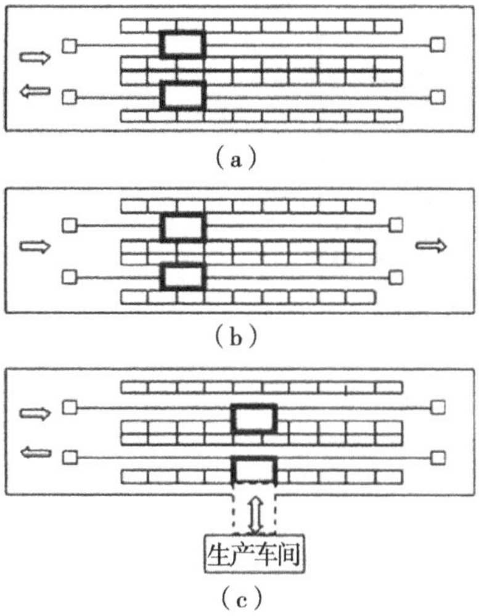

图 3-2 自动化仓库的物流形式

（a）同端出入式；（b）贯通式；（c）旁流式

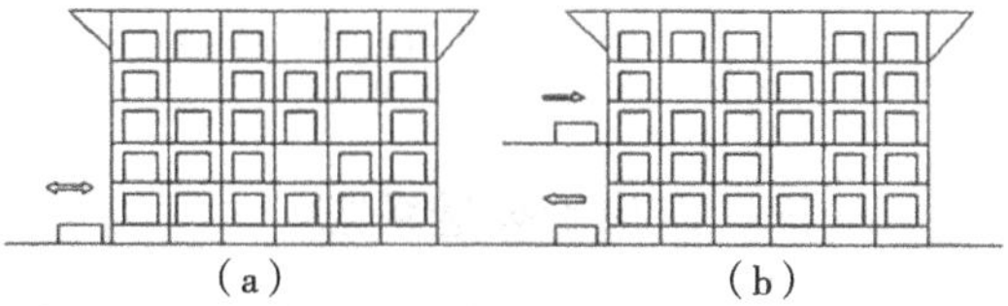

图 3-3 同端出入库式

（a）同一层出入库方式；（b）多层出入库方式

贯通式即货物从巷道的一端入，从另一端出库。这种方式总体布置比较简单，便于管理操作和维护保养。但是，对于每一个货物单元来说，要完成它的入库和出库全过程，堆垛机需要穿过整个巷道。

旁流式自动化仓库其货物是从仓库的一端（或侧面）入库，从侧面（或一端）出库。这种方式是在货架中间分开，设立通道，同侧门相通。这样就减少了货格即减少了库存量。但是，由于可组织两条路线进行搬运，从而提高了搬运效率，方便了不同方向的出入库。

在自动化仓库实际设计中，究竟采用哪一种布置方式，应视仓库在整个企业物流中的位置而定。

（二）高架区的布置

自动化仓库中堆垛机的布置有三种方式，如图 3-4 所示。直线轨道式：每个巷道配备一台堆垛机；U 形轨道式，每台堆垛机可服务于多条巷道，通过 U 形轨道实现堆垛机的换巷道作业；转轨车式，堆垛机通过转轨车服务于多条巷道。通常，以每巷道配备一台堆垛机最为常见。但当库容量很大，巷道数多而出入库频率要求较低时，可以采用 U 形轨或转轨车方式以减少堆垛机的数量。

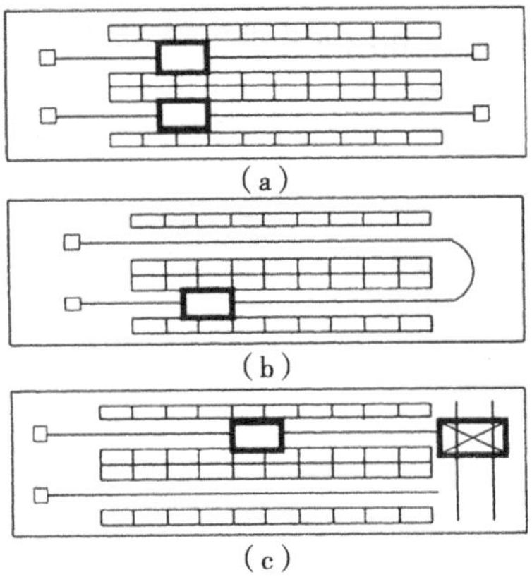

图 3-4　自动化库轨道布置方式

（a）直线轨道；（b）U 形轨道；（c）转轨车

（三）入出库输送系统

对于采用巷道式堆垛机的自动化仓库，巷道式堆垛机只能在高架区的巷道内运行，故还需要各种搬运设备与之配套衔接，使入库作业区、出库作业区（包括检验、理货、包装、发运等作业）与高层货架区联结起来，构成一个完整的物流系统。究竟采用什么搬运设备与之配套，是总体设计中要解决的问题。一般来说，高层货架区与作业区之间常见有以下两种衔接方式。

1. 叉车——出入库台方式（如图 3-5 所示）

这是最简单的一种配置方式，在货架的端部设立入库台和出库台。入库时，用搬运车辆（叉车、有轨小车、无人搬运车等）将托盘从入库作业区运到入库台，由高架区内

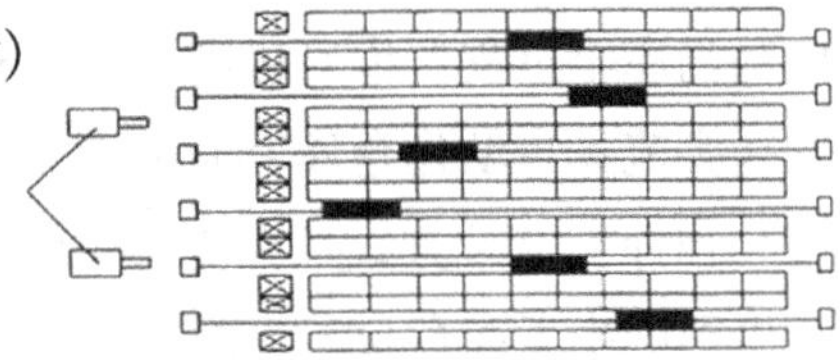

图 3-5　叉车——出入库台方式

的堆垛机取走送入货格。出库时，由堆垛机从货格内取出货物单元，放到出库台上，由搬运车辆取走，送到出库作业区。

2. 连续输送机方式（如图 3-6 所示）

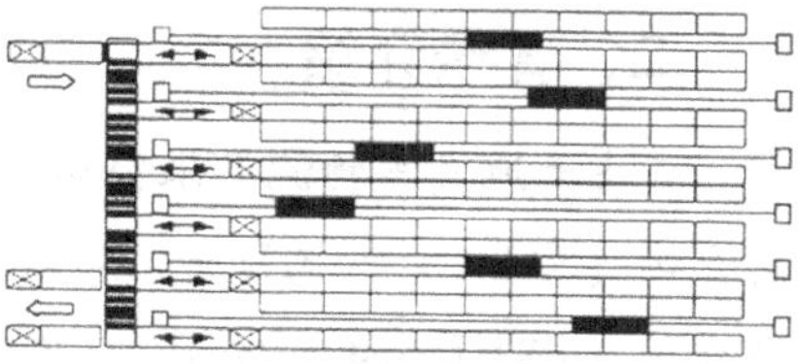

图 3-6　连续输送机方式

这种衔接方式是一些大型自动化仓库和流水线中自动化仓库最常采用的方式，整个出入库系统可根据需要设计成各种形式。其出入库运输系统可以分开设置（如设在仓库的两端或同端不同的平面内），也可以合为一体，既可出库又可入库。通常还可配置一些升降台、称重、检测和分拣装置，以满足系统的需求。

3. AGV 方式（如图 3-7 所示）

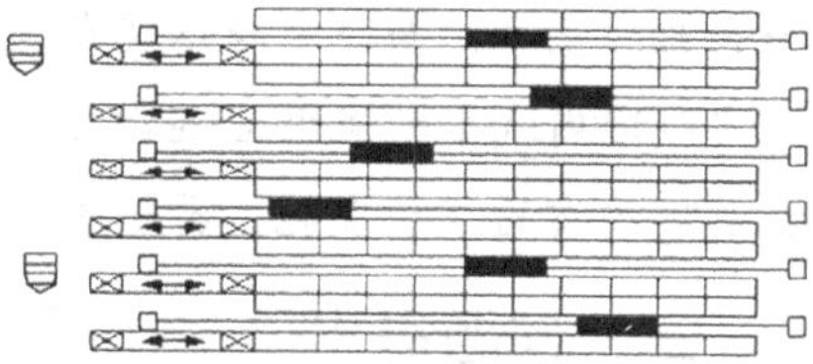

图 3-7　AGV 方式

这种衔接方式是由 AGV 和巷内输送机组成的出入库系统，在一些和自动化生产线相连接的自动化仓库中，如卷烟厂的原材料库等经常采用这种方式。这种出入库系统的最大优点是系统柔性好，可根据需要增加 AGV 的数量，也是一种全自动的输送系统。

4. 穿梭车方式（如图 3-8 所示）

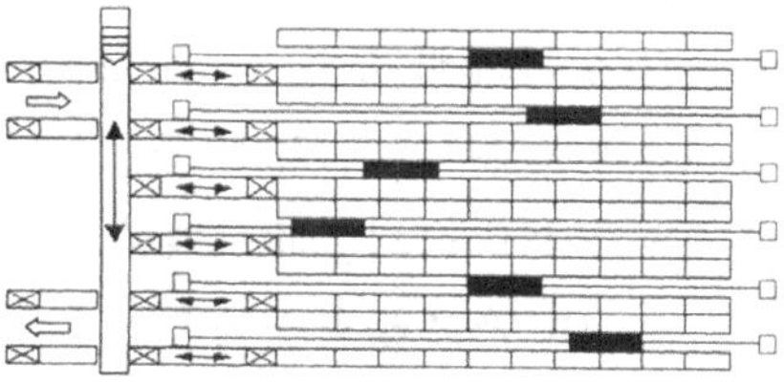

图 3-8　穿梭车方式

这种衔接方式是由巷内输送机、穿梭车和入出库输送机构成的出入库系统。由于穿梭车动作敏捷、容易更换的特点，因此也被广泛地应用在自动化仓库系统中。它的柔性介于输送机和 AGV 之间，是一种经济高效的出入库输送系统。

第四节　相关案例分析

案例 1：安吉天地：用先进理念运作整车物流

一、基本知识点

储存是物流的重要环节之一，在物流系统中起着缓冲、调节和平衡作用。由于储存的地点主要是仓库和堆场，所以又称为仓储。仓储的功能包括储存、保管、调节运能、调节供需等。

二、背景介绍

安吉天地汽车物流有限公司（以下简称安吉天地）是由上海汽车工业销售总公司（SAISC）和国际著名跨国集团——TPG 集团下属的荷兰天地物流控股有限公司（TNT Logistics Hoidings BV）——各出资 50%组建而成的国内首家汽车物流合资企业。公司主要从事汽车、零部件物流以及相关物流策划、物流技术咨询、规划、管理、培训等服务，是国内目前最大的汽车物流服务供应商，同时也是一家专业化运作，能为客户提供一体化、技术化、网络化、可靠的、独特解决方案的第三方物流供应商。

在长期的业务发展中，安吉天地越来越认识到，现在的市场竞争已不再是单个企业的竞争，而越来越体现在高效供应链上的竞争。为此，安吉天地努力探索并实践国内汽车物流供应链合作理念。对上海通用五菱汽车股份有限公司整车物流解决方案的成功实施，再一次印证了安吉天地的这一理念。

三、问题提出

上海通用五菱汽车股份有限公司（以下简称 SGMW）成立于 2002 年 6 月，由上海汽车工业（集团）总公司、美国通用汽车公司、柳州五菱汽车有限责任公司合资组成。SGMW 的产品线由两大品牌、五大系列组成，共有 200 余种配置、20 余种外形尺寸，产品销往全国各地。2003 年市场占有率 22.29%，位居五大微型车厂第二位。2004 年，随着现代经营理念的引入和市场竞争的日益加剧，SGMW 渐渐认识到，物流能力已成为制约其进一步发展的“瓶颈”。

SGMW 产品辐射全国各地，重点区域为华中、华东一带，物流辐射呈单侧扇形。柳州当地具有公路、铁路运输条件，但不具备直接水路运输条件。目前，公司在全国还没有设置中转库，所有商品车下线后都经总库直接发往全国各地经销商。在这一状态下，低效的物流运作所带来的弊端不断呈现出来：

一是 SGMW 整车物流运作由公司内部负责运营，缺乏专业化管理基础。总库的设施非常简陋，功能不全，收发存效率低下。没有相应的信息系统支持，使商品车从总库发运后到经销商收车期间的信息呈黑箱状态。

二是 SGMW 对承运商的管理十分薄弱。当地承运商数量最多时超过 50 家，且背景错综复杂，运营水平落后。

三是 SGMW 商品车虽属汽车市场低端产品，质量无法与中高档汽车相提并论，但不少客户对车辆的期望值仍接近于中高档商品车，因此对物流质量的控制要求有一个飞跃。

此外，SGMW 根据市场的发展和自身的战略部署，在 2004 年制订了产销 23 万辆的计划，这无疑是对 2003 年产销量的新突破。并且在今后的几年里，还计划有一个滚动式的发展。而作为战略支撑的重要平台——物流能力显然已成为制约其跨越式发展的最大“瓶颈”。在这种情况下，SGMW 领导层果断作出决策——将整车物流运作整体外包。

四、解决方案

经过激烈的招投标竞争，安吉天地成功地赢得了合同，成为 SGMW 整车物流的总包商。从 2004 年 3 月 1 日起，安吉天地全面接管 SGMW 的整车物流。这是继上海大众、上海通用之后又一个整车物流总包项目，同时也是安吉天地第一个异地整车物流总包项目，因此该项目对安吉天地来说具有深远的战略意义。

尽管面对诸多挑战，但安吉天地凭借先进的理念和多年形成的运作经验，结合 SGMW 的实际运作格式，提出了定制化的物流解决方案。

根据 SGMW 的现实条件，安吉天地改变传统的 VLSP（Vehicle Logistics Service Provider，整车运输服务提供商）和 VTSP（Vehicle Transportation Service Provider，整车服务提供商）分开运作的服务模式，采用 VLSP+VTSP 一体化管理团队运作的创新服务模式，将仓储、运输、IT 系统、质量、客服、内部管理等环节以充分集成的“一体化”平台形式进行运作。“平台”中实现各项资源（硬件、软件、人力资源等）充分共享，建立精简高效的组织架构，在满足客户需求的基础上，实现以最少的投入产生最大的效益。

在实际运作中，安吉天地专门成立了规划优化科，旨在充分运用现代物流以及多学科的理论与实践，积极探索研究新工艺、新方法，以求不断优化流程，改善运作绩效。

在仓储方案上，安吉天地主要实施了 VDL 规划和 VSC 规划。

VDC（Vehicle Distribution Center，整车物流分拨中心）是整个物流供应网络的源头，一个运作良好的 VDC 是整个供应链高效运转的起点。因此，在安吉天地的物流解决方案中，VDC 的规划设计是整个仓储方案的第一步。VDC 的主要功能区包括入库收车检验区、装车中心、PDI（Pre-Delivery inspection，发运前检查）区、清洗区、合格区、待处理区等。安吉天地根据多年的专业化经验和柳州当地的特点，特别在以下方面作出了针对性设计：

一是装车中心。这是安吉天地在多年的物流运作中总结出来的宝贵经验，它是 VDC 的一个重要组成区域，主要功能是提供驳运车装载商品车的场地和设施，满足发运商品车的需求。SGM 原有的仓库没有设置类似装车中心的功能区，只有一个简单的装车平台。安吉天地针对 SGMW 整车物流的特点，精心设计一个具有当地特色的装车中心。例如，考虑到当地百姓喜欢到仓库自己提车，特别增设了专为客户自提的发车区域，开展个性化的营销活动。此外，在待发区还设置了风雨棚，从而保证了清洗、检验好的车辆处于良好的待发状态。

在装车中心的一侧设置了办公区，在办公区的附近集中有各主要功能区。从而确保各项工作能有效地管理与监控，并在第一时间处理突发事件。VTSP 管理团队就设在办公区内，这使 VDC 的仓储运作运输管理可以很好地衔接与协调，同时在办公区内还规划了信息系统，使 VDC 既是一个仓储运输中心，也是一个信息中心。

二是入库检验区。原有仓库没有入库检验这一环节，商品车下线后直接入库，安吉天地提出了入库检验区这一规划，从源头上杜绝了生产因素的质损进入物流环节。这不仅提高了最终消费者的满意度，也减少了后续物流资源的浪费，实现了“双赢”。通过实践，安吉天地在接管的当年就取得了良好的效果，收车质损率大幅下降。

三是库区道位管理。SGMW 原有仓库没有道位管理的理念，库区环境脏乱差、安全隐患多、寻车效率低，曾经发生寻找一辆商品车用了近 3 天时间的极端事件。针对这一情况，安吉天地制定了严格的库存道位管理。在仓库管理系统的支持下，做到实物和系统数据一一对应，确保商品车存放在科学、正确、安全的位置。

在 VSC（Vehicle Storage Center，整车物流仓储中心）规划上，安吉天地根据 SGMW 今后几年的产销量规划观测，以及商品车区域销量的分布特点及数量，从缩短提前期、资源整合优化、运作的可操作性出发，进行了科学精密的测算，作出了全国中转库的战略规划布局，使整个供应网络能够与物流需求相匹配。

此外，安吉天地还在运输系统设计、提高客户服务、完善质量保障体系等方面制订了严格的解决方案，从而使 SGMW 的物流运作大获成功，并得到 SGMW 领导的高度认可。

五、小结

在 SGMW 整车物流解决方案的成功实施中，有两个方面至关重要：一是在充分以 SGMW 的业务流件的基础上，开发了实际的信息系统；二是充分整合资源和进行网络建设整合资源。

六、思考与练习题

1. 在安吉天地全面接管 SGMW 的整车物流之前，SGMW 在物流系统方面有哪些主要的问题？

2. 安吉天地是如何解决 SGMW 物流系统弊端的？

案例 2：普洛斯："量身定制"物流园区

一、基本知识点

物流园区是指在物流作业集中的地区，在几种运输方式衔接地，将多种物流设施和不同类型的物流企业在空间上集中布局的场所。其功能除了一般的仓储、运输、流通加工外，还具有与之配套的信息、咨询、维修、综合服务等服务项目。

二、背景介绍

在中国的物流园区建设中，普洛斯可谓小有名气。这家全球最大物流配送设施网络的开发商和提供商，致力于为全球最具活力的制造商、零售商与第三方物流公司提供完整的解决方案。在北美、欧洲、亚洲的 75 个市场上拥有物流配送设施。它建立了全球第一个，也是唯一一个配送设施网络，大大提高了客户的关键供应链作业效果，从而为工业房地产行业的发展设立了全新的远景目标。

三、问题提出

普洛斯于 2003 年开始进军中国，总部设于上海。在短短的几年间，他们除了开展其业务外，还陆续开发建设了普洛斯苏州物流园区、上海临港普洛斯国际物流园、普洛斯广州保税物流园、普洛斯西北物流园、深圳盐田港普洛斯国际物流园、普洛斯北京空港物流园、普洛斯泰达物流园等。这些已经建成投入使用的或正在建设中的物流园区，均受到了好评。为什么普洛斯的建园之道比较成功呢？

四、解决方案

上海临港普洛斯国际物流园区是普洛斯和上海临港集团共同投资与开发的，其共同投资的"上海临港普洛斯国际物流发展有限公司"是临港产业园唯一的物流园区开发商。作为上海市的重点项目，具备普洛斯全球客户网络与服务经验及上海市政府的支持，该项目是临港产业区内及上海地区独一无二的现代化物流园区。

临港普洛斯国际物流园区位于上海东南角的临港产业区内，距离洋山深水港32公里、浦东国际机场37公里、上海市中心75公里、虹桥机场80公里。园区周边有铁路中心站、沪芦高速、两港大道等发达的交通网络。临港普洛斯国际物流园第一期占地面积160 000m^2，将建设总建筑面积为74 000m^2的物业。

五、小结

普洛斯在中国的投资已经得到中国地方政府的认可及在选址和政策上的大力支持。随着市场对高质量物流仓储设施需求的不断增长，普洛斯将继续和地方政府紧密合作，为中国客户提供最具战略性的物流设施解决方案。

六、思考与练习题

1. 上海临港普洛斯国际物流园区对上海国际航运中心的建设有何作用？
2. 为什么普洛斯在中国物流园区建设中能够如此迅速地发展？

第四章　货物分拣与包装

第一节　分拣作业管理概述

一、分拣作业概念

分拣作业是配送中心依据客户的订单要求或配送计划，迅速、准确地将商品从其储位或其他区位拣取出来，并按一定的方式进行分类、集中的作业过程。

合理规划与管理分拣作业，对配送中心作业效率和降低整个配送中心作业成本具有事半功倍的效果。

在配送中心搬运成本中，分拣作业搬运成本约占 90%；在劳动密集型配送中心，与分拣作业直接相关的人力占 50%；分拣作业时间约占整个配送中心作业时间的 30%~40%。

二、分拣作业基本流程

分拣作业基本流程图如图 4-1 所示。

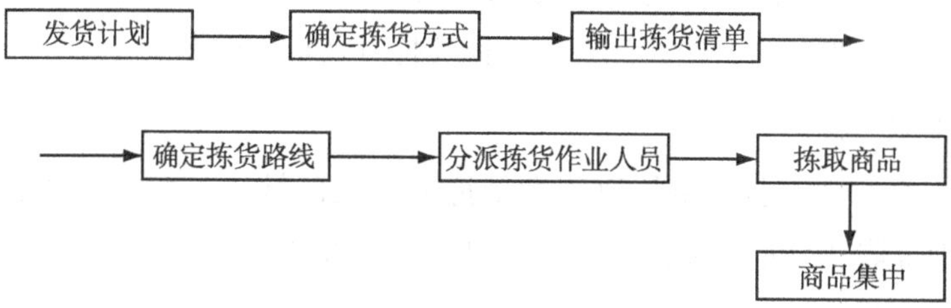

图 4-1　分拣作业基本流程图

（一）发货计划

发货计划是根据客户的订单编制而成的。订单是指客户根据其用货需要向配送中心发出的订货信息。配送中心接到订货信息后需要对订单的资料进行确认、存货查询和单据处理，根据客户的送货要求制定发货日程，最后编制发货计划。

（二）确定拣货方式

拣货方式有订单拣取、批量拣取和复合拣取三种方式。

1. 订单拣取

（1）定义：订单拣取是针对每一份订单，分拣人员按照订单所列商品及数量，将商品从储存区域或分拣区域拣取出来，然后集中在一起的拣货方式。

（2）特点：订单拣取作业方法简单，接到订单可立即拣货，作业前置时间短，作业人员责任明确。但对于商品品项较多时，拣货行走路径加长，拣取效率较低。

（3）适用场合：订单拣取适合订单大小差异较大，订单数量变化频繁，商品差异较大的情况，如化妆品、家具、电器、百货、高级服饰等，以及箱装、扁袋装的商品。

2. 批量拣取

（1）定义：批量拣取是将多张订单集合成一批，按照商品的品种、类别加总后再进行拣货，然后依据不同客户或不同订单分类集中的拣货方式。

（2）特点：批量拣取可以缩短拣取商品时的行走时间，增加单位时间的拣货量。同时，由于需要订单累计到一定数量时，才做一次性的处理，因此，会有停滞时间产生。

（3）适用场合：批量拣取适合订单变化较小，订单数量稳定的配送中心和外形较规则、固定的商品出货，其次需进行流通加工的商品也适合批量拣取，再批量进行加工，然后分类配送，有利于提高拣货及加工效率。

3. 复合拣取

（1）定义：为克服订单拣取和批量拣取方式的缺点，配送中心也可以采取将订单分别拣取和批量拣取组合起来的复合拣取方式。

（2）适用场合：复合拣取即根据订单的品种、数量及出库频率，确定哪些订单适应于订单拣取，哪些适应于批量拣取，分别采取不同的拣货方式。

（三）输出拣货清单

拣货清单是配送中心将客户订单资料进行计算机处理，生成并打印出拣货单。拣货单上标明储位，并按储位顺序来排列货物编号，作业人员据此拣货可以缩短拣货路径，提高拣货作业效率。

拣货单格式如表 4-1 所示。

表 4-1　拣货单

<table>
<tr><td colspan="5">拣货单号码：</td><td colspan="4">拣货时间：</td></tr>
<tr><td colspan="5" rowspan="3">顾客名称：</td><td colspan="4">拣货人员：</td></tr>
<tr><td colspan="4">审核人员：</td></tr>
<tr><td colspan="4">出货日期：　　年　　月　　日</td></tr>
<tr><td rowspan="2">序号</td><td rowspan="2">储位号码</td><td rowspan="2">商品名称</td><td rowspan="2">商品编码</td><td colspan="3">包装单位</td><td rowspan="2">拣取数量</td><td rowspan="2">备注</td></tr>
<tr><td>整托盘</td><td>箱</td><td>单件</td></tr>
</table>

（四）确定拣货路线及分派拣货人员

配送中心根据拣货单所指示的商品编码、储位编号等信息，能够明确商品所处的位置，确定合理的拣货路线，安排拣货人员进行拣货作业。

（五）拣取商品

拣取的过程可以由人工或机械辅助作业或自动化设备完成。

（1）手工方式拣取：对于小体积、少批量、搬运质量在人力范围内，拣出货频率不是特别高的，可以采取手工方式拣取；

（2）机械辅助作业：对于体积大、质量大的货物可以利用升降叉车等搬运机械辅助作业；

（3）自动拣货系统：对于出货频率很高的货物可以采取自动拣货系统。

（六）分类集中

（1）经过拣取的商品根据不同的客户或送货路线分类集中。有些需要进行流通加工的商品还需根据加工方法进行分类，加工完毕再按一定方式分类出货。

（2）多品种分货的工艺过程较复杂，难度也大，容易发生错误，必须在统筹安排形成规模效应的基础上，提高作业的精确性。

（3）在物品体积小、质量轻的情况下，可以采取人力分拣，也可以采取机械辅助作业，或利用自动分拣机自动将拣取出来的货物进行分类与集中。

第二节　分拣作业系统规划

一、拣货作业基本单位

确定拣货单位的必要性在于避免分拣及出货作业过程中对货物进行拆装，甚至重组，以提高分拣系统作业效率，同时也是为了适应分拣自动化作业的需要。

拣货单位分析过程如图 4-2 所示。

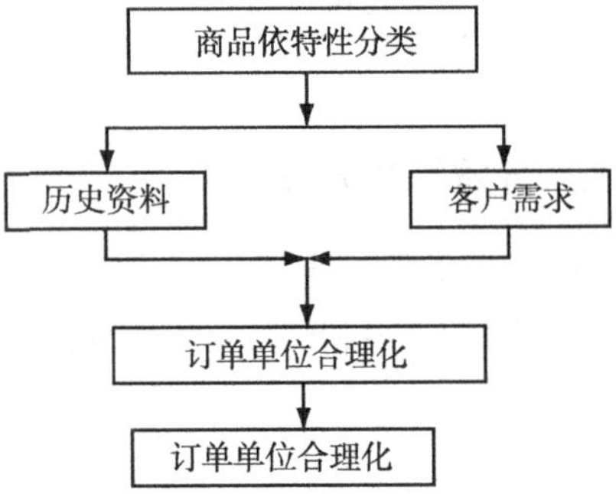

图 4-2　拣货单位分析过程

配送作业中拣货包装单位通常有以下四种：

（1）单件：单件商品包装成独立单元，以该单元为拣取单位，是拣货的最小单位；

（2）箱：由单件装箱而成，拣货过程以箱为拣取单位；

（3）托盘：由箱堆码在托盘上集合而成，经托盘装载后加固。每托盘堆码数量固定，拣货时以托盘为拣取单位；

（4）特殊物品：体积过大，形状特殊，或必须在特殊情况下作业的货物。拣货时以特定包装形式和包装单位为准。如桶装液体、散装颗粒和冷冻食品等。

二、拣货信息的传递方式

拣货信息是拣货工作的指令。拣货作业的依据是客户的订单或其他送货指令，因此，拣货信息最终来源于客户的订单。拣货信息既可以通过手工单据来传递，也可以通过其他电子设备和自动拣货系统传输。

（1）订单传票。

（2）拣货单传递。

（3）显示器传递。

（4）无线通信传递。

（5）计算机随行指示。

（6）条形码。

（7）自动拣货系统传递。

三、分拣设备

（一）人至物的分拣设备

这是指物品固定，拣货人员到物品位置把物品拣选出来的设备。

（二）物至人的分拣设备

这与人至物的拣选方法相反，拣货人员固定位置，等待设备把物品运至拣货者面前进行拣货。这种拣货设备的自动化水平较高，本身附有动力，所以能移动物品储位或把物品取出。

（1）储存设备

（2）搬运设备

（三）自动分拣系统

自动分拣系统如图 4-3 和图 4-4 所示。

图 4-3　环行斗式初分机

图 4-4　高速托盘式分拣机

四、分拣作业系统的布置

1. 储存和拣货区共用托盘货架

此种模式适合体积大、发货量也大的物品。一般是托盘货架第一层为拣货区，第二、三层为库存区，当拣货区物品不足时再由库存区向拣货区补货，如图 4-5 所示。

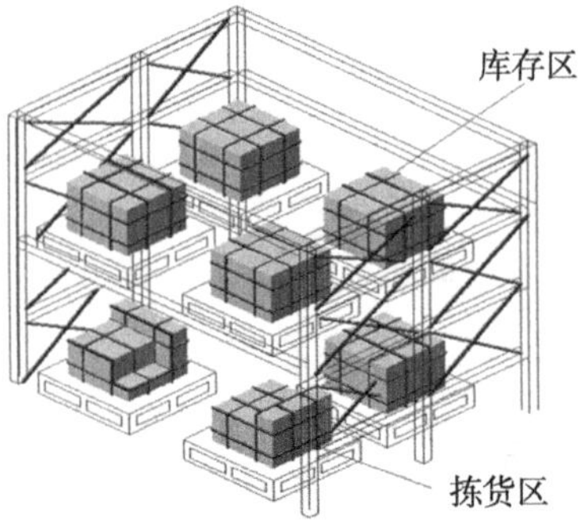

图 4-5 储存和拣货区共用托盘货架

2. 储存和拣货区共用的零星拣货方式

(1) 流动货架拣货方式

这种方式适用于进出货量较小，体积不大或外形不规则货品的拣货工作。因为进货保管拣货发货都是单向物流动线，可配合入、出库的输送机作业。让流动货架来实现储存和拣货的功能。这可达到先入先出的管理效果，如图 4-6 所示。

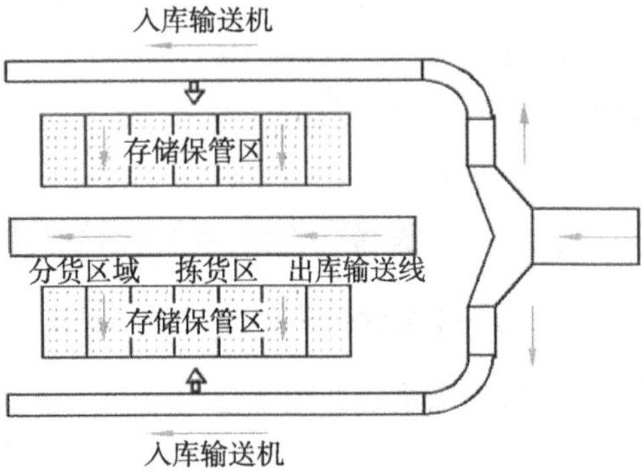

图 4-6 流动货架的拣货方式

(2) 一般货架拣货方式

这种方式用单面开放式货架进行拣货作业，但入库和出库是在同一侧。为此，可共用一条输送机来进行补货和拣货作业。虽然节省空间，但是入库和出库时间必须错开，以免造成作业混乱，如图 4-7 所示。

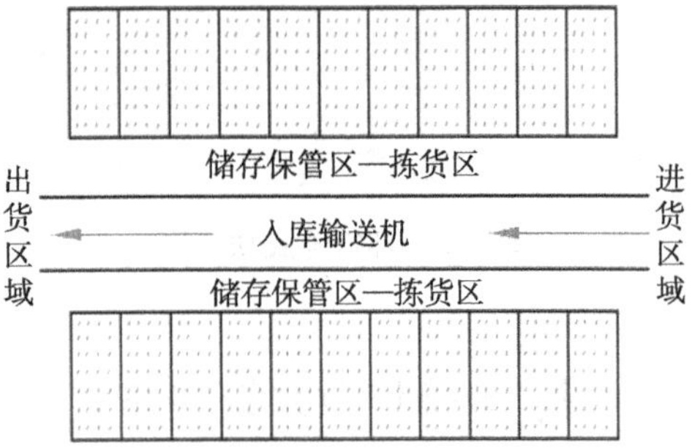

图 4-7 单面开放式货架的拣货方式

3. 储存与拣货区分开的零星拣货方式

这种方式是储存与拣货区不是同一个货架，通过补货作业把货品由库存区送到拣货区。这种方式适合于进出货量中等的情况。图 4-8 所示为储存和拣货区分开的零星进货方式。

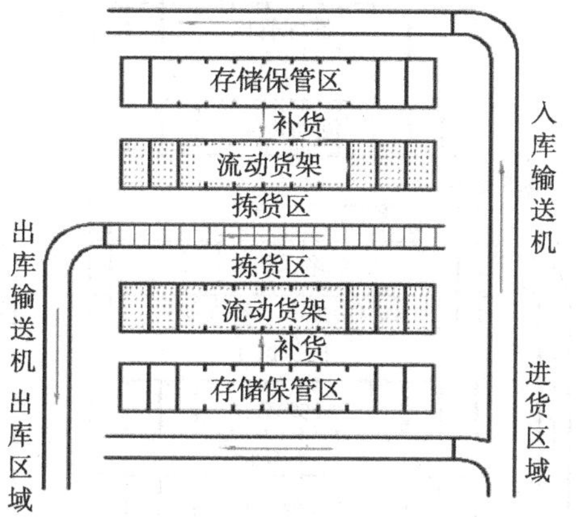

图 4-8　存储与拣货区分开的零星拣货方式

4. 分段拣货的少量拣货方式

当拣货区拣货品项过多时，使流动货架的拣货路线很长，则可考虑接力棒式的分段拣货方式。如果订单品项分布都落在同一分区中，则可跳过其他分区，缩短拣货行走距离、避免绕行整个拣货区。如图 4-9 所示为分段拣货补货方式。

A 区拣完后若 B 区无货品需拣，则由侧向出口离开拣货区，减少在拣货区走完全程的距离。

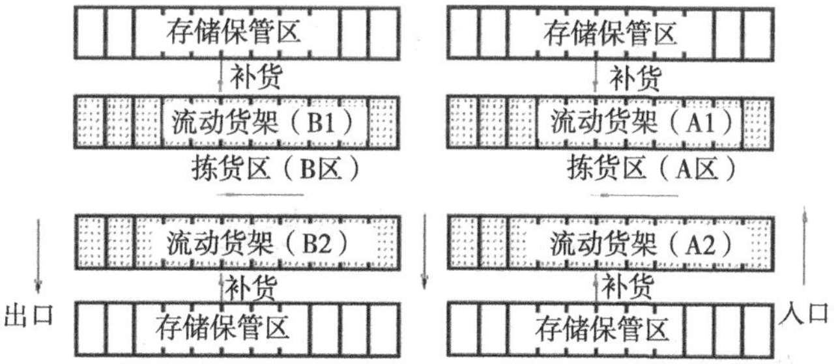

图 4-9　分段拣货方式

5. U 形多品种少批量拣货补货方式

为减少拣货人员或要兼顾输送机两侧货架的拣取作业时，可采用 U 形拣货路径和输送机方式。如图 4-10 所示为多品种少批量拣货补货方式。

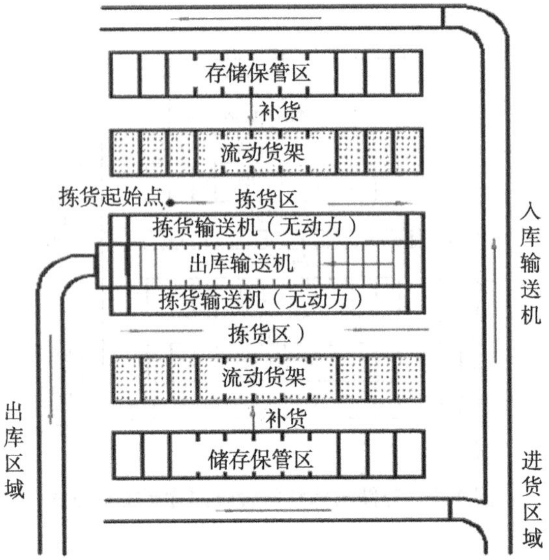

图 4-10　U 形多品种少批量拣货补货方式

6. 思考与练习

（1）分拣作业流程包括哪些环节？

（2）拣货信息传递方式有哪些？

（3）如何确定拣货包装单位？

（4）储存和拣货区共用托盘货架形式适合哪种类型的商品？

（5）流动货架拣货方式适合哪种类型的商品？

（6）如何降低拣误率？

第三节　包装的概述

一、包装的概念

包装的概念是随着包装的发展而发展的。早期的观点认为，包装是容纳物品的器具或是对物品进行盛装、捆扎以对容纳物施予保护的材料。这种观点是从静态的角度来看待包装，即包装是一种手段。现代的包装定义是从整个物流环节中用动态的观点表达的。

我国国家标准 GB 4122—83《包装通用术语》中，对包装是这样定义的：包装是为在流通过程中保护产品、方便储运、促进销售，按一定技术方法而采用的容器、材料及辅助物等的总称；也指为了达到上述目的而采用容器、材料和辅助物的过程中，施加一定技术方法等的操作活动。

这一定义除了说明包装是一种技术和方法外，进一步强调包装在商品流通中的作用，明确指出包装是一个过程，它可以使商品处于稳定状态，使商品在运输、保管、装卸搬运时保持完好无损并便于销售。

国外的包装定义主要强调的是包装的目的及包装的构成。在美国，包装的概念为包装是使用适当的材料、容器并应用一定的技术以便能使产品安全到达目的地，即在产品输送过程中的每一阶段，不论遇到怎样的外来影响，都能保护其内容物而不影响其价值。在日本，包装是指在运输及保管物品时，为保护其价值和状态，以适当材料和容器，施加于物品的技术和施加于包装后的包装状态。由此可见，我国的包装定义与国外的包装定义基本一致，只是强调了包装有促进销售的作用，这与现代包装的发展方向相一致。

二、包装在物流中的地位

在社会再生产过程中，包装处于生产过程的末尾和物流过程的开头，既是生产的终点，又是物流的始点。作为生产的终点，产品生产工艺的最后一道工序是包装。因此，包装对生产而言，标志着生产的完成。从这个意义讲，包装必须根据产品性质、形状和生产工艺来进行，必须满足生产的要求。作为物流的始点，包装完成之后，包装了的产品便具有了物流的能力，在整个物流过程中，包装便可发挥对产品保护的作用和进行物流的作用，最后实现销售。从这个意义来讲，包装对物流有决定性的作用。

在现代物流观念形成以前，包装被天经地义地看成生产的终点，因而一直是生产领域的活动，包装的设计往往主要从生产终结的要求出发，常常不能满足流通的要求。物流的研究认为，包装与物流的关系，比之与生产的关系要密切得多，其作为物流始点的意义比之作为生产终点的意义要大得多。因此，包装应进入物流系统之中，这是现代物流的一个新观念。

三、包装的功能

包装有三大特性，即保护性、单位集中性及便利性，这三大特性决定了包装具有保护商品、方便物流、方便消费、促进销售的四大功能。

1. 保护商品

保护商品是包装的首要功能，是确定包装方式和包装形态时必须抓住的主要矛盾。只有有效的保护，才能使商品不受损失和完成流通过程，实现所有权的转移。包装的保护作用体现在下述几方面：

（1）防止商品破损变形。这就要求包装能承受在装卸、运输、保管过程中各种力的作用，如冲击、振动、颠簸、压缩等，形成对外力破坏的防护作用。

（2）防止商品发生化学变化，即防止商品吸潮发霉、变质、生锈。这就要求包装能在一定程度上起到阻隔水分、溶液、潮气、光线、空气中的酸性气体的作用，起到不受环境、气象的影响的保护作用。

（3）防止腐朽霉变、鼠咬虫食。这就要求包装有阻隔霉菌、虫、鼠侵入的能力，形成对生物侵入的防护作用。

此外，包装还有防止异物混入、污物污染，防止丢失、散失、盗失等作用。

2. 方便物流单元化

包装有将商品以某种单位集中的功能，这就是单元化包装成多大的单位为好，这不能一概而论，要视商品生产情况、消费情况及商品种类、特征，还有物流方式和条件而定。一般来讲，包装的单元化主要应达到两个目的：方便物流和方便商业交易。

从物流方面来考虑，包装单位的大小要和装卸、保管、运输条件的能力相适应。在此基础上应当尽量做到便于集中输送以获得最佳的经济效果，同时又要求能分割及重新组合以适应多种装运条件及分货要求；从商业交易方面来考虑，包装单位大小应适合于进行交易的批量，在零售商品方面，应适合于消费者的一次购买。

3. 方便消费

商品的包装还有方便流通及消费的功能，这就要求包装的大小、形态、包装材料、包装重量、包装标志等各个要素都应为运输、保管、验收、装卸等各项作业创造方便条件，也要求容易区分不同商品并进行计量。进行包装及拆装作业，应当简便、快速，拆装后的包装材料应当容易处理。

4. 促进销售

与商流有关的包装功能是促进销售。在商业交易中促进销售的手段很多，包装在其中占有重要地位。恰当的包装能够唤起人们的购买欲望，包装外部的形态、装潢和广告说明一样，是很好的宣传品，对客户的购买起着说服作用。这样看来，适当的包装可以推动商品销售，有很大的经济意义。对于包装的这个功能，有许多描述，比如说“包装是不会讲话的推销员”“精美的包装胜过一千个推销员”等都形象地说明了这一能力。

四、包装的分类

1. 按照包装在流通中的作用分类

按照包装在流通中的作用分类，可分为商业包装和运输包装。

（1）商业包装。商业包装是以促进销售为主要目的的包装，这种包装的特点是外形美观，有必要的装潢，适用于客户的购买量及商店陈设的要求。在流动过程中，商店越接近客户，越要求包装有促进销售的效果。

（2）运输包装。运输包装是指以强化输送、保护产品为主要目的的包装，对生产资料来说，这两点尤其突出。生产资料的生产及消费特点之一是批量大。在运输中，生产资料的输送数量也大大超过生活资料，因此采用适合于大批量、高效率输送的包装是很重要的。

运输包装的重要特点是，在满足物流要求的基础上使包装费用越低越好。为此，必须在包装费用和物流过程的损失两者之间寻找最优的效果。为了降低包装费，包装的防护性也往往随之降低，商品的流通损失就必然增加，这样就会降低经济效果。相反，如果加强包装，商品的流通损失就会降低，包装费用就必然增加。如果完全不允许存在流通损失，就必然存在所谓的“过剩包装”，物流及包装费用必然会大大增加，由此带来的支出增加会大于不存在过剩包装时的必然损失，同样会降低经济效果。因此，对于普通商品，包装程度应当适中，才会有最优的经济效果。

2. 按包装的针对性分类

根据包装的针对性，可以将包装分为专用包装和通用包装。

（1）专用包装。根据被包装物特点进行专门设计、专门制造、只适用于某种专门产品的包装，如水泥袋、蛋糕盒、可口可乐瓶等。

（2）通用包装。不进行专门设计制造，而根据标准系列尺寸制造的包装，用以包装各种无特殊要求或标准尺寸的产品。

3. 按包装容器分类。根据包装容器的不同性质，又可将其细分为以下几种：

①按包装容器的抗变形能力分为硬包装和软包装两类。硬包装又称刚性包装，包装体有固定形状和一定强度；软包装又称柔性包装，包装体可有一定程度变形，且有弹性。

②按包装容器形状分为包装袋、包装箱、包装盒、包装瓶、包装罐等。

③按包装容器结构形式分为固定式包装和可拆卸折叠式包装两类。固定式包装尺寸、外形固定不变，可拆卸折叠式包装可通过折叠拆卸来缩减容积以利于管

理及返运。

④按包装容器使用次数分为一次性包装和多次周转包装两类。一次性包装在拆装后，包装容器受到破坏不能按原包装再次使用，只能回收处理或另做他用；多次周转包装可反复使用，此类包装在建立一定回送渠道后，就可周转使用。

4. 按包装形态层次分类

按包装形态层次分为单包装、内包装和外包装。

（1）单包装。单包装是直接盛装和保护商品的最基本包装形式。单包装的标识、图案和文字起到指导消费，便于流通的作用。

（2）内包装。内包装是包装的组合形式，在流通过程中起到保护产品，简化计量和方便销售的作用。

（3）外包装。外包装是商品的外层包装，起到保护商品，简化物流环节等作用。

五、包装的要求及效用

1. 使用环境对包装的要求

包装的使用环境不仅涉及商品生产及商品流通的运输、装卸、储存等因素，而且涉及商品流通的销售因素，还涉及商品消费和社会整体的有关因素。这样，包装不仅必须满足商品生产所提出的要求，还必须满足商品运输、装卸、储存、销售、商品消费乃至社会整体所提出的要求。

（1）商品生产对包装的要求。

①包装所需材料适当，且容易采购；

②包装要与生产线协调；

③可利用原有设备来充填封装；

④可以标准化；

⑤能再降低成本。

（2）运输、装卸和储存对包装的要求。

①在正常运输和储存条件下，这种包装不会被损坏；

②这种包装能再缩小体积而节省空间；

③尺寸可以标准化，从而减轻储运费用。

（3）销售对包装的要求。

①陈列时比较醒目，能引人注意；

②能显示出商品特色；

③能够强调足够的销售策略；

④与同类商品比较，更具竞争力；

⑤比较适于陈列；

⑥能减少被偷窃的可能性。

（4）消费对包装的要求。

①包装所使用的材料要安全；

②包装的大小、容量要适合消费者的需要；

③容易打开，容易再封存，能轻易取出内装物；

④包装的大小适于存放于冰箱、餐橱架、壁橱或其他藏处；

⑤包装要坚固耐用；

⑥价格要合理；

⑦能方便地量出正确的使用量；

⑧用过的包装能复用；

⑨外表美观，能当作装饰品；

⑩能显示地位，以满足消费者的优越感。

（5）社会对包装的要求。

①是否合乎节约资源的原则；

②处理废弃物时是否会发生问题；

③对所包装物品的安全有无影响；

④包装与商品之间的容量比、价格比是否适当。

一个成功的包装需要综合地满足上述使用环境对它提出的要求。由于世界上一物多用的情况很多，包装是能够通过其设计来满足各种要求的。一个有经验的设计人员往往会以一种简单的设想和办法巧妙地解决多种难题，有时还能解决自己意料之外的难题。

许多商品包装看似简单，消费者往往从其自身的角度出发，只看到销售包装能起保护商品、方便携带、方便使用、有利于美化环境等作用。事实上，除此之外，在商品到达消费者手中之前，商品包装还起到了方便储运、陈列、有利于销售的自动化管理、在销售活动中作为无声推销员等许多作用。

2. 包装在商品生产中的效用

对于绝大多数商品，因商品流通和消费的需要，只有进行了包装，生产过程才算完成，所以包装通常是商品生产过程的最后一道工序。在实现整个生产过程的机械化和自动化中，包装工序的机械化和自动化起着重要的作用。一般来说，包装工序是在由包装机械、产品、包装体所组成的操作系统中进行的。包装体的好坏及其改进往往能起到提高生产效率、减少损耗、节约能源、节省管理费用等效用。

（1）提高生产率。关于包装对提高生产效率的作用，青岛啤酒厂是个很好的例子。该厂在1980年从联邦德国引进了一条啤酒灌装线，大大提高了生产的自动化，每班产量比过去提高2倍，操作工人由80人减至12人。这样350mL瓶装啤酒的该项工序成本从过去每箱1.70元降到现在的0.47元。但是至今未能达到设计能力（2.25万瓶/小时），目前只达到每小时1.1万~1.2万瓶，其原因就是啤酒瓶没有轻量化。如果啤酒瓶能够轻量化，灌装的速度还可提高，生产效率就能进一步提高。

（2）减少损耗。减少损耗是因包装满足在生产中有效地保护产品的要求。因为在生产环节中，包装产品要经受住各种外物和环境的力，包括在流水线上受到的机械力，在搬运装箱、储存等操作中受到的外物和环境的作用等。

（3）节约能源、节省管理费用。在包装操作中，如果装填、封口、传输能简单而迅速地完成且变换品种时不用停机调整，还可减少仓库面积占用，方便搬运，包装就能起到节约能源、节省管理费用的效用。在实际生产中，往往因包装而出现种种故障和问题，这种包装使用故障的调查和分析是推动包装改进的有效途径。

3. 包装在物流中的效用

在物流中，对商品的保护是由运输包装件整体所提供的。包装对商品保护得好，一方面可减少商品损失，另一方面能减少物流费用。

为了取得最佳效果，这里特别要注意包装所能提供的保护与其成本之间的平衡，要做到适当且有效，既不过分，也不能不足。为了做到这点，可在实验室里做碰撞、挤压、冲击、震动等模拟试验，找出销售包装哪个部位强度要增加，哪个部位强度可降低，然后进行改进，该加固的加固，该减强的就减强。

英国一家经销电灯泡的公司，根据模拟试验，在包装成本与破损率的平衡中制定出一个最理想的破损率。该公司认为，要使电灯泡在物流中百分之一百的不破损，需要花在包装上的成本将很高，这样反而得不偿失。

另外，适当选择包装的尺寸能起到提高物流效率的效用。

评价包装在物流中效用的标准有：

①恰当地保护物品的质量；

②保证所包装物的数量；

③准确无误地按期供货；

④准确地送到指定地点；

⑤价格适当。

4. 包装在商品销售活动中的效用

客户的购物环境是商品销售活动中的一个重要因素。客户的购物环境一般包括货架、陈列方式、灯光及众多的同类商品。当然，商品货架陈列、灯光等对吸引客户能起一定作用，但起主要作用的是商品本身及其包装，所以说，客户的购物环境主要指众多商品及其包装相互竞争的环境。

客户的购买行动一般区分为非冲动性和冲动性两类。非冲动购买行动是指购物前早已做出购物决定的购买行动；冲动购买行动是指购物前未做出购物决定的购买行动，是临时决定的购物行动。这类购买行动占多数。

人们的购物动机是在消费行为中产生的，但在多数情况下，购物动机产生的时候，并没有产生购物行动，所以这种动机只是一种购物的潜力，不是明确的，具有模糊性，需要唤醒。特别是一些购物动机与消费行为中所产生的不舒适信号有关时，这种动机往往只有到了购物现场才被唤醒，才能最后做出具体的购物决定。这类例子在生活中是很多的，有人意识到需要买一支牙膏，且有换换口味的想法，至于买哪种牌子的，往往是在现场做最后决定；又有一种情况是消费者在购物前多为可买可不买，而在逛商店时，受到现场的吸引临时做出购物决定。随着生活水平的提高和产品日益丰富，这种冲动性购买会日益增多。

冲动性购买行动是一种复杂的心理活动，有一个心理决策过程。具体地说，客户选购商品的过程大致是这样的：首先在视觉上受到某种刺激而引起注意，然后开始感知商品，做出判断评价，最后在脑中形成一个商品的整体形象，在此基础上产生感情和信任，并做出购物的决策。

一个好的销售包装就是在众多同类商品相互竞争的环境中，在激发客户冲动性购买行动方面，起到无声推销员的效用。在感知、判断乃至决策阶段，销售包装的效用就是通过多个方面的信息传递，包括造型、图形、文字、商标、色彩等，来促使客户在脑中形成商品形象，使客户感到这种商品是自己所需要的。客户脑中有了自己所需的商品形象，最后就能做出购买这种商品的决策。

由以上分析可知，商品包装在客户的购买行动中，第一步要引人注目，第二步要让人理解，第三步要使人产生好感，所有这一切要发生在众多同类商品的环境中。由于商品同类，包装设计容易趋向于一致，某一个体包装商品容易产生淹没效应，所以一个好的销售包装必须是放在同类商品群中能摆脱淹没性的包装。

六、包装材料

包装材料是指用于制造包装容器和构成产品包装材料的总称。包装材料既包括组成运输包装、包装装潢、包装印刷等有关材料和包装辅助材料，如纸、金属、塑料、玻璃、陶瓷、竹木与野生藤类、天然纤维与电学纤维、复合材料等；又包括缓冲材料、涂料、胶黏剂、捆扎和其他辅助材料等。

（一）纸及纸制品

常用包装材料有纸、塑料、木材、金属、玻璃等。从各个国家包装材料生产总值比较看，使用最广泛的是纸及各种纸制品，其次是木材，塑料材料的使用量正在以很快的速度增长。

1. 纸和纸板的特点

纸和纸板区别于其他包装材料，具有下列特点。

（1）纸和纸板原料充沛，价格低廉。不论以单位面积价格还是单位容积价格，与其他材料相比都是经济的。

（2）纸和纸板具有适宜的坚牢度、耐冲击性和耐摩擦性。

（3）纸和纸板容易达到卫生要求，无毒、无污染。

（4）纸和纸板的成型性和折叠性优良，便于采用各种加工方法，机械加工时能高速连续生产。

（5）纸和纸板作为承印材料，具有良好的印刷性能，印刷的图文信息清晰牢固，便于复制和美化商品。

（6）纸和纸板质量轻，能降低运输费用。

（7）纸制包装可回收复用和再生，废物容易处理，不造成公害，节约资源。

（8）纸和纸板较容易进一步深加工，易于适应用同包装的需要。

然而，作为纸制包装材料的纸和纸板也有许多致命的弱点，如难于封口，受潮后牢度下降，以及气密性、防潮性、透明性差，易发脆，会翘曲干裂，受外界机械力（如跌落、穿刺、钩搭等）作用易破裂。

2. 包装用纸、纸板的分类

纸和纸板是按定量（指单位面积的质量，以每平方米的克数表示）或厚度来区分的。凡定量在 $250g/m^2$ 以下或厚度在 0.1mm 以下的统称为纸；定量在 $250g/m^2$ 以上或厚度在 0.1mm 以上的纸称为纸板（有些产品定量虽达 $200 \sim 250g/m^2$，习惯仍称为纸，如白卡纸、绘图纸等）。

在包装方面，纸主要用于包装商品、制作手袋和印刷装潢商标等；纸板主要用于生产纸箱、纸盒、纸桶等包装容器。

包装用纸和包装用纸板根据其不同形式有两种要求。平板纸规格要求长和宽，其幅面尺寸常见的有787mm×1 092mm，850mm×1 168mm，880mm×1 230mm等规格。卷筒纸规格只要求宽，国产卷筒纸主要有1 575mm（即2×787mm），1 092 mm，880mm，787mm等规格，长度一般为6000m。为实现纸箱、纸盒及纸桶等纸制包装的标准化和系列化，规定纸和纸板的规格尺寸是十分重要的。

一般说来，250g/m^2 以下的纸，以500张为一令，每件质量一般不超过250kg；250g/m^2 以上的纸板，一件是几令或每令是多少张，则视其纸张的克重而异。卷筒纸每件质量一般为250~350kg，最重不超过1t。

3. 主要包装用纸与纸板

（1）纸袋纸。纸袋纸分为一号、二号、三号、四号4种，用于制作纸袋，供水泥、化肥、农药等包装之用，要求高强度，保证装袋和运输过程中不破损，撕裂度、弯曲强度、透气度适中，韧性大。

（2）牛皮纸。牛皮纸多用于包裹纺织品、用具及各种小商品，以及纸盒的挂面、挂里、裱合瓦楞纸板等牛皮纸有两个重要的指标，即耐破度和施胶度。耐破度按纸张的定量比例增加，纸张越厚，耐破度越大；施胶度随用途而变，但要求都很高。这两项指标对保护包装物的安全关系很大，应予以充分注意。

（3）中性包装纸。中性包装纸不腐蚀金属，主要用于军工产品和其他专用产品的包装。中性包装纸分为包装纸与纸板两种。

（4）普通食品包装纸。普通食品包装纸是一种不经涂蜡加工可直接包装食品的包装纸。它分一号、二号、三号3种，有单面光和双面光两种式样，主要为平板纸。

（5）鸡皮纸。鸡皮纸是一种单面光泽度很高和强度较好的包装用纸，分一号、二号两种，主要供工业品和食品包装用。其特点是施胶度和耐折度较好，纸面光泽良好并有油腻感，纤维分布均匀。

（6）羊皮纸。羊皮纸又叫植物羊皮纸或硫酸纸，是一种半透明的高级包装纸。该纸质地紧密，坚挺而富有弹性，具有高度的抗水和不透水、不透气、不透油等特性，适宜于需长期保存的油脂、茶叶及药品的包装；防潮性能好，也适宜于包装精密仪器和机械零件；若作为内包装材料与金属产品接触，会引起黑色金属腐蚀或黄铜制品变色，但对紫铜、电镀锌、镀镉、镀铬等影响甚小。

（7）半透明玻璃纸和玻璃纸。半透明玻璃纸质薄而柔软，双面光亮呈半透明状，具有防油性、抗水性和较高的施胶度，但在水湿后会失去强度，主要用于包装不需久藏的油脂、乳类食品和糖果、卷烟、药品等；玻璃纸又叫透明纸，是一种透明度最高的高级包装用纸，用它包装商品，包装物清晰可见，常用于包装化妆品、药品、糖果、糕点及针棉织品或开窗包装。

（8）有光纸与胶版纸。有光纸主要用于商品里层包装或衬垫，也可作裱糊纸盒之用；胶版纸是专供印刷包装装潢、商标、标签和裱糊纸盒面的双面印刷纸，适宜于多色套印。

（9）防潮纸。防潮纸具有耐水、防潮等特性，主要有石蜡纸、沥青纸、油纸等。

（10）防锈纸。有接触防锈纸和气相防锈纸现两种。

（11）瓦楞原纸。瓦楞原纸纤维组织均匀，厚薄一致，无突出纸面的硬块，纸质坚韧，具有一定耐压、抗脏、抗戳穿、耐折叠性能。

（12）箱纸板。箱纸板是专门用于和瓦楞原纸裱合后制成瓦楞纸盒或瓦楞纸箱，供日用百货等商品外包装和个别配套的小包装用。

（13）牛皮箱纸板。牛皮箱纸板适用于制造外贸包装纸箱、内销高档商品包装纸箱及军需物品包装纸箱。

（14）草纸板。草纸板主要用于各式商品内外包装的纸盒或纸箱，也可用做精装书籍等的封面衬垫，用途极为广泛。

（15）单面白纸板。单面白纸板适用于经单面彩色印刷后制盒，供包装用。

（16）茶纸板。茶纸板主要用于机订纸盒和折叠软盒，也可作瓦楞纸盒的面纸，与瓦楞纸裱合后制成纸箱，供条装卷烟及其他日用品外包装用。

（17）灰纸板。灰纸板质量低于白纸板而高于茶纸板，主要适用于各种商品的中小包装，如纸盒用纸板。

（18）瓦楞纸板。瓦楞纸板是由瓦楞原纸加工而成，先将瓦楞原纸压成瓦楞状，再用胶黏剂将两面粘上纸板，使纸板中间呈空心结构，瓦楞的波纹宛如一个个连接的小小拱形门，相互并列成一排，互相支撑，形成三角结构体，强而有力，从平面上能承受一定重量的压力，富有弹性、缓冲力强，能起到防震和保护商品的作用。瓦楞形状可分为 U 形、V 形和 UV 形三种。瓦楞纸板的种类有二层、三层、五层、七层瓦楞纸板。

（二）塑料及塑料制品

1. 塑料的基本性能与特点

塑料具备一般包装材料所具有的基本性能，主要有以下几点。

（1）物理性能优良。塑料具有一定的强度、弹性、抗拉、抗压、抗冲击、抗弯曲、耐折叠、耐摩擦、防潮、气体阻隔等特点。

（2）化学稳定性好。塑料具有耐酸碱、耐化学药剂、耐油脂、防锈蚀等特点。

（3）塑料属于轻质材料。塑料密度约为金属的1/5、玻璃的1/2。

（4）塑料加工成型简单多样。塑料可制成薄膜、片材、管材、带材，还可以编织布，用做发泡材料等，其成型方法有吹塑、挤压、注塑、铸塑、真空、发泡、吸塑、热收缩、拉伸，以及应用多种新技术，可创造出适合不同产品需要的新型包装。

（5）塑料有优良的透明性和表面光泽，印刷和装饰性能良好，在传达和美化商品上能取得良好效果。

（6）塑料属于节能材料，价格上具有一定的竞争力。

塑料作为包装材料也有不足之处：强度不如钢铁；耐热性不及玻璃；在外界因素长期作用下易发生老化；有些塑料不是绝对不透气、不透光、不透湿；有些塑料还带有异味，其内部低分子物有可能渗入内装物；塑料还易产生静电，容易弄脏；有的塑料废物处理燃烧时会造成公害。

2. 塑料的分类

塑料根据组分的性质可分为单组分塑料和多组分塑料。单组分塑料由合成树脂组成，仅含少量辅助物料。多组分塑料以合成树脂为基本成分，含有多种辅助物料。

塑料根据受热加工时的性能特点可分为热塑性塑料和热固性塑料两大类。前者多属软性材料，后者属刚性成型材料。热塑性塑料加热时可以塑制成型，冷却后固化保持其形状。这种过程能反复进行，即可反复塑制。热塑性塑料的主要品种有聚乙烯、聚丙烯、聚苯乙烯、聚氯乙烯、聚酰胺、聚酯等。包装用的塑料多属于热塑性塑料。热固性塑料加热时可塑制成一定形状，一旦定型后即成为最终产品，再次加热时也不会软化，温度升高则会引起它的分解破坏，即不能反复塑制。热固性塑料的主要品种有酚醛塑料、脲醛塑料、蜜胺塑料等。

热塑性塑料和热固性塑料的主要特点比较见表4-2。

目前我国塑料制品主要有塑料编织袋、塑料周转箱、钙塑箱、塑料打包带、捆扎绳、塑料中空容器、塑料包装薄膜和泡沫塑料。

3. 包装常用塑料

表 4-2　热塑性塑料和热固性塑料比较

性能	热塑性塑料	热固性塑料
耐热性	大多数都在 150℃时出现热变形	
成型效率	可采用注射、挤出、热成型等多种方法加工，效率高，可连续生产	多采用模压、层压成型、效率低
废料利用	成型时没有发生化学变化，原则上废品可回收利用	成型时发生了化学变化，为立体网状结构，废品不能回收利用
透明度	多数可生产透明制品	几乎全部是不透明或半透明的制品
填充剂	使用的目的是为了降低成本，多不使用	多使用，以提高制品的性能
增强剂	使用	使用

（1）聚乙烯（PE）。聚乙烯是一系列的高分子聚合物的总称，在包装常用塑料中应用最普遍。它分高密度聚乙烯（HDPE）、中密度聚乙烯（MDPE）和低密度聚乙烯（LDPE）三类，性能如表 4-3 所示。

通常高密度聚乙烯可用来制造重包装袋和塑料成型的各种包装容器，如瓶、杯、盘、盒等；中密度聚乙烯和低密度聚乙烯多用来生产薄膜，并常与其他材料复合生产各种复合材料；近年又发展了线性低密度聚乙烯（LLDPE），特别适宜制作包装薄膜，其厚度比低密度聚乙烯减薄了 20%，是一种很有发展前途的塑料包装材料。聚乙烯塑料还可用来生产软管等包装材料。聚乙烯薄膜能透过氧气和二氧化碳气体，很适合蔬菜、水果包装保鲜，也用于工业品外装、内装。

表 4-3　不同密度聚乙烯性能比较

性能	低密度聚乙烯	中密度聚乙烯	高密度聚乙烯
密度（g/m^3）	0. 910~0. 925	0. 926~0. 940	0. 941~0. 965
结晶度（%）	55~56	70~75	85~90
透明度（%）	0~75	10~80	0~40
透气速率（相对值）	1	1/3	1/3

续表

性能	低密度聚乙烯	中密度聚乙烯	高密度聚乙烯
硬度（洛氏）	D41～D46	D50～D60	D60～D70
冲击强度（缺口、悬壁梁式）（KJ/m^2）	≤41.16	≤20.58	≤16.67
拉伸强度（MPa）	6.87～15.79	8.24～20.03	21.29～37.77
伸长率（%）	90～800	50～600	15～100
结晶熔点（℃）	108～126	126～135	126～136
脆化温度（℃）	-80～55	49～74	-140～-100
热变形温度（℃）	38～49		60～82
线型收缩率（%）	1.5～5.0	1.5～5.0	2.0～5.0

（2）聚丙烯（PP）。聚丙烯是丙烯的高分子聚合物，可用于制作食品、化工产品、化妆品的各种瓶、杯、盘、盒等容器，还大量用于制造编织袋、打包带。双向拉伸聚丙烯薄膜可用来代替玻璃纸。

（3）聚氯乙烯（PVC）。聚氯乙烯塑料分为软质和硬质两类。软质的多用来制作各种包装袋；硬质的可塑制成各种瓶、杯、盘、盒等包装容器。

（5）聚苯乙烯（PS）。聚苯乙烯塑料属硬质塑料，常用改性聚苯乙烯注塑成各种深杯、盘、盒等容器，也用拉伸聚苯乙烯和泡沫聚乙烯制成浅杯、盒、盘等包装容器，还可用来制造包装用的泡沫缓冲材料。

（5）聚酯（PET）。聚醋塑料常用来吹塑成各种包装瓶。聚酯瓶是相当有发展前途的包装容器，聚酯薄膜经常与聚乙烯、聚丙烯等制成复合薄膜作为冷冻食品及需加热杀菌食品的包装材料。

（6）乙烯-醋酸乙烯共聚物（EVA）。该塑料一般用做包装密封的薄膜材料，也常用来与其他材料共挤形成多层复合材料，如与高密度聚乙烯复合可代替玻璃纸和蜡纸。

（7）聚酰胺（PA）。通常使用的名称是尼龙（Nylon），在包装上主要用于食品的软包装。特别适宜于油腻性食品的包装，也常用于农药、化学试剂等的包装。

（8）聚偏二氯乙烯（PVIDC）。该塑料具有非常好的气密性和防潮性，包装上主要用于制作复合薄膜、胶黏剂和涂布材料，充分发挥其气密性能好的特性。

（9）聚乙烯醇（PVA）。聚乙烯醇主要以薄膜的形式用于食品包装，以充分利用其气密性和保香性好这一特点。水溶性聚乙烯醇可用于化学药品等的计量包装。

（10）聚碳酸酯（PC）。聚碳酸酯主要用于电器绝缘材料，包装上主要是制成薄膜或容器而用于食品的包装。

（11）聚氨基甲酸酯（PVP）。该塑料主要用于精密仪器、贵重器械、工艺品等的防震包装或衬垫缓冲材料。

（12）酚醛塑料（PP）。酚醛塑料俗称电木，广泛用做电器绝缘材料。在包装上的应用主要是制作瓶盖、箱盒及盛装化工产品的耐酸容器。

（13）脲醛塑料（VF）。脲醛塑料俗称电玉，在包装上主要用于制作精致的包装盒、化妆品容器和瓶盖等。在醋酸或100℃沸水中浸泡时，有游离的有毒物质析出，故不适于包装食品。

（14）蜜胺塑料（MD）。蜜胺塑料多用于制作食品容器，也可用于制作精美的食品包装容器。

（三）木材及木制品

1. 木材包装的特点

木材作为包装材料有以下许多优良的性能。

（1）木材的资源分布广，便于就地取材。

（2）木材具有优良的强度质量比，有一定的弹性，能承受冲击、振动、挤压等作用，木制包装是装载大型、重型物品的理想容器。

（3）木材加工方便，不需要复杂的机械设备，木制容器使用简单工具就能制成，由于木材钉着性能好，箱内可安装挂钩、螺钉，便于拴挂内装物。

（4）由于木材的热胀冷缩性比金属小，且不生锈、不易被腐蚀，所以木制包装可盛装化学药剂。

（5）木材可进一步加工成胶合板，对减轻包装质量、提高材料均匀性、改善外观、扩大应用范围均有很大的益处。胶合板包装箱具有耐久和一定的防潮、防湿、抗菌等性能。

（6）木制包装可以回收、复用，而且成本较低，是很好的绿色包装材料。

但是木材易吸收水分、易变形开裂、易腐败、易受白蚁蛀蚀、常有异味，而且加工不易实现机械化，价格高，加之树木生长缓慢等因素，在包装上的应用受到了很大的限制。

2. 包装用木材的种类

包装用木材的种类繁多，其用途也各不相同，一般分为天然木材和人造木材两大类。

3. 包装用木材的选用

1）天然木材的选用

（1）物理性能的选用。木材的物理性能包括密度、含水率、收缩与膨胀率及气味等。木材由于含水率、密度的不同，其空隙也不一样，密度大的称为重材，其强度高，变形大，握钉力也大，铁钉钉入时容易裂开；密度小的称为轻材，其强度低，变形小，握钉力也小，铁钉钉入时却不易裂开。

含水率的高低直接影响木材的强度，过高会降低其抗弯、抗拉性能，一般选用含水率在20%左右的木材为包装木材。木材的收缩、膨胀和可燃性是木材的三大缺点，特别是作为包装材料，经过长途运输，气温变化较大，或者由于储存仓库干湿度不同，都会引起木材容器的箱板、条板发生不同程度的收缩或膨胀。木材还因含有树脂、胶质、挥发油、单宁和其他成分常带有特殊气味。用做包装箱时，要考虑木材的气味，如松木、柏木、樟木等就不宜用做茶叶箱、蜂蜜桶、糖果食品包装箱，以免染上松节油或樟脑的气味；而用栎木盛装葡萄酒，内含的单宁则可增加酒的美味。

（2）机械性能的选用。木材抵抗外界机械力的能力称为木材的机械性能。木材的机械性能包括强度、硬度、弹性和可劈性等。木材的硬度与其加工性能是密切相关的，硬度大的木材耐磨损但难刨锯，硬度小的木材易加工但不耐磨损。

（3）握钉性的选用。用木材制作包装箱、笼，无论其种类如何，都是由数块木板部件装配连接而成。连接方法主要是用铁钉连接，连接强度越高，木箱越牢固。连接强度的高低取决于木材握钉力的大小。握钉力是指木材对已钉入木材中的铁钉或螺丝拔出的阻力，即木材对钉的抗拔力。木材的握钉力决定于铁钉与木材之间的摩擦力。当铁钉从木材侧面钉入，一部分木材纤维被切断，一部分产生弯曲，一部分受压，从而木材被分开的部分由于弹性而在钉子侧面呈现压力，此压力越大，则握钉力也越大。铁钉表面光洁度不同，木材握钉力的大小也不同。铁钉表面越粗糙，则握钉力越大。所以，要增加木材的握钉力，可使用螺丝钉、星形或矩形截面的螺纹钉、倒刺钉等。

（4）耐腐蚀性能的选用。耐腐蚀性要根据储存时间的长短考虑包装木材的耐腐能力，而且要求它不腐蚀包装物。

2）人造板材的选用

（1）胶合板。用原木旋切成薄木片，经选切、干燥、涂胶后，按木材纹理纵横交错重叠，通过热压机加压而成。其层数均为奇数，有三层、五层、七层乃至更多层。由于胶合板各层按木纹方向相互垂直，使各层的收缩与强度可相互弥补，避免了木纹的纵纹和横纹方向差异影响，使胶合板不会发生翘曲与开裂。包装轻工、化工类商品的胶合板，多用酚醛树脂或脲醛树脂作胶黏剂，具有耐久、耐热和抗菌等性能。包装食品的胶合板，多用谷胶或血胶作胶黏剂，具有无臭、无味等特性。

（2）纤维板。其原料有木质和非木质之分，前者是指木材加工后的下脚料与森林采伐剩余物，后者是指蔗渣、竹、芦苇、稻草、麦秆等这些原料经过制浆、成型、热压等工序制成的人造板称为纤维板。纤维板板面宽平，不易裂缝，不易腐朽虫蛀，有较高的压缩强度、弯曲强度和耐水性能，但冲击强度不如木板与胶合板，适宜做包装木箱挡板和纤维板桶等。软质纤维板结构疏松，具有保温、隔热、吸音等性能，一般作包装防震衬板用。

（四）金属

1. 金属包装材料性能特点

包装所用的金属材料主要指钢材和铝材，其形式为薄板和金属箔，前者为刚性材料，后者为柔性材料。

金属作为包装材料，具有以下优良的性能。

（1）金属非常牢固，强度高、碰不碎、不透气、防潮、防光，能有效地保护内装物品，用于食品包装能达到中长期保存，便于储存、携带、运输和装卸。

（2）金属有良好的延伸性，容易加工成型，制造工艺成熟，能连续化自动生产，其中钢板能镀上锌、锡、铬等，以提高其抗锈能力。

（3）金属表面有特殊的光泽，是增加包装美观性的重要因素。加上印铁工艺的发展，便于将商品装饰得外表华丽、美观、适销。

（4）金属易再生利用。

但是，金属材料在包装上的应用受到其成本高、能量消耗大、流通中易产生变形、化学稳定性差、易锈蚀等因素的限制。

2. 金属包装材料的种类

金属种类很多，但包装用的金属材料只有两类，即黑色金属和有色金属。黑色金属主要指铁、钢等，如薄钢板。有色金属包括铝板、合金铝板、铝箔和合金铝箔等。

3. 包装用主要金属材料

（1）薄钢板（黑铁皮）。薄钢板是普通低碳素钢的一种，尺寸规格一般为

900mm×1 800mm，1 000mm×2 000mm，厚度有 0.5mm，1mm，1.25mm，1.5mm 等。薄钢板具有较强的塑性与韧性，光滑而柔软，延伸率均匀，要求无裂缝、无皱纹等。主要用于制作桶状容器。

（2）镀锌薄钢板（白铁皮）。镀锌薄钢板是在酸洗薄钢板表面上经过热浸镀锌处理，表面镀有一层厚度为 0.02mm 以上的锌保护层，其尺寸规格为 900～1 800mm，厚度为 0.44～1mm，具有强度高、密封性能好等特点。作包装材料时，主要制作桶状容器，可盛装粉状、浆状和液状商品。

（3）镀锡薄钢板（马口铁）。镀锡钢板是将薄钢板放在熔融的锡液中热浸或电镀，将其表面镀上锡的保护层。用热浸法生产的镀锡钢板称为热镀锡板，用电镀法生产的镀锡板称为电镀锡板。镀锡钢板主要用于食品包装，如罐头等。

（4）镀铬薄钢板。镀铬薄钢板是在低碳薄钢板上镀铬，通常在以无水铬酸为主的溶液中进行。主要用于腐蚀性较小的啤酒罐、饮料罐及食品罐的底盖等，接缝采用熔接法和粘合法接合。

（5）铝合金薄板。铝合金薄板是铝镁、铝锰等合金经铸造、热轧、冷轧、退火、热处理和矫平等工序制成的薄板，具有轻便、美观、不生锈等优点，主要用于鱼类和肉类罐头的包装。

（6）铝箔。铝箔是由电解铝经压延而成，极富延展性，厚薄均匀，作为包装用的铝箔厚度均在 0.2mm 以下。铝箔从用途的不同可分为单独使用的铝箔；与纸、玻璃纸、塑料薄膜等复合使用的铝箔；在表面着色的铝箔，有表面覆膜的二次加工铝箔。铝箔具有优良的防潮性，保香性强，有漂亮的金属光泽，反射率强。铝箔主要用于食品包装（如巧克力和口香糖包装）香烟包装、药品包装，也用于照相、X 射线等感光胶片及机械零件、工具等的包装。

（五）玻璃、陶瓷

玻璃与陶瓷属于硅酸盐类材料。其主要特点有很强的耐腐蚀性能，强度较高，装潢、装饰性能好，因此广泛用于商业包装，起宣传、美化的作用。玻璃与陶瓷包装是指以普通或特种玻璃与陶瓷制成的包装容器。其包装形态是制成瓶、罐，陶瓷可制成较大的罐、坛。主要用于包装食品、饮料、酒类、药品等，也用于包装化学工业品。

1. 玻璃包装材料

玻璃作为传统的包装材料沿用至今，仍是现代包装的主要材料之一。玻璃以其本身的优良特性及玻璃制造技术的不断改进，仍能适应现代包装的需要。

1）玻璃包装材料的性能特点

（1）玻璃的保护性能优良，不透气，不透湿，有紫外线屏蔽性，化学稳定性高，无毒无异味，有一定强度，能有效地保存内装物。

（2）玻璃的透明性好，易于造型，具有特殊的美化商品的效果。

（3）玻璃可制成的品种规格多样，对产品商品化的适应性强。

（4）玻璃的强化、轻量化技术及复合技术已有一定发展，加强了对包装的适应性，尤其在一次性的包装材料中，玻璃材料有较强的竞争力。

（5）玻璃的原料资源丰富且便宜，价格较稳定。

（6）玻璃易于回收复用，易于再生，不会造成公害。

玻璃作为包装材料，存在着冲击强度低、碰撞时易破损、自身质量大、运输成本高、能耗大等缺点，限制了玻璃的应用。另外，玻璃有一定的耐热性，但不耐温度急剧变化的环境。

2）玻璃材料的种类

玻璃包装材料有普通瓶罐玻璃（主要是钙、镁、硅酸盐玻璃）和特种玻璃（如中性玻璃、石英玻璃、微晶玻璃、钠化玻璃等）。

3）玻璃材料的应用

玻璃用于运输包装，主要是指存装化工产品，如强酸类的大型容器，其次是指玻璃纤维复合袋在存装化工产品和矿物粉料上的应用；玻璃用于销售包装，主要是玻璃瓶和平底杯式的玻璃罐，用来存装酒、饮料、食品、药品、电学试剂、化妆品和文化用品等。

2. 陶瓷包装材料

1）陶瓷的性能

陶瓷的化学稳定性与热稳定性均好，能耐各种化学药品的侵蚀，热稳定性比玻璃好，在250~300℃时也不开裂，并耐温度剧变。不同商品包装对陶瓷的性能要求也不同，如高级饮用酒瓶（如茅台酒）要求陶瓷不仅机械强度高，密封性好，而且要求白度好，具有光泽。

包装用的陶瓷材料，主要是从化学稳定性和机械强度考虑的。

2）包装陶瓷的种类及应用

包装陶瓷主要有粗陶瓷、精陶瓷、瓷器和炻器四大类。

（1）粗陶瓷。粗陶瓷多孔，表面较为粗糙，带有颜色，不透明，并有较大的吸水率和透气性，主要用做缸器。

（2）精陶瓷。精陶瓷又分硬度精陶（长石精陶）和普通精陶（石灰质、镁、熟料质等)。精陶瓷较粗陶瓷精细，坯白色，气孔率和吸水率均小于粗陶瓷。它们常用做缸、罐和陶瓶。

(3) 瓷器。瓷器比陶瓷结构紧密均匀，坯均为白色，表面光滑，吸水率低，极薄瓷器还具有半透明的特性。主要用做瓷瓶，也有极少数瓷罐。

(4) 炻器。炻器是介于瓷器与陶器之间的一种陶瓷制品，有粗炻器和细炻器两种。主要用做缸、坛、沙锅等容器。

(六) 复合材料

为了避免各种包装材料的缺点，发挥各种包装材料各自的优点，将两种或两种以上的材料通过各种方法复合在一起制成复合材料，在包装领域已有广泛的应用。现在使用较多的是薄膜复合材料，其中主要有纸基复合材料、塑料基复合材料、金属基复合材料等。

七、包装技术

(一) 包装容器技术

1. 包装袋

包装袋是柔性包装中的重要技术，包装袋有较高的韧性、抗拉强度和耐磨性。一般的包装是一端预先封死，在包装结束后再封装另一端，包装操作一般采用充填操作。包装袋广泛适用于运输包装、商业包装、内装、外装，因而使用较为广泛。包装袋一般分成下述 3 种类型。

(1) 集装袋。集装袋是一种大容积的运输包装袋，盛装重量在 1t 以上。集装袋的顶部一般装有金属吊架或吊环等，便于铲车或起重机的吊装、搬运。卸货时可打开袋底的卸货孔即行卸货，非常方便，适于装运颗粒状、粉状的货物。

集装袋一般多用聚丙烯、聚乙烯等聚酯纤维纺织而成。由于集装袋装卸、搬运货物都很方便，装卸效率明显提高，近年来发展很快。

(2) 一般运输包装袋。一般运输包装袋的盛装重量是 0.5~100kg，大部分是由植物纤维或合成树脂纤维纺织而成的织物袋，或者由几层挠性材料构成的多层材料包装袋，如麻袋、草袋、水泥袋等。一般运输包装袋主要包装粉状、粒状和个体小的货物。

(3) 小型包装袋（或称普通包装袋）。小型包装袋盛装重量较小，通常用单层材料或双层材料制成，对某些具有特殊要求的包装袋也有用多层不同材料复合而成。包装范围较广，液状、粉状、块状和异型物等可采用这种包装。

上述几种包装袋中，集装袋适于运输包装，一般运输包装袋适于外包装及运输包装，小型包装袋适于内装、个装及商业包装。

2. 包装盒

包装盒是介于刚性包装和柔性包装两者之间的包装接术。包装材料有一定挠性，不易变形，有较高的抗压强度，刚性高于袋装材料。包装盒的包装结构是规则几何形状的立方体，也可裁制成其他形状，如圆盒状、尖角状，一般容量较小，有开闭装置。包装盒包装操作一般采用码入或装填，然后将开闭装置闭合。包装盒整体强度不大，包装量也不大，不适合用做运输包装，而适合用做商业包装、内包装，适合包装块状及各种异形物品。

3. 包装箱

包装箱是刚性包装技术中的重要一类，包装材料为刚性或半刚性材料，有较高强度且不易变形。包装结构与包装盒相同，只是容积、外形都大于包装盒，两者在容积上通常以10L为分界。包装操作主要为码放，然后将开闭装置闭合或将一端固定封死。包装箱整体强度较高，抗变形能力强，包装量也较大，适合做运输包装、外包装，包装范围较广，主要用于固体杂货包装。主要包装箱有以下几种。

（1）瓦楞纸箱。瓦楞纸箱是用瓦楞纸板制成的箱形容器。按瓦楞纸箱的外形结构分类，有折叠式瓦楞纸箱、固定式瓦楞纸箱和异形瓦楞纸箱三种。按构成瓦楞纸箱体的材料来分类，有瓦楞纸箱和钙塑瓦楞箱。

（2）木箱。木箱是流通领域中常用的一种包装容器，其用量仅次于瓦楞箱。木箱主要有木板箱、框板箱、框架箱三种。

①木板箱。木板箱一般用做小型运输包装容器，能装载多种性质不同的物品。木板箱作为运输包装容器具有很多优点，如有抗拒碰裂、溃散、戳穿的性能，有较大的耐压强度，能承受较大负荷，制作方便等。但木板箱的箱体较重，体积也较大，其本身没有防水性。

②框板箱。框板箱是先由条木与人造板材制成木箱框板，再经钉合装配而成。

③框架箱。框架箱是由一定截面的条木构成箱体的骨架，根据需要也可在骨架外面加木板覆盖。这类框架箱有两种形式，无木板覆盖的称为敞开式框架箱，有木板覆盖的称为覆盖式框架箱。框架箱由于有坚固的骨架结构，因此具有较好的抗震和抗扭性，有较大的耐压能力，而且其装载量大。

（3）塑料箱。塑料箱一般用做小型运输包装容器，其优点是：自重轻，耐蚀性好，可装载多种商品，整体性强，强度和耐用性能满足反复使用的要求，可制成多种色彩以对装载物分类，手握搬运方便，没有木刺，不易伤手。

（4）集装箱。集装箱是由钢材或铝材制成的大容积物流装运设备。从包装角度来看，也是一种大型包装箱，可归属于运输包装的类别之中，也是大型反复使用的周转型包装。

4. 包装瓶

包装瓶是瓶颈尺寸有较大差别的小型容器，是刚性包装中的一种。包装瓶的包装材料有较高的抗变形能力，刚性、韧性要求一般也较高，个别包装瓶介于刚性与柔性材料之间。瓶的形状在受外力时虽可发生一定程度的变形，但外力撤除后，仍可恢复原来瓶形。包装瓶结构是瓶颈口径远小于瓶身，且在瓶颈顶部开口。包装操作是填灌操作，然后将瓶口用瓶盖封闭。包装瓶的包装量一般不大，适合美化装潢，主要用做商业包装、内包装。包装瓶按外形可分为圆瓶、方瓶、高瓶、矮瓶、异形瓶等若干种，瓶口与瓶盖的封盖方式有螺纹式、凸耳式、齿冠式、包封式等。包装瓶主要包装液体、粉状货物。

5. 包装罐

包装罐是罐身各处横截面形状大致相同，罐颈短，罐颈内径比罐身内径稍小或无罐颈的一种包装容器，是刚性包装的一种。包装材料强度较高，罐体抗变形能力强。包装操作是装填操作，然后将罐口封闭，可用做运输包装、外包装，也可用做商业包装、内包装。包装罐主要有以下 3 种。

（1）小型包装罐。这是典型的罐体，可用金属材料或非金属材料制造，容量不大。一般用做销售包装、内包装，罐体可采用各种方式装潢美化。

（2）中型包装罐。外形也是典型罐体，容量较大。一般用做化工原材料、土特产的外包装，起运输包装作用。

（3）集装罐。这是一种大型罐体，有立式和卧式之分，外形有圆柱形、圆球形、椭球形等。集装罐往往是罐体大而罐颈小，采取灌填式作业，灌填作业和排出作业往往不在同一罐口进行，另设卸货出口。集装罐是典型的运输包装，适合包装液状、粉状及颗粒状货物。

（二）包装的保护技术

1. 防震保护技术

防震包装又称缓冲包装，在各种包装方法中占有重要的地位。产品从生产出来到开始使用要经过一系列的运输、保管、堆码和装卸过程，在任何环境中都会有力作用在产品上，并使产品发生机械性损坏。为了防止产品遭受损坏，就要设法减小外力的影响。所谓防震包装就是指为减缓内装物受到冲击和振动，保护其免受损坏所采取的一定防护措施的包装。防震包装主要有以下 3 种方法。

（1）全面防震包装方法。全面防震包装方法是指内装物和外包装之间全部用防震材料填满进行防震的包装方法。

（2）部分防震包装方法。对于整体性好的产品和有内装容器的产品，仅在产品或内包装的拐角或局部地方使用防震材料进行衬垫即可。所用包装材料主要有泡沫塑料防震垫、充气型塑料薄膜防震垫和橡胶弹簧等。

（3）悬浮式防震包装方法。对于某些贵重易损的物品，为了有效地保证在流通过程中不被损坏，外包装容器比较坚固，然后用绳、带、弹簧等将被装物悬吊在包装容器内，从而减少损坏。

2. 防破损保护技术

缓冲包装有较强的防破损能力，因而是防破损包装技术中较有效的方法之一。此外，还可以采取以下几种防破损保护技术。

（1）捆扎及裹紧技术。捆扎及裹紧技术的作用是使杂货、散货形成一个牢固整体，以增加整体性，便于处理及防止散堆来减少破损。

（2）集装技术。利用集装，减少与货体的接触，从而防止破损。

（3）选择高强保护材料。通过外包装材料的高强度来防止内装物受外力作用破损。

3. 防锈包装技术

（1）防锈油防锈蚀包装技术。大气锈蚀是空气中的氧、水蒸气及其他有害气体等作用于金属表面引起化学作用的结果。如果使金属表面与引起大气锈蚀的各种因素隔绝（即将金属表面保护起来），就可以达到防止金属被大气锈蚀的目的。防锈油包装技术就是根据这一原理将金属涂封防止锈蚀的。用防锈油封装金属制品，要求油层要有一定的厚度，油层的连续性好，涂层完整。不同类型的防锈油要采用不同的方法进行涂覆。

（2）气相防锈包装技术。气相防锈包装技术就是用气相缓蚀剂（挥发性缓蚀剂），在密封包装容器中对金属制品进行防锈处理的技术。气相缓蚀剂是一种能减慢或完全停止金属在侵蚀性介质中的破坏过程的物质，它在常温下就具有挥发性。在密封包装容器中，它在很短的时间内挥发或升华出的缓蚀气体能充满整个包装容器内的每个角落和缝隙，同时吸附在金属制品的表面上，从而起到抑制大气对金属锈蚀的作用。

4. 防霉腐包装技术

在运输包装内装运食品和其他有机碳水化合物货物时，货物表面可能生长霉菌，在流通过程中如遇潮湿，霉菌生长繁殖极快，甚至伸延至货物内部，使其腐烂、发霉、变质，因此要采取特别防护措施。

包装防霉烂变质的措施，通常是采用冷冻包装、真空包装或高温灭菌方法。冷冻包装的原理是减慢细菌活动和化学变化的过程，延长储存期，但不能完全消除食品的变质。高温杀菌法可消灭引起食品腐烂的微生物，可在包装过程中用高温处理防霉。有些经干燥处理的食品包装，应防止水汽浸入以防霉腐，可选择防水汽和气密性好的包装材料，采取真空和充气包装。

真空包装法也称减压包装法或排气包装法。这种包装可阻挡外界的水汽进入包装容器内，也可防止在密闭的防潮包装内部存有潮湿空气，在气温下降时结露。采用真空包装法，要注意避免过高的真空度，以防损伤包装材料。

防止运输包装内货物发霉，还可使用防霉剂。防霉剂的种类甚多，用于食品的必须选用无毒防霉剂。

机电产品的大型封闭箱，可酌情开设通风孔或通风窗等相应的防霉措施。

5. 防虫包装技术

防虫包装技术，常用的是驱虫剂，即在包装中放入有一定毒性和臭味的药物，利用药物在包装中挥发气体杀灭和驱除各种害虫。常用驱虫剂有萘、对位二氯化苯、樟脑精等；也可采用真空包装、充气包装、脱氧包装等技术，使害虫无生存环境，从而防止虫害。

6. 危险品包装技术

危险品有上千种，按其危险性质可分为十大类，即爆炸性物品、氧化剂、压缩气体和液化气体、自燃物品、遇水燃烧物品、易燃液体、易燃固体、毒害品、腐蚀性物品、放射性物品等。有些物品同时具有两种以上危险性能。

对有毒商品的包装要明显地标明有毒标志。防毒的主要措施是包装严密不漏、不透气。例如，重铬酸钾（红矾钾）和重铬酸钠（红矾钠）为红色带透明结晶，有毒，应用坚固桶包装，桶口要严密不漏，制桶的铁板厚度不能小于1.2mm。对有机农药一类的商品，应装入沥青麻袋，缝口严密不漏；若用塑料袋或沥青纸袋包装的，外面应再用麻袋或布袋包装。杀鼠剂——磷化锌有剧毒，应用塑料袋严封后再装入木箱，箱内用两层牛皮纸、防潮纸或塑料薄膜衬垫，使其与外界隔绝。

对有腐蚀性的商品，要注意商品和包装容器的材质发生化学变化。金属类的包装容器，要在容器壁涂上涂料，防止腐蚀性商品对容器的腐蚀。例如，包装合成脂肪酸的铁桶内壁要涂有耐酸保护层，防止铁桶被商品腐蚀而导致商品变质；氢氟酸是无机酸性腐蚀物品，有剧毒，能腐蚀玻璃，不能用玻璃瓶作包装容器，应装入金属桶或塑料桶，然后装入木箱；甲酸易挥发，其气体有腐蚀性，应装入良好的耐酸坛、玻璃瓶或塑料桶中，严密封口，然后装入坚固的木箱或金属桶中。

对黄磷等易自燃商品的包装，应将其装入壁厚不少于1mm的铁桶中，每桶净重不超过50kg，桶内壁须涂耐酸保护层，桶内盛水，并使水面浸没商品，桶口严密封闭。对于遇水引起燃烧的物品如碳化钙，遇水即分解并产生易燃乙炔气，对其应用坚固的铁桶包装，桶内充入氮气。如果桶内不充氮气，则应装置放气活塞。

对于易燃、易爆商品，其防爆炸包装的有效方法是采用塑料桶包装，然后将塑料桶装入铁桶或木箱中，每件净重不超过50kg，并应有自动放气的安全阀，当桶内达到一定气体压力时，能自动放气。

7. 特种包装技术

（1）充气包装。充气包装是采用二氧化碳气体或氮气等不活泼气体置换包装容器中空气的一种包装技术方法，因此也称为气体置换包装。这种包装方法是根据好氧性微生物需氧代谢的特性，在密封的包装容器中改变气体的组成成分，降低氧气的浓度，抑制微生物的生理活动、酶的活性和鲜活商品的呼吸强度，达到防霉、防腐和保鲜的目的。

（2）真空包装。真空包装是将物品装入气密性容器后，在容器封口之前抽出空气，使密封后的容器内基本没有空气的一种包装方法。一般的肉类商品、谷物加工商品，以及某些容易氧化变质的商品都可以采用真空包装。真空包装不但可以避免或减少脂肪氧化，而且抑制了某些霉菌和细菌的生长。同时在对其进行加热杀菌时，由于容器内部气体已排除，因此加速了热量的传导，提高了高温杀菌效率，也避免了加热杀菌时，由于气体的膨胀而使包装容器破裂。

（3）收缩包装。收缩包装就是用收缩薄膜裹包物品（或内包装件），然后对薄膜进行适当加热处理，使薄膜收缩而紧贴于物品（或内包装件）的包装技术方法。收缩薄膜是一种经过特殊拉伸和冷却处理的聚乙烯薄膜，由干薄膜在定向拉伸时产生残余收缩应力，这种应力受到一定热量后便会消除，从而使其横向和纵向均发生急剧收缩，同时使薄膜的厚度增加。收缩薄膜的收缩率通常为30%~

70%，收缩力在冷却阶段达到最大值，并能长期保持。

（4）拉伸包装。拉伸包装是20世纪70年代开始采用的一种新包装技术，它是由收缩包装发展而来的。拉伸包装是依靠机械装置在常温下将弹性薄膜围绕被包装件拉伸、紧裹，并在其末端进行封合的一种包装方法。由于拉伸包装不需进行加热，所以消耗的能源只有收缩包装的1/20。拉伸包装可以捆包单件物品，也可用于托盘包装之类的集合包装。

（5）脱氧包装。脱氧包装是继真空包装和充气包装之后出现的一种新型除氧包装方法，它是在密封的包装容器中，使用能与氧气起化学作用的脱氧剂与之反应，从而除去包装容器中的氧气，以达到保护内装物的目的。脱氧包装方法适用于某些对氧气特别敏感的物品和即使有微量氧气也会促使品质变坏的食品包装中。

八、包装合理化

（一）包装合理化的概念

包装合理化是物流合理化的组成部分，从现代物流观点看，包装合理化不单是包装本身的合理与否的问题，而是整个物流合理化前提下的包装合理化。

包装合理化一方面包括包装总体的合理化，这种合理化往往用整体物流效益与微观包装效益的统一来衡量；另一方面也包括包装材料、包装技术、包装方式的合理组合及运用。

（二）常见的不合理包装的表现形式

1. 包装不足

包装不足主要指以下几个方面：

（1）包装强度不足。包装强度与包装堆码、装卸搬运有密切关系，强度不足，使物流中性能不足，造成被包装物在物流环节中破损。

（2）包装材料不能承担防护作用。物流包装材料的选择应遵循以下原则。

①包装材料应与包装物相适应，在满足功能的基础上尽量降低材料费；

②包装器材与包装类别相协调，物流包装注重包装防护及物流环节的方便性，常用的器材有托盘、集装箱、木箱等；

③包装器材与流通条件相适宜。

（3）包装容器的层次及容积不足。

（4）包装成本过低，不能有效地包装。

2. 物流包装过剩

物流包装过剩主要是指：包装强度设计过高；包装材料过高；包装技术过高；包装层次过高，体积过大；包装成本过高。

（三）合理商品包装

对合理商品包装，可以从不同角度来分析，但是商品包装合理与否，都是围绕商品包装的使用价值而展开的。

1. 合理包装的概念

从商品包装的目的来看，由于商品包装要适应社会商品再生产，保证商品从生产到消费的转移，这样可以认为合理商品包装是能适应和克服流通和销售过程中的各种障碍，是在极限成本范围内的最好的包装。

从商品包装的社会经济效益来看，合理商品包装应能适应商品经济发展而不断优化，从而取得最优的社会经济效益的包装。

从商品包装的功能来看，合理商品包装应是能依靠科学技术的发展，充分发挥包装实体的有用功能，尽量缩小和消除包装实体无用功能的包装。

合理商品包装是相对的，它必然是随商品流通销售环境变化和包装科学技术进步而不断改进和发展，在这一时间断层的合理包装，在下一个时间断层可能就不是合理的包装。

2. 包装合理种类

按照商品包装的合理状况及企业的责任，可把各种商品包装归纳为若干类别，具体如表 4-4 所示。

表 4-4　商品包装类别和企业责任

类　别	企业责任
前景合理包装	努力目标
现状合理包装	现状的适应
过分包装	努力不够
过弱包装	努力不够
夸大包装	不负责任
缺陷包装	不负责任

（1）前景合理包装是一种能适应商品流通销售合理前景的包装。这种包装是在商品流通销售环境实现合理化的前提下能实现的合理包装。它能取得最佳的社会经济效益，但需要商品流通销售系统的改进。

（2）现状合理包装是一种能适应现实商品流通销售条件的包装。它是在掌握商品流通销售实况后，制定出来的适合现状的包装；它是经过积极努力，以积累的技术经验为基础制定出来的。所以，现状合理包装对现状来说是最佳的。但是它受到商品流通销售现状不合理性的限制，必然会在不同方面存在一些问题。

（3）过分包装和过弱包装都是因经营者努力不够造成的。过分包装最终会导致包装成本增大而遭到损失；过弱包装会在流通销售过程中发生事故，造成损失，而使企业信誉受损。

（4）夸大包装和缺陷包装是因经营者不负责任的经营态度造成的。这两类包装都会在大范围内造成损失。

（四）评价包装合理性的基本原则

根据商品包装使用价值理论和合理包装的基本含义，评价商品包装的合理性可遵循以下 3 个基本原则。

1. 符合国情原则

评价商品包装是否合理，从宏观上应遵循的原则是看它是不是符合国情，也就是说看它是否符合一个国家的实际商品生产、流通、销售条件，包括技术条件、设备情况、经营水平和经营方式等；是否符合企业间公平竞争的要求；是否符合广大消费者的消费特点，包括消费水平、消费结构、消费观念等；是否符合一个国家的资源条件，包括政治制度、文化水准等。当然也要看它是否符合有关包装的法规和有关政策，因为包装法规和有关政策是根据国情制定出来的。

2. 满足消费者消费商品的需要原则

评价商品的包装合理与否，从微观上应遵循的原则是看它是否满足消费者消费商品的需要。包装是商品的附加物，它的最终目的可归结为满足消费者消费商品的需要，更何况有的商品包装的效用直接与商品消费有关。可以这样说，评价包装是否合理，就看它是不是满足消费者消费商品的物质、精神和经济三方面的需要，否则商品包装就失去了存在的前提，因为没有消费者的需要的满足，就不可能有各类企业的经济效益乃至社会的整体效益。

3. 取得最佳社会经济效益原则

评价商品包装合理与否，要看它是否取得了最佳的社会经济效益。从合理包装理论可知，合理包装的效益应是在当时环境条件下最佳的，也是上述符合国情和满足消费者消费需要的必然结果。当然，效益是指所有的社会经济效益，包括社会整体、企业、个人三方面所取得的效益。

（五）对合理商品包装的具体要求

从多个角度来考察，合理商品包装应满足多方面的要求，它们应包括下列7个方面。

（1）包装应妥善保护其内装的商品，使其质量不受损伤。这就要制定相应的适宜标准，使包装的强度恰到好处地保护商品质量免受损伤，除了要在运输装卸时经得住冲击、震动之外，还要具有防潮、防燥、防水、防霉、防锈等功能。

（2）包装材料和包装容器应当安全无害。包装材料要避免有害物质，包装容器的造型要避免对人体造成伤害。

（3）包装的容量要适当，以便于零售单位销售包装的容量一方面要适应商品的消费，使得商品在消费中不致造成不必要的损失；另一方面，同一类商品的包装容量不应千差万别，以致造成客户难以判断商品的贵贱。

（4）包装容器的内装物要有贴切的标志或说明。商品包装物上关于商品质量的规格等标志说明，一定要便于客户识别和选择，要能贴切地表示内装物的性状，不得言过其实，欺骗客户，妨碍企业间的正常竞争。

（5）包装内商品空闲空间不应过大。为了保护内装商品，不可避免会使内装商品的外围产生某种程度的空闲容积，但合理包装应要求空闲容积减少到最低限度，使客户产生包装商品容量很大的错觉的“过大包装”是不允许的。

（6）包装费用要与内装商品相适应。包装费用应包括包装本身的费用和包装作业的费用。包装费用必须与内装商品相适应，但不同商品对包装要求不同：为满足人们心理要求的馈赠商品和满足日常需要的日用商品，就要采用不同的包装方式，所以包装费用的比率是不相同的，且很难提出一个统一的具体要求。一般来说，对于普通商品，包装费应低于商品售价的7%，这只是一个平均指标，不是说高了就一定不合理，低了就一定合理。例如，有些包装（如金属罐）作用大，实际已成为商品的一部分，包装费用的比率超过7%也应是合理的，又如手纸的包装，作用小，包装费用比率不超过7%，仍然有不合理的可能。

（7）包装要便于废弃物的治理。应设法减少包装废弃物数量，在制造和销售商品时，应注意包装容器应便于处理。近年来广泛被使用的一次性包装和轻型塑料包装材料，消费者用过之后就随手扔掉，从方便生活和节约人力角度来看，是现代包装的发展方向，但产生了大量难以处理的垃圾，带来了环境污染问题。

九、包装标准化

销售包装是为流通和销售服务的，而运输包装（物流包装）则是完全为流通服务的。为了降低商品在流通环节的损耗，提高流通效率，降低流通成本，需要对包装进行标准化。包装标准化就是围绕着具体实现包装的科学、合理化而制定的各类标准，它是以包装为对象开展标准化活动的全过程。探求包装标准化是商品包装使用价值研究的目标之一，也是商品包装经营管理现代化的一个重要标志。

包装标准一般由概述、正文和补充三部分构成。

概述部分是各类标准都具有的。标准的封面、首页及以后各页的格式、字号、字体，均应符合《标准化工作导则：产品包装标准的编写规定》。条文不多的标准可以不写在目录里。

技术内容部分是标准的核心。标准的名称应能简单明确地表示标准的主题；引言包括标准的适用范围；名词、术语、符号和代号在同一标准中要前后统一，与其他有关标准中的规定也应一致，同一术语、符号应始终用来表达同一概念；技术要求是保证产品的使用性能而对制造质量所作的规定，是决定产品质量和使用特性的关键性指标，包括对材料要求、使用性能、耗能指标、外观与工艺要求等。

包装标准是整个包装行业都应共同遵守的法规，它所涉及的范围包括：包装术语标准、包装标志标准、包装系列尺寸标准、运输包装件试验方法标准、防护包装技术标准、包装材料试验方法标准、包装容器及试验方法标准和包装管理标准。

1. 包装术语标准

包装术语的标准是有关一般包装的术语和定义的规定。目前已建立的如下。

包装术语基础（GB/T 4122. 1—1996）

包装术语机械（GB/T 4122. 2—1996）

包装术语防护（GB/T 4122. 3—1997）

包装术语木容器（GB 7285—93）

包装术语菱镁混凝土容器（GB/T 13039—1991）

包装术语金属容器（GB/T 13040—1991）

包装术语印刷（GB/T 13483—1992）

包装术语工业包装袋纸袋标准（GB/T 17858. 1—1999）

包装术语工业包装袋热塑性塑料软质薄膜袋标准（GB/T 17858.2—1999）

正在组织制定的有包装装潢术语标准、纸容器包装术语标准、塑料容器包装术语标准、玻璃容器包装术语标准等。

2. 包装标志标准

包装标志标准是为在流通过程中保护货物及搬运者的安全，对普通货物和危险货物所规定的指示性图示和标志。目前已建立的如下。

危险货物包装标志标准（GB 190—1990）

包装储运图示标志标准（GB 191—1990）

运输包装收发货标志标准（GB/T 6388—1986）

货物类型、包装类型和包装材料类型代码（GB/T 16472—1996）

对辐射能敏感的感光材料运输包装图示标志标准（GB 5892—86）

3. 包装系列尺寸标准

包装系列尺寸标准是为了使流通合理化，对体系化的直方体包装或圆柱体包装所规定的底面尺寸。目前已建立的如下：

硬质直方体运输包装尺寸系列（GB/T 4892—1996）

圆柱体运输包装尺寸系列（GB/T 13201—1997）

袋类运输包装尺寸系列（GB/T 13757—1992）

包装单元货物尺寸（GB/T 15233—1994）

运输包装件尺寸界限（GB/T 16471—1996）

集装袋运输包装尺寸系列（GB/T 17448—1998）

4. 运输包装件试验方法标准

运输包装件基本试验方法标准是为了避免包装货物因物流环境作用而损失，对运输包装件所制定的一系列模拟物流环境的试验方法。目前已建立的如下。

包装运输包装件试验时各部位的标示方法（GB/T 4857.1—1992）

包装运输包装件温湿度调节处理（GB/T 4857.2—1992）

包装运输包装件静载荷堆码试验方法（GB/T 4857.3—1992）

包装运输包装件压力试验方法（GB/T 4857.4—1992）

包装运输包装件跌落试验方法（GB/T 4857.5—1992）

包装运输包装件滚动试验方法（GB/T 4857.6—1992）

包装运输包装件正弦定额振动试验方法（GB/T 4857.7—1992）

包装运输包装件六角滚筒试验方法（GB/T 4857.8—1992）

包装运输包装件喷淋试验方法（GB/T 4857.9—1992）

包装运输包装件正弦变频振动试验方法（GB/T 4857.10—1992）

包装运输包装件水平冲击试验方法（GB/T 4857.11—1992）

包装运输包装件浸水试验方法（GB/T 4857.12—1992）

包装运输包装件低气压试验方法（GB/T 4857.13—1992）

包装运输包装件倾翻试验方法（GB/T 4857.14—1992）

包装运输包装件可控水平冲击试验方法（GB/T 4857.15—1992）

运输包装件基本试验采用压力试验机的堆码试验方法（GB/T 4857.16—1992）

包装运输包装件编制性能试验大纲的一般原理（GB/T 4857.17—1992）

包装运输包装件编制性能试验大纲的定量数据（GB/T 4857.18—1992）

包装运输包装件流通试验方法（GB/T 4857.19—1992）

包装运输包装件碰撞试验方法（GB/T 4857.20—1992）

包装运输包装件防霉试验方法（GB/T 4857.21—1992）

包装运输包装件单元货物稳定性试验方法（GB/T 4857.22—1992）

大型运输包装件试验方法（GB/T 5398—1999）

软包装件密封性能试验方法（GB/T 15171—1994）

运输包装件抽样试验（GB/T 15172—1994）

5. 防护包装技术标准

防护包装技术标准是为了保护货物免遭物流环境作用而损失，对包装的一些特殊技术和方法所作的种种规定。目前已建立的如下。

防霉包装（GB/T 4768—1995）

防锈包装（GB/T 4879—1999）

防潮包装（GB/T 5048—1999）

防水包装（GB/T 7350—1999）

防护用内包装材料（GB/T 12339—1990）

气相防锈包装材料选用通则（GB/T 14188—1993）

6. 包装材料试验方法标准

包装缓冲材料蠕变特性试验方法（GB/T 14745—1993）

包装材料试验方法相容性（GB/T 16265—1996）

包装材料试验方法接触腐蚀（GB/T 16266—1996）

包装材料试验方法气相缓蚀能力（GB/T 16267—1996）

包装材料试验方法透湿率（GB/T 16928—1997）

包装材料试验方法透油性（GB/T 16929—1997）

7. 包装容器及试验方法标准

包装容器钢桶（GB/T 325—1991）

瓦楞纸箱（GB/T 6543—1986）

框架木箱（GB/T 7284—1998）

塑料编织袋（GB/T 8946—1998）

复合塑料编织袋（GB/T 8947—1998）

普通木箱（GB/T 12464—1 990）

包装容器竹胶合板箱（GB/T 13144—1991）

包装容器钢提桶（GB/T 13252—1991）

包装容器纸桶（GB/T 14187—1993 ）

包装容器 3～10t 柔性集装袋（GB/T 14461—1993）

包装容器工业用薄钢板圆罐（GB/T 15170—1994）

包装容器固碱钢桶（GB/T 15915—1995）

包装容器重型瓦楞纸箱（GB/T 16717—1996）

包装容器方桶（GB/T 17343—1998）

硬包装容器透湿度试验方法（GB/T 6981—1986）

软包装容器透湿度试验方法（GB/T 6982—1986）

包装容器气密试验方法（GB/T 17344—1998）

8. 包装管理标准

包装管理标准是对包装质量、设计、回收等管理工作而做出的各种规定。目前已建立包装管理标准如下。

包装容器质量保证体系标准（GB/T 12121—1989）

产品包装质量保证体系标准（GB/T 1 2122—1989）

销售包装设计程序标准（GB/T 12123—1989）

包装标准化经济效果的评价和计算方法标准（GB/T 857—1989 ）

此外，还有正在组织制定的有包装回收利用和废弃处理标准、包装抽样检查及判定规则标准、运输包装设计程序标准等。

十、绿色包装

（一）绿色包装的概念

绿色包装（Green Package）是指可以回收利用的、不会对环境造成污染的包装，其内涵为资源的再生利用和生态环境的保护。绿色包装从实质上来说就是在包装产品的生命周期中首先考虑环保因素的一种生产模式。追根溯源地讲，绿色包装应该属于绿色制造的一个研究分支，其思路是最大限度地减少对环境的负面影响和污染，同时使原材料和能源的利用率达到最高，实现可持续发展。采用绿色包装，需要考虑它的整个生成过程，可将绿色包装分成6个组成部分：绿色设计、绿色管理、绿色设备、绿色运输、绿色工艺和绿色材料。

这里的“设计”是广义的，它不仅包括产品的材料选择设计，也包括产品工艺、制造、包装、运输、使用及产品最终处理的设计。绿色设计在很大程度上决定了材料、工艺、包装和产品寿命终结后处理的绿色性。绿色包装具有以下特点。

（1）材料最省，废弃物最少，且节省资源和能源，即绿色包装在满足包装的基本功能如保护功能、方便功能、促销功能的条件下，应是使用材料最少而又文明的适度包装。

（2）易于回收利用和再循环。

（3）包装材料可自行降解且降解周期短。

（4）包装材料对人体和生物系统应无毒无害，这主要是要求包装材料中不含有毒物质或将其含量控制在有关标准以下。

（5）包装产品在其生命周期全过程中，均不应产生环境污染，即包装产品从原材料采集、材料加工产品制造、使用废弃物回收再生等均不产生环境污染。

（二）绿色包装材料

纸、玻璃、塑料和金属是现代包装的四大支柱。纸和塑料在日常生活中应用比较广泛。

1. 轻量化、薄型化、无氟化、高性能的包装材料

其主要是对现有的包装材料进行开发、深加工，在保证实现产品包装基本功能的基础上，改革过分包装，发展适度包装，尽量减少使用包装材料，降低包装成本，减少包装材料废弃物的产生量。例如，采用新型的纸质材料部分地代替金属包装材料，可代替马口铁罐，作为涂料、小五金、黄油等的包装容器。

2. 重复利用或再生的包装材料

包装材料的重复利用或再生利用是现阶段发展绿色包装材料最切实可行的一步，如啤酒、饮料、酱油、醋等玻璃瓶的多次重复使用，瑞典等国家实行聚酯PET饮料瓶和PC奶瓶的重复使用（可达20次以上）。再生利用是解决固体废弃物的好方法，并且在部分国家已成为解决材料来源，缓解环境污染的有效途径。

3. 可食性包装材料

可食性包装材料以其原料丰富、可以食用、具有一定强度等特点，在近几年获得了迅速发展。可食性包装材料现已广泛地应用于食品、药品等的包装。可食性包装材料的原料主要有淀粉、蛋白质、植物纤维和其他天然物质。

4. 可降解塑料包装材料

发展可降解塑料包装材料，逐渐淘汰不可降解的塑料包装材料，是目前世界范围内包装业发展的必然趋势，是材料研究与开发的热点之一。可降解塑料可广泛用于食品包装、周转箱、杂货箱、工具包装及部分机电产品的外包装箱。可降解塑料包装材料既具有传统塑料的功能和特性，又可在完成使用寿命以后，通过土壤和水的微生物作用及阳光中紫外线的作用，在自然环境中分裂降解和还原，最终以无毒形式重新进入生态环境中。可降解塑料一般可分为生物降解塑料、生物分裂塑料、光降解塑料和生物/光双降解塑料。

5. 利用自然资源开发的天然生物包装材料

塑料、玻璃和金属等包装材料的废弃物已成为污染环境的重要因素，并且因资源不可再生，能源消耗大而导致生产成本高。而用于包装的天然生物材料如木材、竹编材料、木屑、麻类、柳条、芦苇及农作物茎秆、稻草、麦秸等均在自然环境中极容易分解，不污染生态环境，而且成本较低。

6. 纸包装

纸包装具有以下很多优点，有很大的发展前途。

（1）防腐。掺入方晶石和活性炭制造的纸张，可以制造运输鲜花的瓦楞纸箱，它能吸收导致鲜花腐败的硫化氢。

（2）防菌。在制造天然纸浆时注入无菌气体的纸张，具有防止细菌侵入的功能，可用于医疗器具的包装。

（3）防氧化。采用弱碱打浆制造的纸张，能保护字画和书籍在酸性环境中不受侵蚀。

（4）防湿。浸涂过蜡的纸张可以提高防湿性能，可以制造果树育苗用的防雨袋、防露袋。

（5）防臭。将多孔无机物和有机黄酮醇一起制成的纸板，能吸收氨类等异臭。

（6）耐热。采用经过特殊处理的纸浆制成的纸板，有良好的耐热性和吸水蒸气性能，可用做微波食品的包装盒。

（7）耐火。由氢氧化铝和天然纸浆混合制造，或用磷酸化纸浆和玻璃纤维混合制成的纸张，具有良好的耐燃效果。

（三）绿色包装关键技术

绿色包装的关键技术有以下几点。

1. 并行工程

传统包装设计是串行开环设计，而绿色包装设计要求产品生命周期的各个阶段必须能够并行考虑，这就要求并行工程技术提供支持，其实在诸如虚拟制造、敏捷制造乃至网络化制造等先进制造模式中，并行工程（Concurrent Engineering，CE）技术都是其中的关键技术之一。CE 的战略目标是实现 CAD/CAM/CIM 与制造的结合，在包装产品设计时就考虑制造问题，从而删除包装设计和制造环节许多不增值的活动，使系统能快速响应市场需求的变化。

2. 快速原型技术

原型是产品的最初形式，不必具有最终产品的所有特性，只需具有进行产品某些方面（如形象的、物流的、功能的）测试所需的关键特性。借助于计算机快速原型技术能减少产品开发时间和设计阶段的不增值活动，因此快速原型技术（Rapid Prototype Technology）是绿色包装的关键技术之一。

3. 虚拟现实技术

虚拟现实技术（Virtual Reality Technology）中的虚拟制造技术是在产品真正制造出之前，首先在虚拟制造环境中生成软产品原型代替传统的硬样品进行试验，对其性能和制造性进行预测和评价，从而缩短包装产品的设计与制造周期，降低产品的开发成本，提高快速响应市场变化的能力。

4. 绿色材料技术

目前，绿色包装的研究在某种程度上来说就是包装材料的可重复利用性及可降解性的研究，所以绿色材料技术（Green Material Technology）是绿色包装顺利实施的关键。因此就要提倡研究并开发多样化的绿色包装材料。

绿色材料不仅仅是容易处理的纸质材料，还包括可降解的塑料、铝包装，甚至还有可食用包装。从产品的生命周期上来看，纸包装并非就是完全意义上的“绿色包装”。因为造纸业对环境污染较严重，虽然可回收，但每次回收制成的再生纸却会降低质量等级。而现在广泛使用的塑料，其包装功能暂不能被其他材料所替代，只要攻克不可降解的技术难关，塑料就能成为新世纪最重要的绿色材料。

5. 绿色工艺

绿色工艺（Green Technique）可以从两个方面加以理解，首先是绿色的包装工艺，也就是在产品包装的过程中强调环境的因素，将环保的理念运用于其中，这是包装工艺研究的一个热点。其次就是绿色制造工艺，绿色制造工艺首先是一种先进制造工艺，而先进制造工艺是任何一种制造模式的基础，是实现产品生产的基础，开展先进生产工艺方面的研究一直是企业界最为关心的课题，先进制造工艺主要包括：

①少（无）余量精密成型技术；

②精密、超精密加工技术；

③新型材料的成型和加工技术；

④构件或材料间的联结技术；

⑤表面新技术。

6. 思考与练习

1. 简述包装在物流中的地位与作用。
2. 试述包装的效用。
3. 在包装材料中，纸及纸制品的特点是什么？
4. 包装的保护技术有哪些？请简要说明之。
5. 包装标准涉及的范围包括哪些？

第四节　相关案例分析

案例：某食品企业包装管理创新案例分析

一、某食品企业包装管理创造新价值

1. 某食品企业基本情况

某食品企业是一家生产酱醋调味食品的民营企业，是在 1998 年收购了一家

乡镇集体企业的基础上发展起来的，到2001年，企业资产达到1500万元，年产值达5000万元，实现利税760万元，现有员工170人，走上了快速发展道路。

2. 某食品企业包装管理问题的发现

1998年收购乡镇集体企业后，经营者组织了对经营性亏损原因的排查，其结果，包装管理列在市场营销管理之后，成为第二大原因。表现为一是包装成本高。原企业年产量200万瓶，包装成本高达318万元，平均每瓶包装成本达1.59元，企业全年包装成本约占总销售额的45%；二是包装价值低。由于包装装潢设计效果差，包装材质差，导致高质量产品只能低价销售且缺乏竞争力；三是缺乏包装管理。企业没有专人负责包装，把采购包装看成肥缺，轮流做庄，导致包装采购成本高，在使用包装时没有责任人和责任制度，包装损坏现象普遍。

经营者在深入分析后认为，包装管理成为企业发展的重要一环，无论是从市场促销角度，还是从企业内部管理角度，都非常明显地反应包装管理是一个重要的问题，也是一个重要的突破口。

3. 某食品企业包装管理的主要措施和效果

经营者下定决心狠抓企业包装管理，采取了以下五个主要措施。

(1) 建立专门组织体系，统一企业包装管理。该企业设立包装管理小组，由厂长亲任组长，小组成员包括财务、采购、生产和销售部门的人员，这些人员是企业生产经营各个环节的包装管理者。

(2) 制定明确规范的包装管理制度，让每个包装管理者和使用者都有明确的目标和责任，并通过合理的奖励方法，调动企业员工做好包装管理的积极性。

(3) 进行包装装潢的招标设计，提升企业包装价值。该企业先后两次公开进行包装的招标设计。第一次包装设计主要是瓶贴和包装箱的设计，改变了产品销售中的包装形象，提升了产品销售价格，有力地促进了销售；第二次包装设计主要是瓶型和瓶盖、瓶胶套的设计，提高了包装使用的便利程度，强化了企业特色产品形象，进一步促进了产品销售。在包装设计之前，产品销售均价只能达到3.50元/瓶，且销售不畅；而重新设计后，产品销售均价达到4.00元/瓶，高档品达到8.00元/瓶，且销售顺畅。

(4) 采取包装采购联审方法，不断降低包装采购成本。企业改变过去包装采购一人决定的办法，实施包装采购由销售、生产、财务、采购部门包装管理人员联审方法。销售部门提出包装的质量要求、数量预测和价格要求，生产部门提出包装的存货管理、交货时间要求与包装检验，财务部门提出成本控制与资金运作安排意见，采购部门负责供应商选择与采购谈判，确保采购包装的质量符合企业需要，并不断降低成本。采用联审方法，虽然操作复杂些，但是效益很明显。如以前每个包装瓶的成本在不包括运费的情况下高达0.60元/个；现在，在提高包装材质和加工要求，包括运送到厂费用的情况下，每个包装瓶的成本降到0.53元/个，按企业全年使用1200万个包装瓶计算，创造包装价值84万元。

（5）针对不同包装需要，进行包装分类管理。企业把包装分成四种不同类型进行管理。礼品包装、超市运转包装、普通包装、促销包装。礼品包装精心设计，提升价值；普通包装重视适用性，注意及时改进；促销包装注意品牌形象；超市运转包装注重回收利用，降低包装成本。例如，促销包装箱采用彩色印刷，每个包装箱颜色鲜艳醒目，有利于品牌形象宣传；而普通包装让利于消费者，包装箱采用黑白印刷，每个包装箱节约1.2元；超市运转包装采用塑料材质，更有利于运转和重复使用。

4. 某企业包装管理的发展

该企业在强化包装管理的过程中，创造了包装的新价值，有力推动了企业的发展。该企业总结经验，不断完善企业包装管理，提高包装的技术含量：引进现代先进技术和设备，调整企业产品包装以玻璃瓶为唯一包装的结构，把玻璃瓶、塑料瓶、复合纸盒、陶瓷等材质用于产品包装；提出发展和应用绿色包装，设计新的运销模式，逐步减少和不用包装（包装集成化）进行销售；积极运用现代信息技术，完善企业包装管理运作体系，提高运作效率。

二、某食品企业包装管理创造新价值的特点与启示

1. 某食品企业包装管理的特点

（1）做好包装管理问题分析，形成正确的决策。该企业包装管理的关键就在于准确把握问题的科学分析以及对改进包装管理采取有效措施的决策。尤其值得注意的是把包装管理问题放在企业整个管理体系中进行思考和分析，抓住了问题的实质，才能采取得力措施，最终顺利解决包装管理问题。

（2）系统地推进企业包装管理改革和发展。不仅系统地分析企业包装问题，而且采取系统的方法，有计划有步骤地解决企业包装管理问题。从组织和制度上落实和加强企业包装管理的战略思想，从包装设计和包装管理流程上确定管理的标准和要求，从具体操作上实施分类管理降低包装管理成本，形成包装管理的顺序推进。

（3）应用科学技术提高企业包装管理绩效。该企业注重在包装管理中积极引入现代科学技术，从包装材质、包装设备、包装管理方面进行科学改进，有效

提高企业包装管理绩效。

2. 某食品企业包装管理的启示

(1) 降低成本和增加新价值是企业强化包装管理的基本动力。任何企业都是在追求利益的过程中完善对包装的管理认识，企业价值创造的过程就是不断改进管理的过程。只有充分认识包装的真正价值，才能做好企业包装管理。

(2) 企业包装管理是一个系统的细致的工作。每一个企业必须形成完整的包装管理体系，从组织、制度、方法以及技术等方面组成有机运行机制，实现协调运作和统一管理。

(3) 根据现代科学技术发展和企业包装需要进行包装管理的改革和发展。企业包装不能脱离市场需要，不能脱离企业经营需要。在目前来说，应把生态环保、可持续发展、分类管理等观念引入包装管理系统，充分发挥高新技术作用，推进企业包装管理发展。

第五章　运输与配送

第一节　运输概述

运输与配送同属物流系统中的线路活动，都是为了实现物品的位置转移这一主要功能。但运输以远距离、大批量货物的位置转移为主；配送则主要从事近距离、小批量货物高频率的位置转移，并辅以多种服务功能。它们相辅相成，互为补充，共同创造物品的空间效用。

一、运输、配送及其相互关系

（一）运输及其功能

运输是指人或物借助运力在空间上产生的位置移动。

运输不同于搬运，它与搬运的主要区别在于：运输是在大范围内（如城市之间、工厂之间等）进行的以实现物品位移为目的的物流活动；搬运一般是在同一区域范围内（如工厂、仓库、车站等）对物品进行的以水平移动为主要内容的物流作业。

运输的功能主要是实现物品远距离的位置移动，创造物品的“空间效用”，或称“场所效用”。

运输除创造空间效用外，还创造时间效用，具有一定的存储功能。通过储存保管，将物品从效用价值低的时刻延迟到价值高的时刻再进入消费，使物品的使用价值得到更好的实现。因为运输货物需要时间，特别是长途运输需要的时间更长，在这个过程中货物实际是储存在运输工具内。为避免物品损坏或丢失，还要为运输工具内的货物储存创造一定的条件，这在客观上创造了物品的时间效用。在中转供货系统中，物品经过运输节点（车站、码头）时，有时需要短时间的停留（一至几天），这时如果将货物卸下入库，然后装车发运，其费用还不如让其在运输工具中暂存更合算。

（二）什么是配送

配送的定义是：在经济合理的区域范围内，根据客户要求，对物品进行拣选、加工、包装、分割、组配等作业，并按时送达指定地点的物流活动。并不是所有的配送都一定需要这些作业，客户的要求不同、配送的客体不同，作业内容也就会有所取舍，如包裹快递配送就不需要加工、分割等作业。另外，配送一般有一个集货过程，即把分散的货物集中起来，以便进行其他的配送作业。

（三）运输与配送的关系

1. 运输和配送都是线路活动

运输活动必须通过运输工具在运输路线上移动才能实现物品的位置移动，这是一种线路活动。配送以送为主，属运输范畴，也是线路活动。

2. 运输与配送的差别

运输与配送的差别主要表现在以下两个方面：

（1）活动范围不同。运输是在大范围内进行的，如国家之间、地区之间、城市之间等；配送一般仅局限在一个地区或一个城市范围之内。

（2）功能上存在差异。运输是以大批量、远距离的物品位置转移为主，运输途中客观上存在着一定的存储功能。配送是以小批量、多品种物品的近距离位置转移为主，但同时要满足客户的多种要求，如多个品种、准时到货、多个到货地点、小分量包装、直接到生产线、包装物回收等。为了满足客户的上述要求，有时需要增加加工、分割、包装、存储等功能，因此，配送具有多功能性。

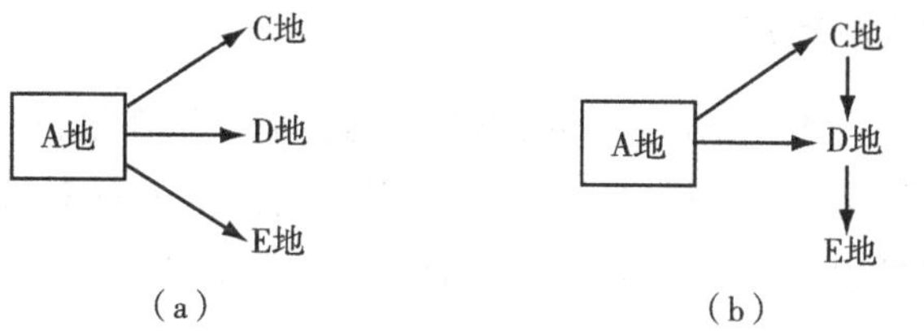

图 5-1　直接供货示意图

（a）直接运输方式；（b）直接配送方式

3. 运输与配送的互补关系

一般来说，在运输和配送同时存在的物流系统中，运输处在配送的前面，先通过运输实现物品长距离的位置转移，然后交由配送来完成短距离的输送。

企业生产的产品可有两种途径到达客户手中，一种是直接供货，即产品不经过中转环节直接送到客户手中，如图 5-1 所示。图 5-1 中（a）为直接运输方式，（b）为直接配送方式。直接运输方式是对那些批量大、距离远，或大型产品是合适的，如大型机电设备，大批量消耗的钢材、水泥等均采取直接运输方式。但是如果客户需求的量不大，或在时间上很分散，而且又不是大型产品，这时就应该采取直接配送方式。

产品从生产厂到达客户手中的另一种途径是中转供货，即产品要经过物流中心或配送中心后再运送到客户手中，如图 5-2 所示。

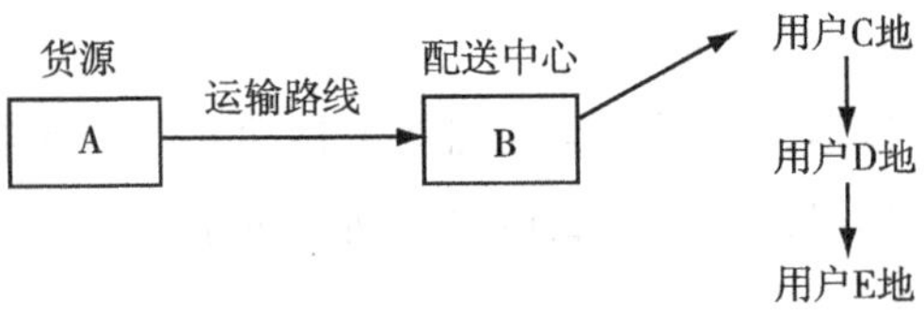

图 5-2　中转供货示意图

中转供货方式中产品的转移是由两次线路活动（实际中还可能有多次）来完成的，从生产厂到配送中心（如果是多次线路活动，则在生产厂与配送中心之间还要经过物流中心），由于运送的批量大，采用运输方式是合适的；而从配送中心到客户之间，一般运量小、批次多，则采用配送方式较为有利。

选择运输和配送，要根据产品特点和客户需求的状况来选择。配送正是为商流中的零售交易提供的一种配套的物流作业方式。

二、运输概述

（一）运输业的特点

人们生活和进行生产活动，都离不开交通运输。早在远古时期，人们就开始采用极简单的工具进行运输。随着社会生产力的向前发展和社会分工的不断扩大，交通运输工具也逐步发展起来，并形成为一个独立的物质生产部门。因此，与社会生产密切相关的运输活动，除作为具体生产过程的内部运输部门外，还有作为物质生产部门的运输业所从事的社会化运输。

就其性质来说，运输是一种特殊的生产。

1. 运输具有生产的本质属性

运输和生产一样，也必须具备劳动者（运输者）、劳动手段（运输工具和通道）和劳动对象（运输对象即货物和人）三个基本条件。运输是产品生产过程的继续，离开它，社会生产过程便无法完成。

运输的过程（货物或人的位移）和一般生产的过程一样，是借助于活的劳动（运输者的劳动）和物化劳动（运输工具设备与燃料的消耗）的结合而实现的。

运输的结果使运输对象发生了位移，就是在转移旧价值的同时，改变了运输对象的地位，这也和一般生产制造出新产品的结果一样，是创造新价值。商品经过一段运输后，可按高于原产地的价格出售。

运输也和一般生产一样，始终处在变化和发展状态中。并且，运输的变化和发展与一般生产的变化和发展紧密地结合在一起，并经历了几个相同的阶段。现代工业和现代运输之间的关系是密不可分的。

2. 运输自身的特点

运输是在产品的流通领域内进行的，是生产过程在流通过程阶段的继续。

运输不能改变劳动对象的性质和形状，不能生产出任何独立物质形态的产品。运输生产的“产品”是无形的，随着运输的终止而消失，不能像一般生产产品那样可加以储存。

运输使投入流通领域的产品发生位置移动，从而将生产和消费联结起来，使产品的使用价值得以实现。

在运输费用中没有原料费用，固定资产的折旧和工资是运输的主要费用。运输的流动资金则主要是燃料和辅助材料，没有原料和成品的费用。

（二）运输方式

运输的方式很多，根据使用的运输工具的不同，可以分成如图 5-3 所示的几种运输方式。

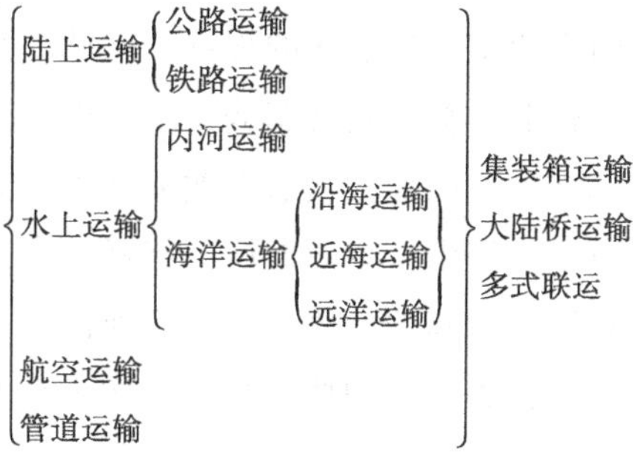

图 5-3 运输方式

（三）我国货物运输现状

我国目前已经建成了由铁路运输、公路运输、水路运输、航空运输和管道运输五个部分组成的综合运输体系，运输线路和场站建设方面以及运输车辆及装备各方面都有了较大的发展。

随着世界经济的快速发展和现代科学技术的迅猛发展，物流产业作为国民经济中一个新兴的服务部门，正在全球范围内得以迅速发展。中国物流产业正处在起步发展阶段，总体规模还比较小，发展水平也比较低，其健康发展还面临着一些市场及制度方面的制约。特别关键的是，我国从计划经济向市场经济转轨后，物流还没有形成真正的产业，物流经营的管理理念还停留在“物资供应系统”的阶段，与欧美等西方发达国家相比，还有相当大的差距。这就是当前中国物流业的国情。当今，在国际上，物流产业被视为国民经济的动脉和基础产业，其发展程度成为衡量一国现代化程度和综合国力的重要标志之一，被喻为促进经济发展的“加速器”。

三、运输业与现代物流

随着我国经济的迅速发展，物流作为一个独特的产业正受到高度的重视，而作为整个链条的重要一环，交通运输业该如何利用自身的优势加快发展现代物流就成为了一个非常重要的研究课题。

（一）交通运输业在现代物流发展中的重要性

交通运输和物流有着非常密切的关系，而且利用交通运输业独特的优势发展现代物流，将成为我国交通运输业的一个新的经济增长点。但是由于历史的原因和体制等因素，整体发展水平上还存在着不足，行业内部的组成企业也有待进一步优化和整合等，是我国当前交通运输业的现状。因此，我国交通运输业在现有的基础上，有必要把握住行业的整体发展态势，细致做出交通运输业发展的现代物流整体规划，优化内部结构，以加快交通运输业获得更大的发展。

从微观物流看，在市场经济中，企业发展的终极动力是利润，企业之间压力的实质体现则是以争夺利润为目标的竞争。对于企业而言，物流不仅是第三个利润源泉，而且物流能力已被视为企业的核心能力，成为企业获取竞争优势的战略资源。

从宏观物流看，现代社会的物流系统非常庞大和复杂。经物流过程，不可胜数的原材料流入工业化国家庞大的制造体系中，然后通过千千万万的市场营销渠道，把各种各样的产品配送到亿万客户手中，这样形成的原材料从产地到车间，成品从车间到消费地的流动，形成了一个巨大的经济体系和关系链。在我国，社会物流总成本占 GDP 的比重约为 16.7%，很显然，如果我们能在运输和物流的各个环节，如原料的运输和库存，成品的运输和库存方面，提高效率，达到物流合理化，从而降低物流总消耗，这对整个国民经济的贡献将是非常可观的。

（二）交通运输业在现在物流发展中的优势与劣势

交通运输业在发展现代物流具有自身的优势，同时也存在相应的劣势，如何扬长避短，将是摆在现代物流发展面前的一个重要问题。

交通运输业自身拥有先天优势，在物流活动中，运输始终处于核心地位。运输承担了物品在空间各个环节的位置转移任务，解决了供给者和需求者之间场所分离的问题，是物流创造“空间效应”的主要功能要素，具有以时间效用（速度）换取空间效用的特殊功能，也是城市、区域、国家以及国际物流发展的驱动器。因此，一直从事运输工作的企业，在物流之关键环节运输上，自然是享有天时、地利、人和的优势，并且在物流的其他环节，如仓储、配送及装卸等方面，凭借其拥有的车辆、货场面积、对道路交通的熟悉以及长期的业务往来，运输企业发展现代物流业占据着得天独厚的先发强势。另外，交通运输业的发展约束相对较少，由于交通运输企业已经具备办公场地、仓储场地、停车和停船场地、运输工具以及运输设备等一些硬件基础，与那些试图发展大型物流业的企业相比，所受的资本、规模和固有成本的约束较少，所以在制定发展战略时会显得更加灵活和游刃有余。

但同时，持久的交通运输业经营不善的现象，成为横亘在物流发展之途上的难题。首先，国内运输企业存在的问题大多是规模小，经济效益差，结构雷同，经营分散，资金匮乏，技术落后，缺乏活力和竞争力；其次，交通运输业的硬件配置不佳，自货自运比例过大，非专业运力发展过快，专业运输所占比例过低；第三，技术状况差，现代化、专业化的船队数量少；最后，交通运输业的管理观念落后、管理体制滞后。交通运输业的物流观念落后导致我国不论是国民经济或企业管理均不重视物流，缺乏规划，投资严重不足，现有的储运被当作物流的全部内容。而且由于长期的计划经济体制，造成了交通运输业管理中存在的条块分割、部门分割、重复建设、资源浪费等种种问题。

因此，认清交通运输业固有的优势和劣势，是进行资源整合的重要基点，对细致规划现代交通物流信息系统也显得至为重要。

（三）物流运输业发展是物流的资源整合

目前，物流运输企业的经营状况不容乐观，如何拓宽业务范围，改革企业经营机制，积极转向发展现代物流产业，是当前物流运输企业生存发展的必然选择。理顺物流运输企业的内部关系，即转换企业经营机制，建立适应现代物流生产的现代企业制度，是我们物流运输企业发展物流的首要任务。面对我国物流运输业目前存在的状况，主要有如下几种资源整合方式。

1. 合作生产、共同运输配送

在我国，现在的物流运输企业更多的是中小型企业，而对于中小物流运输企业来说，要在竞争越来越激烈的环境中求得生存，进行企业间的联合，发展共同运输服务是一个有效的措施。运输业者间实行共同运输配送的一个最大优点是，打破了单一企业物流系统最优化的模式，进而追求产业的最优化和整体成本的最小化。一般来讲，货物运输量较少，通过运输业者之间的共同配送可以提高货物装载率，进而削减由于运输过频或装载率较低而产生的不合理物流费用，从而在整体上提升交通运输业的发展水平。

2. 组建运输业的股份合作制

交通运输企业要在激烈竞争中生存发展，需要彼此间的联合。但是，在现实中，由于一般形式的合作或者联合，并不涉及企业产权制度的改革，难以摆脱企业隶属关系和不当利益驱动等因素的影响，成员间利益关系不好统一和协调，实际效果也并不理想。而相关企业和部门按照现代企业制度的要求，采取联合投资和共同参股的办法，组建相应的运输股份合作制公司或者股份制有限责任公司，实行资产的重组，则可以建立起按股分红或按资分利的正当利益机制，从而使各成员单位抛弃自我封闭的观念，在资产、人才、技术等方面进行整合，发挥群体经营的优势，共同组织社会化运输。随着股份合作制在我国企业中的运用的成熟，探索这种合作方式在我国物流运输业中的运用也受到越来越多的关注。

3. 兼并运输物流企业

兼并作为有效的资源重组方式，在物流运输企业的有效发展中也有着重要的运用。首先，通过兼并可以占有被兼并企业的人员、资产设备、技术和土地，使这些生产要素向优势企业流动，充分发挥资源的使用效能；其次，兼并可以调整运力结构、挖掘生产能力，发展壮大客、货运输生产；再次，对运输经营结构的调整，生产布局的转变，掌握运输市场竞争的主动性，扩大市场的占有份额，从而全面提高运输企业的物流服务水平；最后，兼并可促进运输企业的产业结构调整，推动企业多种经营的开发利用，更加充分发挥公路运输企业点多、线长、面广、市场信息灵敏的行业优势；最后，兼并可以获取供应链中相关企业的人才，加快相关物流服务的开发，形成规模经营，集约化经营，建立自己核心能力的经济增长点。通过兼并，还能使企业扩大生产规模，节约企业运输成本，降低费用，减少经营风险，改善企业的财务状况，提高融资能力，获得税收优惠，达到节税的目的。

物流运输企业兼并是实行规模化、集约化、社会化经营方式的发展趋势；是亏损和濒临倒闭的劣势企业摆脱困境的一种切实可行的办法；是优势企业实现资产扩张、获取额外经济效益，增强企业市场竞争能力的有效手段。

第二节 配送的概述

作为物流的两大支柱，运输和储存在物流活动中占有重要地位。但储运不是物流的目的，物流的最终目的是为满足需求者对物品的需要；而配送正好就是体现了物流的最终目的，它直接为客户服务，满足客户的各种需要。因此，物流成果主要通过配送来体现。从物流看，配送几乎包括了所有的物流功能要素，如运输、储存、包装、装却、搬运等，是物流的一个缩影，也可以说是在某种范围中物流全部活动的体现。配送是以运输及分拣配货为主。分拣配货是配送的独特要求，也是配送中有特点的活动。配送在为客户服务方面比物流更为及时、准确、方便。

一、配送的概念

配送，作为物流的基本功能之一，在物流活动中占有相当重要的地位和作用。物流的最终目的是满足客户的最终需要，它多是由配送来完成的。

配送是指按客户的订货要求，在配送中心或其他物流站点进行货物配备，并以最合理的方式送交客户。

配送有两方面的含义：一是配货，即把客户所需要的多品种、不同数量的物品组合在一起；二是送货，即把客户需要的物品送到客户手中。至于这两者哪个为主则视不同情况而定。一般来说，在经济发达地区，“配”的比重可能大些；而在经济落后、运输不方便的地区，“送”的比例则大些。

配送产生的背景虽然在各个国家不尽相同，但其根本原因是经济利益的驱使。国外发达国家从20世纪六七十年代开始，经济发展出现了两个显著的特点：一是通过生产过程中的物质消耗而获取利润的潜力越来越小，因而努力方向转向了流通领域；二是庞大的流通量和激烈的市场竞争。因此，通过开始配送，提高流通中的专业化、集约化经营程度，进一步满足客户的各种需求，提高服务水平，降低流通成本，使产业资本在流通中发挥更大的效益，就成为资本的一种内在要求。

在美国，自20世纪60年代以来，仓库主要是储存货物，离生产厂很近。那时美国工业产地主要在东海岸，粮食产地在中部，所以仓库大多建在东海岸和中部。随着生产的发展，人们开始向西部和南部迁移，使西部和南部地区也出现了制造业，仓库也随之建立起来。后来，随着科学技术的发展，为满足越来越多的生产需要，周转已越来越快，储存期越来越短，对物流的要求也发生了变化，提出了“配送”的概念，原来的仓库也开始由“储备型”向“流通型”转变。

在日本，随着工业的复兴，日本经济高速增长，随之而来的便是阻碍生产进一步发展的流通落后问题。分散的物流使流通机构庞杂，企业自备货车出行混乱，运输发送效率低下，物流费用逐年上升，设施不足，道路拥挤。这一系列现象引起了日本政府的高度重视。日本政府决定积极实行共同配送，并得到企业界的大力支持，于是配送便产生了。

在英国，企业界普遍认识到配送是企业经营活动的组成部分。这种态度和认识的转变，首先发生于企业界的销售行业。由于消费者需求的变化，对服务要求的提高及销售企业向大型化、综合化方向发展，引起了市场结构的变化。过去许多单一品种的销售机构已经消失，销售企业逐步大型化、综合化，对物品的需求不仅在数量上猛增，而且对物品的花色、品种的要求也日趋复杂，而配送正是适应了这一需要而产生的。

由此可见，配送是随着市场发展而诞生的一种必然的市场行为，它是生产和流通发展到一定阶段的必然产物。它与旧时的“送货”具有不同的特征，如下所述。

1. 目的不同

送货只是推销的一种手段，目的仅在于多销售一些东西；配送则是社会化大生产、专业化分工的产物，它是流通领域内物流专业分工的必然产物。因此，如果说一般送货是一种促销服务方式的话，配送则是一种体制形式。

2. 内容不同

送货一般是有什么送什么，对客户来说，只能满足其部分需要；而配送则是客户需要什么送什么，它不单是送货，在业务活动内容中还包括“分货”“配货”“配装”等很具难度的工作，必须有发达的物品经济和现代化的经营水平。在物品经济不发达的国家或市场经济的初级阶段，很难实现大范围的高效率的配货。送货制与配送制有着时代的区别。

3. 配送是一种现代化的物流方式

配送是送货、分货、配货等活动的有机结合体，同时还与订货系统紧密联系。这就必须依赖信息的处理，使整个系统得以建立和完善，成为一种现代化方式，这是送货形式所不能比拟的。

4. 装备不同

配送的全过程有现代化技术和装备保证，使配送在规模、水平、效率、速度、质量等方面远远超过旧的送货形式。在这些活动中，大量采用各种传输设备和识码、拣选等机电装备，很像工业生产中广泛应用的流水线，使流通工作的一部分工厂化。所以，配送是技术进步的产物。

配送也不同于运输，而是包含在运输中的一个分支。众所周知，运输是将货物进行空间位移，是一个连续性强、多环节的生产过程；配送则是处在整个运输过程中的支线输送或末端输送的位置，即从物流站点到客户这一范围内的输送。可以看出，配送的特点一是直接面向客户的运送活动，即货物到达的终点是客户；二是在进行运送活动之前要进行必要的配货；三是行驶距离相对来说要近，相似于短程运输，且多在大城市范围内或区域范围内进行。

二、配送的形式

1. 按配送物品的种类和数量分

（1）少品种、大批量配送。这种配送适用于需要数量较大的物品，单独一种或少数品种就可以达到较大运输量，可实行整车运输。这种物品往往不需要再与其他物品进行搭配，可由专业性很强的公司实行这种配送。此种配送形式主要适用于大宗货物，如煤炭等。

（2）多品种、少批量配送。按客户要求，将所需的各种物品（每种物品需要量不大）配备齐全，装成整车后由配送中心送达客户手中。日用物品的配送多采用这种方式。多品种、少批量的配送，适应了现代消费多样化、需求多样化的新观念。

2. 按配送时间及数量分

（1）定时配送。按规定的时间间隔进行配送，配送品种和数量可根据客户的要求有所不同。

(2) 定量配送。按规定的批量进行配送，但不严格确定时间，只是规定在一个指定的时间范围内配送。这种配送计划性强，备货工作简单，配送成本较低。

(3) 定时定量配送。按规定的准确时间和固定的配送数量进行配送。

(4) 即时配送。不预先确定不变的配送数量，也不预先确定不变的配送时间及配送路线，而是按客户要求的时间、数量进行配送。

3. 按配送的组织形式分

(1) 集中配送。集中配送就是由专门从事配送业务的配送中心对多个客户开展配送业务。集中配送的品种多、数量大，一次可同时对同一线路中几家客户进行配送，其配送的经济效益明显，是配送的主要形式。

(2) 共同配送。几个配送中心联合起来，共同制订计划，共同对某一地区客户进行配送，具体执行时共同使用配送车辆，称为共同配送。

(3) 分散配送。分散配送是由商业零售网点对小量、零星物品或临时需要的物品进行的配送业务。这种配送适合于近距离、多品种、少批量的物品的配送。

(4) 加工配送。加工配送就是指在配送中心进行必要的加工，将流通、加工和配送一体化，使加工更有计划性，配送服务更趋完善。

4. 按配送的职能形式分

(1) 销售配送。批发企业建立的配送中心多开展这项业务。批发企业通过配送中心把物品批发给各零售商店的同时，也可与生产企业联合，生产企业可委托配送中心储存物品，按厂家指定的时间、地点进行配送。若生产厂家是外地的，则可以采取代理的方式，促进厂家的物品销售，还可以为零售商店提供代存、代供配送服务。

(2) 供应配送。供应配送是大型企业集团或连锁店中心为自己的零售店所开展的配送业务。它们通过自己的配送中心或与消费品配送中心联合进行配送，零售店与供方变为同一所有者公司的各部门内部业务，从而减少了许多手续，缓和了许多业务矛盾，各零售店在订货、退货、增加经营品种上也得到更多的便利。

(3) 销售与供应相结合的配送。配送中心与生产厂家及企业集团签订合同，负责一些生产厂家的销售配送，又负责一些企业集团的供应配送。配送中心具有上连生产企业的销售配送、下连客户的供应配送两种职能，实现配送中心与生产企业及客户的联合。

（4）代存代供配送。客户将属于自己的物品委托配送中心代存、代供，有时还委托代订，然后组织配送。这种配送，在实施前不发生物品所有权的转移，配送中心只是客户的代理人，物品在配送前后都属于客户所有。配送中心仅从代存、代理中获取收益。

三、配送在物流中的作用

（一）配送功能

配送本质上是运输，创造空间效用自然是它的主要功能。但配送又不同于运输，它是运输在功能上的延伸。相对运输而言，配送除创造空间效用这一主要功能之外，其延伸功能可归纳为以下六个方面：

1. 促进物流设施和装备的技术进步

现代大载重量的运输工具，固然可以提高效率，降低运输成本，但只适于干线运输，因为干线运输才可能是长距离，而且才有可能呈现高效率、低成本的运输。支线运输一般是小批量，使用载重量大的运输工具则是一种浪费。支线小批量运输频次高、服务性强，要求比干线运输具有更高的灵活性和适应性，而配送通过其他的物流环节的配合，可实现定制化服务，能满足这种要求。因此，只有配送与运输的密切结合，使干线运输与支线运输有机统一起来，才能实现运输系统的合理化。

发展配送有利于促进物流设施和装备的技术进步，具体表现在三个方面：一是促进信息处理技术的进步。随着配送业务的开展，处理的信息量将越来越多，原始手工的信息处理速度慢且容易出差错，已适应不了配送工作的要求，必然大量应用电子计算机这一现代化的信息处理技术；二是促进物流处理技术的进步，从而提高物流速度，缩短物流时间，降低物流成本，减少物流损耗，提高物流服务质量。配送业务的发展，必然伴随着自动化立体仓库、自动化分拣装置、无人搬运车、托盘化、集装箱化等现代化物流技术的应用；三是推动物流规划技术的开发和应用。配送业务的开展，配送货主越来越多，随之而来的就是配送路线的合理选择、配送中心的选址、配送车辆的配置和配送效益的技术经济核算等问题，对于这些问题的研究解决，促进了我国物流技术的发展，并使之达到一个新阶段。

2. 消除交叉输送

在没有配送中心的情况下，由生产企业直接运送货物到客户，即使采取直接配送方式，交叉运输也是普遍存在的。由于交叉运输的存在，使输送路线长，规模效益差，运输成本高。如果在生产企业与客户之间设置配送中心，采取配送方式，则可消除交叉运输。因为设置配送中心以后，将原来直接由各生产企业送至各客户的零散货物通过配送中心进行整合再实施配送，缓解了交叉输送，输送距离缩短，成本降低。

通过配送中心，开展“计划配送”“共同配送”等形式，能够消除迂回运输、重复运输、交叉运输、空载运输等不合理运输；用大型卡车成批量地送到消费地配送中心，再用自用小型车从配送中心运给客户的方法，也可以从总体上节省费用；集中配送有利于集中库存，维持合理的库存水平，消除了分散库存造成的各种浪费；同时还能减少不必要的中转环节，缩短物流周转时间，减少物品的损耗。因此，配送对提高物流综合经济效益有利。

3. 改变仓储职能

配送通过集中库存，在同样的满足水平上，可使系统总库存水平降低，既降低了存储成本，也节约了运力和其他物流费用。尤其是采用准时制配送方式后，生产企业可以依靠配送中心准时送货而无须保持自己的库存，或者只需保持少量的保险储备，就可以实现生产企业的“零库存”或低库存，减少资金占用，改善企业的财务状况。

开展配送业务后，现代仓储的作用已由储存、保管物品的使用价值向着集散、分送物品，加速物品流通速度的方向发展。仓储业将从储存、保管的静态储存转向以保管储存、流通加工、分类、拣选、物品输送等联为一体的动态储存。建立配送中心后，仓储业的经营活动将由原来的储备型转变为流通型。不仅要保证物品的使用价值完好无损，而且要做到货源充足，品种齐全，供应及时，送货上门，其经营方式将从等客上门向主动了解客户的需求状况，满足客户的各种要求的方向转变。

4. 简化手续，方便客户

由于配送可提供全方位的物流服务，采用配送方式后，客户只需向配送供应商进行一次委托，就可以得到全过程、多功能的物流服务，从而简化了委托手续和工作量，也节省了开支。

5. 提高保证供应程度

采用配送方式，配送中心比任何单独供货企业都有更强的物流能力，可使客户减少缺货风险。

6. 促进商流和物流分离

未开展配送业务之前，各个商店都有自己的仓库，并各自进行物流活动，叫做商物一致。开展配送业务以后，配送中心就可以充分发挥自己网络多、情报快、物流手段先进和物流设施齐全的优势。专门从事物流活动，而各商店只要保持较低水平的库存。这就大大改善了零售企业的外部环境，使零售企业有更多的资金和精力来专心从事商流活动，这就是商物分离。

（二）配送功能要素

配送实际是一个物品集散过程，这一过程包括集中、分类和散发三个步骤。这三个步骤由一系列配送作业环节组成，通过这些环节的运作，使配送的功能得以实现。因此，通常将这些作业环节称为配送功能要素。

配送的基本功能要素主要包括集货、分拣、配货、配装、送货等。

1. 集货

集货是配送的首要环节，是将分散和需要配送的物品集中起来，以便进行分拣和配货。为了满足特定客户的配送要求，有时需要把客户从几家甚至数十家的供应商处预订的物品集中到一处。

集货是配送的准备工作。配送的优势之一就是通过集货形成规模效益。如深圳中海物流公司为 IBM 公司配送时，先将 IBM 公司遍布世界各地的 160 多个供应商提供的料件集中到香港中转站，然后通关运到深圳福田保税区配送中心，这是一个很复杂的集货过程。

2. 分拣

将需要配送的物品从储位上拣取出来，配备齐全，并按配装和送货要求进行分类，进入指定发货地点堆放的作业。分拣是保证配送质量的一项基础工作，它是完善送货、支持送货的准备性工作。成功的分拣，能大大减少差错，提高配送的服务质量。

3. 配货

配货是将拣取分类完成的货品经过配货检查，装入容器和做好标记，再运到发货准备区，待装车后发送。

4. 配装

配装也称配载，指充分利用运输工具（如货车、轮船等）的载重量和容积，采用先进的装载方法，合理安排货物的装载。在配送中心的作业流程中安排配载，把多个客户的货物或同一客户的多种货物合理地装载于同一辆车上，不但能降低送货成本，提高企业的经济效益，还可以减少交通流量，改善交通拥挤状况。

配装是配送系统中具有现代特点的功能要素，也是配送不同于一般送货的重要区别之一。

5. 送货

送货是将配好的货物按照配送计划确定的配送路线送达到客户指定地点，并与客户进行交接。如何确定最佳路线，如何使配装和路线有效结合起来，是配送运输的特点，也是难度较大的工作。

四、配送网络

配送系统是一个网络结构的系统，它与物流系统一样，是由物流节点活动和线路活动构成的，节点活动的场所（节点）包括物流中心、配送中心、物品的供方和需方；线路活动是运输工具在运输线路上的运输形成的，它反映了节点之间物品的传递关系。所以配送网络通常用节点和节点之间物品的传递关系来表示。配送网络是配送作业的基本条件，不同类型的节点和不同的网络结构决定了配送模式和配送方法，从而产生不同的配送效果。因此，在了解配送模式和配送策略之前，先了解一下物流中心、配送中心和配送网络结构是非常必要的。

（一）物流中心

物流中心是从事物流活动的场所或组织。它主要面向社会提供物流服务，具有很强的集散功能，一般靠近车站、港口兴建。物流中心的物流功能健全，有完善的信息网络，辐射范围广，存储、吞吐能力强，作业货物的批量大、品种少，是综合性、地域性、大批量货物的集散地。

物流中心把商流、物流、信息流、资金流融为一体，成为产销企业之间的中介。例如，西班牙最大的物流中心马德里物流中心，占地 100 万 m^2，仅各类仓储建筑就有 50 多万 m^2。在约 $2km^2$ 的范围内，就有 2000 多家与物流相关的配套服务企业，服务范围除危险品外几乎无所不包。马德里是典型的内陆城市，因此马德里物流中心并不靠港口，但它引入了海关、报关、检验检疫、银行、税收、安全等部门的服务，在这里检验过的集装箱到了沿海港口不需要重新检查，通过多式联运可直接上船，因而与沿海港口型物流中心没有什么差别。

物流中心可以根据功能划分成多种类型。

（1）流转中心（Transfer Center，TC）。流转中心不具有商品保管、在库管理等功能，而是单纯从事商品周转、分拣作用的物流中心。

（2）配送中心（Distribution Center，DC）。配送中心拥有商品的集中、保管、在库管理等管理功能，同时又进行商品的分拣和送货即为配送中心。

（3）储存中心（Stock Center，SC）。储存中心单一从事商品保管功能的物流中心。

（4）流通加工中心（Process Center，PC）。流通加工中心是从事流通加工功能的物流中心。

（二）配送网络结构

1. 集中型配送网络

集中型配送网络是指在配送系统中只设一个配送中心，所有客户需要的物品均由这个配送中心完成配送任务。在这种系统中，由于只有一个配送中心，配送决策由这个中心做出，配送的商品也只经过这一个中心进出，所以从这一点看是一种集中控制和集中库存的模式。例如，一个城市范围内中小型连锁公司为所属连锁店配送商品的配送系统一般只设一个配送中心。

集中配送的库存集中，有利于规模经济的实现，也有利于库存量的降低，但也存在外向运输（从配送中心到客户的运输成本）增大的趋势，具体表现如下：

（1）管理费用少。集中型配送网络相对于分散配送系统，由于规模大，管理的固定费用下降，所以管理费用低。

（2）安全库存降低。在相同服务水平下，集中比分散需要的安全库存小，所以总平均库存降低。

（3）客户提前期长。由于在集中型系统中，配送中心离客户远了一些，所以使客户的提前期变长。

（4）运输成本不同。在运输成本中外向运输成本（从配送中心到客户的运输成本）相对高一些，因为配送中心离客户的距离与分散型系统相比要远一些，但内向运输成本（从生产厂到配送中心的运输成本）相对会低一些。

2. 分散型配送网络

分散型配送网络是指在一个配送系统中（通常指在一个层次上）设有多个配送中心，而将客户按一定的原则分区，归属某一个配送中心。例如，大城市中的大型连锁公司设置的为所属连锁店配送商品的配送系统通常要设置多个配送中心才能满足需要，就属于这种配送网络类型。这种结构的配送系统的特点是：

（1）由于配送中心离客户近，所以外向运输成本低；

（2）从供应商向配送中心送货时，由于要向多个配送中心送货，规模经济自然没有集中型好，故内向运输成本（从供应商到配送中心的运输成本）大；

（3）由于库存分散，安全库存增大，所以总平均库存增大；

（4）由于配送中心离客户相对近一些，因此客户的提前期会相应缩短。

3. 多层次配送网络

多层次配送网络是在系统中设有两层或更多层次的物流中心和配送中心，其中至少有一层是配送中心，而且是靠近客户。大型第三方物流企业、大型零售企业或从供应链来看的物流系统，它们的配送网络通常是这种结构。日本许多大型第三方物流企业和大型零售企业多在大城市 40km 的圈外建立大规模的广域物流中心，与原有配送中心共同构成多层次的配送网络结构，目的是既要满足客户高度化的服务需求，还要提高物流效率。随着企业规模的大型化，配送规模扩大，经营品种多，以高频率、小批量为前提的高水平配送需要使库存集约化，需要最大限度地追求托架、货柜、散货都能高效率快速处理的机械化、自动化、信息化的物流设施，同时也为了追求低成本物流战略，这种大型广域物流中心应运而生。日本以综合商店为中心进行销售的连锁型零售业，90%以上都拥有这种广域物流中心。

多层次配送的网络系统，由于与供应商和与客户的距离都较近，所以内向运输成本（从供应商到配送中心的运输成本）和外向运输成本（从配送中心向客户的运输成本）相对都会有所降低。

在多层次配送的网络系统中，有些物流中心或配送中心只是充当物品中转的协调点，而不是商品的储存点，商品从制造商到达物流中心或从物流中心到达配送中心只须停留几个小时，这是为了缩短商品储存的时间和零售店的提前期。因此，这种多层次的系统并不一定会增加商品库存量。

4. 几种典型的配送网络

（1）工业生产资料配送网络。工业生产资料是工业企业生产过程中所消耗的生产资料，包括原料、材料、燃料、设备和工具等。工业生产资料的配送也可称供应配送或供应物流，它是为生产企业提供原材料、零部件等物品而进行的配送。工业生产资料配送服务的对象都是企业，供方是提供原材料或零部件的企业，需方是消耗原材料和零部件的企业。生产企业消耗生产资料一般用量比较大，计划性强，可替换性小，进入消耗可能要经过初加工。为了降低物流成本，保证生产的顺利进行，需方企业对配送系统在品种、数量到达时间、到达地点的精度要求会比较高，特别是采用准时制生产的企业，要求物流配送系统能严格按生产计划和进度将所需生产资料直接配送到生产现场进入消耗。

生活消费品的配送网络结构和流程与工业生产资料的配送没有什么本质区别，只是配送的客户是零售店而不是生产企业，零售店只能根据对市场的预测来确定需求计划，因而计划的精度没有生产企业根据生产进度来确定原材料和零配件需求计划那样高；另外，零售店一般会保留一定数量的商品库存，也与生产资料配送中生产企业期望做到“零库存”配送的要求是不一样的。因此，工业生产资料的配送与生活消费资料的配送，在配送作业与客户需求衔接的严密程度，前者比后者的要求要高一些。

（2）包裹快递配送网络。包裹快递或称住宅配送，日本称其为“宅急便”。它是在全国或全球范围内构筑一个多层次配送网络的基础上，各网点以小货车为工具收取客户（个人或组织）需要寄送的物品，并集中到发送地中转站；在中转站进行分拣、配货、配载，然后经区间运输送到接收地中转站；再通过接收地网点用小运输服务的一种物流方式，后来发展成一种专门的快递业务。包裹快递是一种特殊的配送业务，与供应配送和销售配送有一些区别。

①配送的使命不同。客体不同，包裹快递不同于供应配送和销售配送，不是直接为生产经营服务，而是为人们的工作生活提供方便，即使命不同。包裹快递配送的客体主要是小包裹和信函之类，如机械小配件、小型电子产品、贸易小样品、礼品、私人小行李、信函、票据、合同、资料等。随着物流业的发展和市场竞争的加剧，包裹快递也在逐渐向生产经营领域的物流业务延伸，如电子商务和网络营销方式下的销售配送业务，有时候就是由快递公司承担的，B2C 模式销售给个人的消费品交由快递公司配送，具有更大的优势。

②功能差异。由于使命不同，功能上也存在差异。由于供应配送和销售配送的目的是为了保证生产和市场需求，配送过程通常具有储存和加工功能；但包裹快递客户要求的是尽可能快地实现物品空间位置转移，因而主观上不希望出现停滞，即包裹快递配送是不需有存储功能和加工功能的。

③服务对象广泛，网络覆盖面宽。供应配送和销售配送的服务对象主要是工商企业，包裹快递的服务对象则要广泛得多，不仅包括工业企业，还包括政府机关、事业单位、社会团体，更多的还有广大居民，凡有人群的地方都需要这类业务，因而包裹快递的配送网络的覆盖范围应尽可能宽。目前，快递业务已覆盖世界五大洲的95%以上的国家和地区。

④包裹输送速度快。“快”是包裹快递的最本质特征，也是客户的最基本要求。美国联邦快递向客户承诺的服务时间是在 24h 和 48h 以内把客户的包裹送到

收件人手中。

美国的包裹快递业务发展最为迅速，实力最强大。全球快递业四大巨头——联邦快递（FedEx）、联合包裹（UPS）、敦豪（DHL）和天地快运（TNT），前三家均属美国。联邦快递公司成立于1971年，现为世界500强企业，其服务网络已遍布世界210多个国家和地区；1999年已拥有630架飞机（300多架为租用）的包裹运输机队，运输车辆5万余辆，包裹快递量达9亿件左右。联合包裹运输服务公司成立于1907年，1975年开始，速递包裹业务迅速发展，目前服务网点分布世界200多个国家和地区，建有2400多个分送中心；1999年已拥有610架飞机（租用300多架）的包裹运输机队，15.7万辆运输车辆，年包裹投资量4.7亿件，营业额270亿美元。敦豪公司成立于1969年，现在全世界设有2100多个服务站。

20世纪90年代以来，世界快递四大巨头的国际速递的业务都以20%以上的速度增长。从1986年开始四大巨头进军中国市场，都在我国设立了分公司，但我国自己的包裹快递业务发展迟缓，中国邮政EMS特快专递2001年8月1日才在国内开办了包裹快递业务。

五、配送技术

1. ITS技术在现代物流中的应用

智能运输系统（ITS）的服务领域包括先进的交通管理与智能决策系统、出行信息服务系统、商用车辆运营系统、电子收费系统、先进公共交通运营系统和郊区交通系统、管理系统、自动车辆控制系统。“智能运输系统”就是利用高新技术对传统的运输系统进行改造而形成的一种信息化、智能化、社会化新型运输系统。它使交通基础设施能发挥出最大的效能，从而获得巨大的社会、经济效益。主要表现在：提高交通的安全水平，提高道路网的通行能力和提高汽车运输生产率和经济效益。我国今后将重点发展智能运输系统的以下几个方面：改造和完善城市的交通管理系统；发展公共交通系统；汽车安全和事故预防系统；快速货运系统；监控、通信收费；交通信息服务。

（1）道路管理信息系统。道路管理信息系统主要随时收集、分析并提供道路交通信息，包括数字道路地图数据、道路数据、动态道路交通数据、交通气象信息等随时信息。它使物流从起点到终点的运动过程中得到随时帮助，使物流过程变得舒适、方便、高效。

（2）高级导航系统。高级导航系统是根据变化的交通状况为物流业提供到达目的地的最佳路线信息系统。本系统以地理信息系统（GIS）和全球卫星定位系统（GPS）为基础，通过无线移动数据通信、车载导航系统和车辆跟踪信息系统等能够迅速、可靠地为驾驶员提供各种查询信息，能灵活、方便地选择车辆道路交通网上任何起迄间的最佳行车路线和行程时间，并且在物流管理中心站对监控车辆进行随时跟踪、调度管理。货主也可以通过监控中心的信息及货物的动态情况进行跟踪、调度管理。

（3）车辆运营系统。车辆运营系统是现代物流系统中货运车辆运营管理的重要组成部分，该系统提供了支撑物流系统在运输环节对供应链进行全过程管理的基本功能。它包含了货运车队管理、货物运输管理、货运车辆电子通关、运营货运车辆的运务管理、动态承重、车载安全监控、车辆车载安全保障、货车车辆维护、危险货物运输管理等多方面的功能。这些功能可以简化如注册情况、车辆技术性能、尺寸等检查的手续，优化提供货物配送、回程载货信息，提高集散作业的可靠性及效率，极大地提高运输生产效率，减少延误。由于运用了现代化的检测和监控管理手段，使货运车辆的运输得到最大限度的安全保障。

（4）紧急车辆运行增援系统。紧急车辆运行增援系统是处理货物运输中日常性突发事件的管理系统。货物在运输中发生突发性事故和灾害时，该系统传送事故和受灾情况，派遣紧急救援车辆，提供紧急修复车辆的路线引导，同时协调各事故求援单位的工作。

2. 新一代的物流配送技术

在传统运营管理系统中加入上述新技术后，随着信息处理技术和网络化技术的进步、移动通信手段的多样化、货物和车辆识别技术的进步，尤其无线识别技术的进步，统一管理物流的配送可能性加大，大大提高了信息反应速度，增强了供应链的透明度和控制能力，提高了整个物流系统的效益和客户服务的水平。

六、我国物流配送发展的状况

长期以来，由于受过去计划经济的影响，我国物流社会化程度相对较低，物流管理体制混乱，机构多元化。这种分散的多元化流通使集约化经营优势难以发挥，规模经营、规模效益难以实现，设施利用率低，布局不合理，重复建设，资金浪费严重。

近年来，随着连锁商业的发展，配送中心的建设日益受到重视，特别是连锁企业自建配送中心的积极性很高。全国有近千家连锁公司，特别是那些较大型的连锁公司都在建设自己的配送中心，一些店铺数量少、规模不大的小型连锁企业也在筹建配送中心，以期实现100%的商品由自己的配送中心配送。而一个功能完善的社会化的配送中心的投资相当巨大，配送量过小必然造成负债过多、回收期长，反过来又影响连锁企业的发展；同时，社会上又有相当数量的仓库、车辆等设施在闲置，形成了投资上的重复浪费。据不完全统计，目前全国共有各种类型的物流配送中心1000多家，其中又以上海和广东数量最多。此外，日本、美国、英国等国家的许多企业在我国的北京、上海、南京等地也建有自己的物流配送中心。

根据掌握的资料，对目前国内物流配送的情况进行分析，结论是：它们大都跨越了简单送货上门的阶段，基本上属于真正意义上的物流配送，处于发展的初级阶段，因此在经营中存在着种种弊端和问题。令人可喜的是，国家有关部门已认识到这些问题，正从宏观调控上转向引导我国物流配送业朝着信息化、现代化、社会化的新型物流配送方向发展。

七、国外配送发展现状

国外发达国家的配送经过几十年的发展，在配送方式和手段上有了以下几方面的新进展：

1. 配送组织的共同化

配送初期，是以单独企业为主体的配送，为满足客户配送要求，出现了配送车辆利用率低、不同配送企业间交叉运输、交通紧张等许多方面的不合理现象。通过一定的发展，出现了联合配送，配送企业互通信息，共同计划，大大提高了配送车辆的利用率和配送企业的效率。

2. 配送区域的扩大化

随着交通运输条件的改善，一些发达国家的配送已突破了一个城市范围。美国已开展了州际配送系统，日本不少配送中心的业务是在全国范围或在很大区域范围内进行的。

3. 配送方式的多样化

由于流通过程、流通对象及流通手段复杂，在各自领域出现了多种多样的经过优化了的配送方式。如在日本就出现了30kg以下货物的“宅急送”“宅配便”式配送，小批量快递系统，准时供应系统，分销配送等多种形式。

4. 配送运输的专业化

在欧美和日本，不仅运输的社会化程度相当高，且有大量集装箱车和专用车辆投入运营，这种专业化运输提高了物流质量。日本的企业一般不配各自的运营汽车，认为外雇形式更经济便利，配送中心定期与运输公司签订合同，这样运输企业就可以根据物流量变化灵活调度车辆，最大化地满足需求。

5. 配送服务的信息化

随着计算机的发展，物流公司都在开发和采用信息管理系统。配送中心不仅要与生产商和客户联系，了解厂家、客户需求的信息，并沟通厂商、客户双方，还要与运输企业和内部各部门联系，以了解各项物流活动的进程。这都需要信息系统提供支持。

八、小结

发展配送，可以大大减少企业的自有车辆，实现车辆的专营化，从而减少不合理运输造成的运力浪费和交通紧张，还为企业卸下了一个沉重的包袱，为生产企业和销售企业节约了物流成本。开展配送，通过为生产企业、销售企业配送，借助于配送物品的对象品种不同，可以打破行业、地区的条块分割，尤其是共同配送，把各储运企业联合在一起，统筹计划，共同送货。取代了一家一户的“取货制”，取代了层层设库，户户储运的、分散的、多元化的物流格局。配送所实行的集中社会库存，集中配送等大生产形式，对于从根本上结束小生产方式的物品流通，改变其分散的、低效率的运行状态，从而实现与社会化大生产相适应的流通的社会化具有战略意义。

第三节 相关案例分析

案例1：上海新华传媒的新一代图书物流配送中心

2005年年初，上海新华传媒股份有限公司（以下简称“上海新华传媒”）决定建设新的图书物流配送中心，以满足不断增长的业务需求。经过一番深入细致的调研，最终选择了北京伍强科技有限公司为该项目的系统集成商。上海新华传媒物流中心自2006年8月正式开始动工，到2007年10月22日建成并成功上线运行，仅用了14个月，成为国内建设周期最短的图书配送中心项目。该中心建筑面积30 000m^2，可以达到年配送40亿码洋的目标。物流系统采用高度信息化和适度自动化相结合的方式：一方面，集成化的图书供应链一体化管理系统和物流管理系统有机结合，实现了商流、物流、资金流的高度集成；另一方面，现代化的拣选、输送和分拣系统，使物流中心的各个作业环节和作业过程井然有序，高效流畅。

由于该项目系统设计采用了多项创新技术，建成后的上海新华传媒物流中心创造了我国图书配送中心建设的多项新纪录，因此备受业界瞩目。

一、建设过程

图书发行是上海新华传媒最重要的主业之一。作为上海市最大的图书发行公司，上海新华传媒拥有大中小不同类型的售书网点2 000余家，2004年销售额近15亿码洋。而公司的物流条件相对比较落后，已经成为严重影响图书发行业务规模进一步扩大的“瓶颈”。

上海新华传媒高层认识到，图书发行公司的竞争力主要体现在物流、连锁经营和信息化三个方面，建设现代物流中心将是企业做大做强的必由之路，也是上海新华传媒改革发展进程中的一件大事。基于成功建设世界领先的图书物流配送中心的理想，上海新华传媒于2005年9月成立了“现代图书物流中心项目小组”，显示出对这一工作的高度重视。

项目小组通过吸收海内外、行业内外先进的物流管理理念和技术成果，借鉴同行业有关物流信息系统、现代物流模式和设备应用的成功经验，同时分析兄弟省市新华书店物流系统建设的利弊得失，对图书物流中心的楼层布局、主要业务流程设计、相关需求以及工艺等进行了充分的论证和规划。为了保证图书物流中心及与之相配套的各项设施的先进性，项目小组与众多颇具实力的国内外企业进行了广泛的接触，并严格按照“规范、公开”的原则和招标程序，对系统集成商进行了招投标。经过专家评审，北京伍强科技有限公司最终中标。

本着建设一座符合上海新华传媒自身特点和出版物物流特性的，具有高度信息化、适度自动化、流程科学化，运作成本控制在较低水平，实用而有效的现代图书物流中心的目标，北京伍强科技与项目小组一起，全面展开了物流中心的工艺设备、系统开发和实施等各项工作。在此过程中，该项目的建设既得到了上海市委宣传部等上级单位的大力支持，也得到了上海新华传媒哈九如董事长和其他高层领导的大力支持。

二、系统构成与设计创新

上海新华传媒物流中心位于上海市闸北区沪太路和汶水路交汇处，紧邻中环线，地理位置十分优越。该项目建筑面积36 000m^2；总投资1.3亿元，其中物流系统及设备投资4 000万元；系统设计能力年配送40亿码洋，其中，一般图书26亿码洋，一般图书退货4亿码洋，教材4亿码洋，音像制品3亿码洋，文教用品 3 亿码洋。

物流系统共由 5 个子系统构成，分别如下所述。

（1）教材处理系统：负责处理教材的到货、储存和配发业务；

（2）一般图书处理系统：负责处理图书的接收、翻理、直配、储存、拣选、配送业务；

（3）一般图书销退处理系统：负责处理图书销退过程中的接收、分类、退社、上架各环节的业务；

（4）音像处理系统：负责处理音像制品的到货、储存和配发业务；

（5）文教用品处理系统：负责处理文教用品的到货、储存和配发业务。

上海新华传媒物流中心通过广泛应用电子标签和 RF 无线技术，结合自动分拣与自动输送系统，实现了无纸化与部分自动化作业，大大提高了作业效率与准确率。同时，物流中心特别强调了信息化建设，采用了世界著名的仓储管理系统 INFOR SSA 4000，实现了统一的库存管理，该系统与企业 ERP 系统共同构成了上海新华传媒的信息系统。值得一提的是，在物流中心信息系统建设的同时，上海新华传媒还进行了商流系统的建设。尽管难度很大，但实际运行结果表明，上海新华传媒信息化建设获得了巨大成功。位于物流中心的主机房主要有 4 台高端小型机服务器和大容量磁盘柜，组成双机热备份系统，负责商流和物流业务，目前在国内还是不多见的。

由于采用了多项先进的信息技术与物流技术，集成一体化成为该中心物流系统的突出特点，其中包括物流、信息流、资金流一体化，图书、教材、音像、文教用品、退货一体化，图书到货、翻理、编目、入库一体化，图书添配、直配拣选和打包复核一体化，以及图书入库、直配、拣选、称重、分拣自动化。

特别值得称道的是，上海新华传媒物流中心的建设始终以创新为主题，创新体现在系统设计的以下各个方面。

（1）教材采用全直配模式，采用优先分配终端算法，推行面向学校发货的一站式服务，全面解决教材配送中由于季节明显、中间环节多，导致占地大、浪费大的问题。

（2）图书收货、翻理、新书注册实现流水线作业，在节约到货翻理空间的同时，大大提高了作业效率，缩短了翻理时间。

（3）图书直配采用电子标签系统和 RF 技术相结合的方式，直配品种和直配能力没有限制，解决了图书直配难题。

（4）创造性地提出二段式上架策略，大大提高了系统能力，并使系统处理能力摆脱了过去与品种密切相关的约束。

(5) 图书储存按照班组设计，高效率实现配送按班组进行；货架设计采用集成化设计思想，结合图书自身特点和图书存储特点，高效率解决了储存和 ABC 移库问题。

(6) 并包计算采用模糊成件算法，既考虑路线优化问题，又考虑拣选效率和最长路线问题，并从根本上消除了零包现象。此外，拣选与直配实现了自动并包。

(7) 图书销退运用二次分类算法和电子标签辅助技术，彻底解决了长期困扰新华书店的退货难题。

(8) 图书拣选复核采用重量复核技术，在对数以万计的图书进行分析的基础上，运用统计学原理，对图书误差进行了深入分析，找出了影响图书重量复核精度的关键因素，即图书重量的系统误差，提炼出重量复核的计算方法，从根本上解决了重量复核的关键问题。复核精度在判断正确拣选时保持在 90%以上，在判断错误拣选时保持在 99.9%以上，大大提高系统的处理能力。

(9) 供应链管理与物流系统实现一体化，为科学决策、以市场需求拉动采购提供技术支持。此举将深刻影响目前新华书店的采购模式，大幅度节约物流成本，节约国家资源，并提高了配送服务水平与满足率。

基于以上诸多创新，物流中心总经理姜××认为，建成后的上海新华传媒物流中心创造了我国图书物流建设的多项新纪录。

(1) 完成每年高达 40 亿码洋的图书配送，土地占用仅为目前国内已建成的图书物流中心的 20%~30%；

(2) 整个项目从开工建设到一次上线运行，仅用了 14 个月时间，刷新了我国大型物流中心建设最短周期的纪录；

(3) 年图书流转次数将达到 10~12 次，比目前全国平均水平提高 2 倍以上，是一般省店的 4 倍以上；

(4) 在一个项目中同时应用多项新技术，采用全新的设计理念，全面更新了收货、直配、储存、拣选、复核等各个环节的设计思想，全面实现了供应链管理与物流配送管理一体化，成为我国图书物流建设新的里程碑，引领我国图书物流建设进入新的阶段。

上海新华传媒物流中心在提升技术含量、优化作业流程、强化监控水平等方面呈现出“经济、快速、安全、准确”的特点，使其成为具有较为成熟的物流理念、符合出版物物流特点、引领我国图书物流发展方向的新一代图书物流中心的标志，它的建成为上海新华传媒的发展提供强有力的保障。

三、技术亮点

上海新华传媒物流中心是目前国内采用新技术最多的图书物流配送中心，有效地解决了长期困扰我国图书配送领域的诸多问题。其技术创新点主要包括如下七方面：

（1）到货翻理系统。到货翻理系统包括图书到货、图书整理、图书编目、图书分配等多项业务，是图书物流配送中心设计的重点和难点之一。新设计的到货翻理系统具有占地面积小、自动化程度高、翻理效率高、翻理时间短等优势。

（2）到货直配系统。图书直配与交叉转运（CROSS-DOCKING）模式相类似，但又有不同。图书到货直配通常占上海新华传媒物流中心到货量的50%～65%，是图书物流配送系统设计的关键。由于品种太多，图书直配存在很大困难，主要是一书多店问题和一书一店问题的矛盾很难协调。

上海新华传媒物流中心要求每天到货品种达到6000种以上，到货超过800万码洋。到货直配系统针对一书多店和一书一店的特点，分别采用摘果式配送和播种式配送技术，并综合运用RF技术和DPS电子标签技术，很好地解决了以往系统作业效率低的问题。

（3）高密度的货架系统。新华书店图书中心一般要求库存品种超过25万种，是图书物流系统的主要特点，对货架设计提出了很高的要求。

新设计的图书储存系统采用阁楼式货架，大大提高了空间的利用率，并在货架设计上采用不同大小的货位设计，充分满足图书的高效储存要求。大宗图书采用托盘货位，充分体现了系统设计的灵活性。

（4）图书重量复核技术应用。对拣选出的图书进行复核是图书配送中的难题，采用扫描复核，不仅成本高，同时还难以保证准确性。因此，采用其他技术进行复核成为研究的重点，而重量复核就是其中的一种技术。

北京伍强科技公司运用统计学原理对图书的重量误差进行了深入分析，并找出了决定重量复核技术可行的关键因素，最终将重量复核技术应用到上海新华传媒物流中心，并取得了预期的效果。

（5）基于二次分类的图书退货系统。退货约占一般省店发货量的25%～30%。目前，中国有大约570家出版社，一般供应商约1500家，每年出版新书约12万种，再版图书10万种。一般图书的退货处理是一个比发货难度大很多的难题，长期以来没有得到彻底解决。

图书退货要解决部分图书从新华书店退回到出版社或供应商，其他部分上架再销售的问题。上海新华传媒物流中心采用的二次分类法是一种具有独创性的系统设计。

简单来说，二次分类就是先将图书按照出版社（供应商）和品种分为若干大类，然后在大类中进行第二次分类，以实现图书到出版社（供应商）或到物流中心储存货位的目的。

（6）基于路线优化的模糊成件算法。由于上海新华传媒物流中心面积达3万m^2，如果不加分析和优化，一个包件最长拣选路线将超过600m，拣选时间和周转箱行走时间将超过30min，其他辅助时间也将达到30min。这是物流中心设计所应避免的，因此必须对拣选路线进行优化。

其实，对于一个周转箱（一件图书）来说，其装箱容量本身就是一个区间：一般要求码洋在800～1200之间，长宽高的大致尺寸在200mm×300mm×400mm左右，重量在15～20kg。这是模糊成件的基本前提。

模糊成件为路线优化提供了良好的机会，在满足基本成件原则的基础上，选择较短的路线将会得到很好的总体效果。此外，模糊成件使成件效果非常好，可以在很大程度上消除零包。这是一般系统很难做到的。

（7）多楼层提升机系统冗余设计。新华传媒物流中心输送系统特别是提升机系统的冗余设计，保障了整个物流系统的可靠性。

四、作业流程

（1）一般图书配送。一般图书配送是图书物流中心的工作重点和难点。上海新华传媒物流中心一般图书配送分为入库翻理作业区、图书到货直接配送区、图书储存区、大宗图书储存区和图书分拣打包复核区。一般图书储存区设计各种规格货位12.25万个，可以满足40万个品种、共2.5亿码洋的储存要求。

①入库翻理。每天到货量通常为700万～850万码洋（35万～45万册），种次将达到6000个以上，其中新书约600种。最大的订单一次送货可达400个种次，约30万码洋。入库翻理就是将图书按类分开，对新书进行编目注册，完成上架、直配拆分等工作，是图书物流的关键内容。而新书在线编目是本系统设计的关键技术之一，将整体翻理速度提高了一倍以上，使单本图书的翻理时间至少缩短了3h。

②直配。对于一书多店情形，采用电子标签辅助的摘果方式处理，大大提高了拣选速度。系统设计了8个区域共1050组电子标签，可以完成每天约3 000件的直配任务。对于一书一店情形，采用RF辅助按门店和按班组播种方式，设计了4个区域共480个播种点，大大提高了播种的效率，取得了很好的效果。

③上架。上架区域包括：二段式货架区域、播种区域、摘果区域、一般图书储存区、大宗图书储存区。整个系统的上架操作均采用 RF 技术支持，使上架简单而准确。RF 操作要求扫描周转箱号获得目标地址系列，扫描书号获得对品种的确认，扫描货位号获得最后确认。

④拣选。系统的发货是按照波次进行的，这样可以更加有效地提高服务水平，并减少对资源（如暂存区域、分拣路线）的需求。拣选的主要操作是按区域拣货，全部储存区域设计了 23 个拣选区域。一次拣选可以对多个周转箱，并采用模糊成件算法，可以使拣选路径达到最短。

⑤分拣。分拣采用 POP UP 型自动分拣设备，设计了 13 个出口，对应 13 条路线。每小时最多可完成 1200 件图书的分拣。

⑥打包复核。打包复核是拣选作业的最后复核环节。采用重量复核技术解决拣选自动复核问题。重量复核分为图书标定、周转箱标定、动态测量和模糊判定等几个环节，最后系统根据实际测量结果完成对拣选正确性的判断。此外，系统还设计了人工复核程序，以满足特定情况下图书人工复核的需要。包装分为周转箱包装和纸包装两种情况，由系统自动确定。

⑦发货。拣选完成的订单经过检查无误后即可以进入发运程序。发运是按照路线进行的。

（2）音像制品配送。上海新华传媒音像制品的库存品种仅为 3 万种，每天配送量也只有一般图书的 1/8～1/10，所以在大部分情形下，采用人工处理为主。音像制品的直配比例达到 70%以上，这一点也降低了对库存的要求。

音像制品配送系统设在物流中心四楼，占地 3 200m^2，设计储存区 8 000 个货位，可以满足库存 24 500 件、约 2 500 万码洋的储存要求。系统设计音像与一般图书进行统一配送，所以输送线的设计覆盖了音像部分。

音像制品配送过程与一般图书基本类似，分为接收、翻理、直配、上架、拣选、复核、发送等环节，但是音像的品种、数量和配送方式与一般图书存在差异。在配送过程中，音像与图书的最大差异是标签的处理：

①系统内的配送：要求在发货时打印标签，并逐一粘贴；

②系统外的配送：一般不需要打印标签；

③超市和大卖场：要求按照特种规格打印标签，如莲花超市、家乐福，每个店的标签纸都不一样，增加了配送难度。

（3）图书和音像退货

退货作为一个单独的系统，设在物流中心的四楼，面积约 1 500m^2，设计储存货位9 500个，储存能力约900万码洋，可以满足一般图书和音像制品的退货储存要求。

退货作业分为接收、翻理、一次分类、二次分类、退社和上架几个主要环节。退货系统设计是上海新华传媒物流系统的主要内容之一，具有创新意义的二次分类系统为图书退货提供了一个全新的解决方案。

上海新华传媒物流中心退货作业的复杂性表现在每天需要完成约1 000件图书（约100万码洋）、高达8000~10 000种的退货翻理任务。这些图书分别属于约1 000个供应商（其中出版社约570家，主要代理商约400家），其中，部分图书需要上架进行二次销售（比例为50%~60%），部分图书则由于污损严重，需要退回书店。完成如此大规模的工作，传统手工作业方式需要60~70人。由于操作时间长，效率低，信息不及时，导致退货商品很难再进行销售，并经常出现一边大量退货、一边又产生大量订单的奇怪现象，导致每年的退货成本达到数百万元。

为了解决这一难题，有关专家建议采用高速分拣系统完成退货分类工作，在实际应用中尽管可以大大减轻退货的劳动强度，但也带来了一些问题。

得益于分拣系统的启发，上海新华传媒物流中心采用二次分类技术解决了图书退货难题，可以大大减少人员数量（是传统操作方式的1/2，略多于高速分拣系统），降低劳动强度，节约投资成本（仅为高速分拣系统的1/5）。

（4）课本配送

课本配送是物流中心的重要业务。由于课本数量大，品种相对较少，有明显的季节性，所以一般均以传统处理方式为主，不采用自动化设备进行辅助。上海新华传媒的课本业务每年仅为4亿码洋，其中秋季为2.6亿码洋，春季为1.4亿码洋，在全国新华书店系统中是比较小的。

课本配送有完整的征订单，所以操作相对比较简单。新华传媒的课本配送着重解决三方面问题：其一是针对季节性强的特点，要求减少库存及仓库占用空间；其二是针对地区仓库特点，有针对性地对具备库存条件的区县优先配送；其三是直接配送到学校，这是一个巨大的难题，在全国少有人去思考这一问题，但在上海最终实现了对1 600所学校的直接配送。

为此，物流中心在设计时提出了“当前配送客户”的概念。所谓“当前客户”有两层含义：一是该客户是当前优先配送的对象；二是该客户具备优先配送的条件，如库存情况符合要求等。

课本配送中心设置在物流中心一楼，占地3 000m^2，除设计平面堆放区域外，还配有少量货架，以完成部分货物的储存。

（5）文教用品配送

文教用品配送是上海新华传媒物流中心的特色之一，每年完成3亿元的配送业务，在全国并不多见。文教用品配送本身也比较简单，主要原因是品种少（约3 000个），退货也少（小于5%）。

文教用品作业区位于四楼，占地2 000m^2，分为收货、一般储存、贵重品储存、大件货物储存和发货五个区域。

五、复习思考题

1. 比较仓库和配送中心以及物流中心的异同点。
2. 简述配送中心的功能与作用。
3. 配送中心形成的原因有哪些。
4. 简述物流配送的若干观点。
5. 电子商务下的物流配送存在哪些问题？
6. 在电子商务环境下的物流配送应如何有效运作？

案例2：家乐福物流选址实例

一、基本知识点

物流网络：所谓物流网络是建立在物流基础设施网络之上的，以信息网络为支撑，按网络组织模式运作的综合服务网络体系。这里物流基础设施网络是物流网络运行的组织保障；物流基础设施网络是物流网络高效运作的基本前提和条件；物流信息网络是物流网络运行的重要技术支撑。物流网络既不是单纯指企业内部的物流，也不是专指外部物流网络，而是一个相对综合的概念，是基于互联网的开放性、资源共享性，运行网络组织、模式构建起来的新型物流服务系统。

二、背景介绍

家乐福在1995年进入中国市场，短时间内便在相距甚远的北京、上海和深圳三地开设了大卖场，就是因为他们各自独立地发展出自己的供应商网络。根据家乐福自己的统计，从中国本地购买的商品占了商场里所有商品的95%以上，仅2000年采购定额就达15亿美元。除了已有的上海、广东、浙江、福建及胶东半岛等各地的采购网络，家乐福还在中国的北京、天津、大连、青岛、武汉、宁波、厦门 、广州及深圳特设了区域化采购网络。

三、问题提出

每次家乐福进入一个新的地方，都只派1个人来开拓市场。家乐福进入台湾只派1个人，到中国内地也只派了1个人。这第一个人就是这个地区的总经理，他所做的第一件事就是招一位本地人做他的助理。然后这位空投到市场上的光杆总经理，和他唯一的员工做的第一件事，就是开始市场调查。他们会仔细地去调查当时其他商店里有哪些本地的商品出售，哪些产品的流通量很大，然后再去与各类供应商谈判，决定哪些商品会在家乐福店里出现；这个庞大无比的采购链，是完完全全从零件开始搭建的。

四、解决方案

1. 十字路口的选址策略

Carrefour（家乐福）的法文意思就是“十字路口”，而家乐福的选址也不折不扣地体现着这一个标准——所有的店都开在了路口，巨大的招牌500m开外都可以看得一清二楚。而一个投资几千万的店，当然不会是拍脑袋想出的店址，其背后精密和复杂的计算，常令行业外的人士都大吃一惊。

根据经典的零售学理论，一个卖场的选址要经过几个方面的详细测算：

第一，就是商圈内的人口消费能力。中国目前并没有现有的资料（GIS人口地理系统）可资利用，所以店家不得不借助市场调研公司的力量来收集这方面的数据。有一种做法是以某个原点出发，测算5min的步行距离会到什么地方，然后是10min步行会到什么地方，最后是15min会到什么地方。根据中国本地特色，还需要测算以自行车出发的小片、中片和大片半径，最后是以车行速度来测算小片、中片和大片各覆盖了什么区域。如果有自然的分割线，如一条铁路线，或是另一个街区有一个竞争对手，商圈的覆盖就需要依据这种边界进行调整。

然后，需要对这些区域进行进一步的细化，计算这片区域内各个居住小区的详尽的人口规模和特征调查，计算不同区域内人口的数量和密度、年龄分布、文化水平、职业分布、人均可支配收入等许多指标。家乐福的做法还会更细致一些，根据这些小区的远近程度和居民可支配程度，再划定重要销售区域和普通销售区域。

第二，就是需要研究这片区域内的城市交通和周边的商圈的竞争情况。如果一个未来的店址周围有许多的公交车，或是道路宽敞，交通方便，那么销售辐射的半径就可以大为放大。上海的大卖场非常聪明，例如，家乐福古北店周围的公交线路不多，家乐福就干脆自己租用公交车定点在一些固定的小区间穿行，方便这些离得较远的小区居民上门一次性购齐一周的生活用品。

当然未来潜在销售区域会受到很多竞争对手的挤压，所以家乐福也会将未来所有的竞争对手计算进去。传统的商圈分析中，需要计算所有竞争对手的销售情况、产品线组成和单位面积销售额等情况，然后将这些估计的数字从总的区域潜力中减去，未来的销售潜力就产生了。但是这样做并没有考虑到不同对手的竞争实力，所以有些商店在开业前索性把其他商店摸个透彻，以打分的方法发现他们的不足之处，比如环境是否清洁，哪类产品的价格比较高，生鲜产品的新鲜程度如何等，然后依据这种精确的调研结果进行具有杀伤力的打击。

当然一个商圈的调查并不会随着一个门店的开张大吉而结束。家乐福自己的一份资料指出，客户中有60%的人在34岁以下，有70%是女性，然后有28%的人走路，有45%乘坐公共汽车。所以很明显，大卖场可以依据这些目标客户的信息来微调自己的商品线；能体现家乐福用心的是，家乐福在上海的每家店都有小小的不同。在虹桥门店，因为周围的高收入群体和外国侨民比较多，其中外国侨民占到了家乐福消费群体的40%，所以虹桥店里的外国商品特别多，如各类葡萄酒、各类泥肠、奶酪和橄榄油等，而这都是家乐福为了这些特殊的消费群体特意从国外进口的。南方商场的家乐福因为周围的居住小区比较分散，干脆开了一个迷你SHOPPING MALL，在商场均开了一家电影院和麦当劳，增加了自己吸引较远处的人群的力度。青岛的家乐福做得更到位，因为有15%的客户是韩国人，干脆就做了许多韩文招牌。

2. 高流转率与大批量采购

超市零售业的一个误区是，总以为大批量采购压低成本是大卖场修理其他小超市的法宝，但是这其实只是“果”而非“因”。商品的高流通性才是大卖场真正的法宝。相对而言，大卖场的净利率非常低，一般来说只有2%~4%，但是大卖场获利不是靠毛利高，而是靠周转快。而大批量采购只是所有商场商品高速流转的集中体现而已。而体现高流转率的具体支撑手段，就是实行品类管理（Category Management），优化商品结构。

据介绍，家乐福选择商品的第一项要求就是要有高流转性。例如，如果一个商品上了货架走得不好，家乐福就会把它30cm的货架位展示缩小到20cm。如果销售数字还是上不去，陈列空间再缩小10cm。如果没有任何起色，那么宝贵的货架就会让出来给其他的商品。家乐福这些方面的管理工作全部由计算机来完成，由POS机实时收集上来的数据进行统一的汇总和分析，对每一个产品的实际销售情况，单位销售量和毛利率进行严密的监控。这样做，使家乐福的商品结构得到充分的优化，完全面向客户的需求，减少了很多资金的搁置和占用。

涉及具体营运管理，有关专家特意用“Retail is Detail”这句简洁的英语来解释。以生鲜食品为例，流运的每一个过程点都要加一个控制点，从农田里采摘上来，放在车上，放在冷库里，放到商场货架上，全部要加以整理剔除和品质控制。然后生鲜食品放在货架上被第一批客户采购了以后，还要进一步的整理。所有的这一切，都需要对一些细节进行特别的关注。家乐福在这方面发展出一套非常复杂的程序和规则，例如，食品进油锅的时候油温是多少摄氏度，切开后肉类保鲜的温度是多少摄氏度，多长时间必须要进行一次货架清理，商品的贴标签和商品新鲜度的管理，全都有详细的规定，用制度以确保自己“新鲜和质量”的卖点不会走样变形。为了使制度能够被不折不扣地执行，员工的培训也完全是从客户的角度出发的，使他们把自己当成消费者来进行采购，结果当他们看到乱成一团的蔬菜，自己也不愿意买，终于对管理制度有了深刻的理解。

五、小结

这种进入市场的方式粗看难以理解，但却是家乐福在世界各地开店的标准操作手法。这样做背后的逻辑是，一个国家的生活形态与另一个国家生活形态经常是大大不同的。在法国超市到处可见的奶酪，在中国很难找到供应商；在台湾十分热销的槟榔，可能在上海一个都卖不掉。所以，国外家乐福成熟有效的供应链，对于以食品为主的本地家乐福来说其实意义不大。最简单有效的方法，就是了解当地，从当地组织采购本地人熟悉的产品。

六、思考与练习题

1. 家乐福选址时，主要考虑哪些因素？
2. 从这个案例来看，大商场仅是利用大批量采购压低成本来获胜的吗？

第六章　库存决策

第一节　库存概述

一、库存概述

（一）库存的含义

库存（Inventory 或 Stock），即处于储存状态的货物。广义的库存还包括处于制造加工状态和运输状态的货物。它表示用于将资源暂时处于闲置状态，是指处于储存状态的货物，是仓储的表现形态。企业为了能及时满足客户的订货需求，就必须经常保持一定数量的货物库存。配送中心为了维持配送的顺利进行，就必须预先储存一定数量的货物来满足订货需求。企业存货不足，会造成供货不及时、供应链断裂，丧失市场占有率或交易机会；整体社会存货不足，会造成货物贫乏、供不应求。而货物库存需要一定的维持费用，同时还存在由于货物积压和损坏而产生的库存风险。因此，在库存管理中既要保持合理的库存数量，既要防止缺货和库存不足，又要避免库存过量，发生不必要的库存费用。

（二）库存的分类

从生产过程的角度可将库存分为原材料库存、零部件及半成品库存、成品库存三类。从库存货物所处状态可将库存分为静态库存和动态库存。静态库存是指长期或暂时处于储存状态的库存，这是一般意义上的概念。实际上广义的库存还包括处于制造加工状态或运输状态的库存，即动态库存。从经营过程的角度可将库存分为以下几种类型。

1. 经常库存

经常库存也叫周转库存，是指企业在正常的经营环境下，为满足客户日常的需求而建立的库存。经常库存的目的是为了衔接供需，缓冲供需之间在时间上的矛盾，保障供需双方的经营活动都能顺利进行。这种库存的补充是按照一定的数量界限或时间间隔反复进行的。

2. 安全库存

安全库存也叫保险库存，是指为了防止由于不确定因素（如突发性大量订货或供应商延期交货）影响订货需求而准备的缓冲库存。

3. 季节性库存

季节性库存是指为了满足特定季节中出现的特定需求而建立的库存或是指对季节性货物在出产的季节大量收储所建立的库存。

4. 生产加工和运输过程的库存

生产加工过程的库存是指处于加工或等待加工而处于暂时仓储状态的货物。运输过程的库存是指处于运输状态（在途）或者为了运输的目的（待运）而暂时处于仓储状态的货物。

5. 促销库存

促销库存是指为了应付企业促销活动产生的预期销售增加而建立的库存。

6. 增值库存

增值库存也叫时间效用库存，是指为了避免货物价格上涨造成损失，或者为了从货物价格上涨中获利而建立的库存。

7. 储存库存或积压库存

储存库存或积压库存是指因货物品质变坏或损坏，或者是因没有市场而滞销的货物库存，还包括超额仓储的库存。

二、库存管理控制的目标

库存管理控制的目标是在满足客户服务要求的前提下，通过对企业的库存水平进行控制，尽可能降低库存水平、提高物流系统的效率，以强化企业的竞争力。

具体而言，库存管理控制的目标是库存成本最低、零库存或者无库存、库存保证程度最高、不允许缺货、限定资金以及快捷的目标。

三、传统库存管理控制方法

（一）库存的分类管理——ABC分类管理方法

一般来说，企业的库存货物种类繁多，每个品种的价格不同，而且库存数量也不等，有的货物种类不多但价值很大，而有的货物种类很多但价值不高。由于企业的资源有限，因此，对所有库存品种均给予相同的重视程度和管理是不可能的，也是不切实际的。为了使有限的时间、资金、人力和物力等企业资源能得到更有效的利用，应对库存货物进行分类，将管理的重点放在重要的库存货物上，进行分类管理和控制，即依据库存货物重要程度的不同分别进行不同管理，这是ABC分类方法的基本思想。

ABC分类管理方法就是将库存货物按重要程度分为特别重要的库存（A类库存）、一般重要的库存（B类库存）和不重要的库存（C类库存）三个等级，然后针对不同的级别分别进行管理和控制。ABC分类管理方法包括两个步骤：一是如何进行分类，二是如何进行管理。

1. 如何进行分类

通常按库存所占总库存资金的比例和所占库存总品种数目的比例两个指标来进计分类。具体地说，A类库存品种数目少但资金占用大，即A类库存品种约占库存品种总数的5%~20%，而其占用资金金额约占库存资金总额的60%~80%。C类库存品种数目大，资金占用小，即C类库存品种约占库存品种总数的60%~70%，而其占用资金金额占库存资金总额的15%以下。B类库存介于两者之间，B类库存品种约占库存品种总数的20%~30%，而其占用资金金额约占库存资金总额的10%~15%。

2. 如何进行管理

在对库存进行ABC分类之后，接着便是根据企业的经营策略对不同级别的库存进行管理和控制。

（1）A类库存。这类库存货物数量较少，但其耗用的金额较大，对企业最为重要，是最需要严格管理和控制的库存。企业必须对这类库存定时进行盘点，详细记录及经常检查分析货物使用。存量增减和品质维持等信息，加强进货、发货、运送管理，在满足企业内部需要和客户需要的前提下，维持尽可能低的经常库存量和安全库存量，加强与供应链上下游企业合作来控制库存水平，既要降低库存，又要防止缺货，加快库存周转。对A类库存货物，一般采用连续库存管理控制系统。

（2）B类库存。这类库存货物属于一般重要的货物，对它的管理强度介于A类和C类之间。通常的做法是将若干货物合并一起订购，一般需要进行正常的例行管理和控制。

（3）C类库存。这类库存货物数量最大，但其耗用的金额较少，对企业的重要性最低，对其管理也最不严格。对于这类库存，一般只需要进行简单的管理和控制。例如，实行大量采购大量库存，减少该类库存的管理人员和设施，库存检查时间间隔长等。对C类库存，通常采用双堆库存管理系统。

（二）经济订货批量模型

企业每次订货的数量多少直接关系到库存水平和库存在总成本的大小。因此，企业都希望找到一个合适的订货数量，从而使它的库存总成本最小。经济订货批量模式（Economic Order Quality Model）能满足这一要求。经济订货批量模式就是通过费用分析求得在库存总费用为最小时的每次订购批量，用以解决独立大需求货物的库存控制问题。

EOQ库存控制模型中的费用要包括以下几个方面内容。

（1）储存费。包括货物占用资金应付的利息以及使用仓库、保管货物、货物损坏变质等支出费用。

（2）订货费。包括手续费 、电话往来、派人员外出采购等费。

（3）缺货费。当储存供不应求时引起的损失，如失去销售机会的损失、停工待料的损失以及不能履行合同而缴纳的罚款等。在不允许缺货的条件下，在费用处理上的方式使缺货费用为无穷大。

在需求量是已知的和连续的，订货、到货间隔时间是已知的和固定的，以及不发生缺货现象的条件下，假设TC代表每年的总库存成本，PC代表每年的采购进货成本（包括购置价格），HC代表每年的保管仓储成本，D代表每年的需求量，P代表货物的单位购买价格，Q代表每次的订货数量，I代表每次订货的成本，J代表单位货物的保管仓储成本，F代表单位货物的保管仓储成本与单位购买价格的比率，则：

每年的平均库存量为$Q/2$，每年的保管仓储成本为（$Q/2$）$\times J$，每年的订货次数为D/Q，每年的订货成本为（D/Q）$\times I$，每年的采购进货成本为$D\times R+$（D/Q）$\times I$，企业每年的总库存成本（TC）等于采购进货成本（PC）和保管仓储成本（HC）之和。具体方程式为

$$\begin{aligned}\mathrm{TC}=\mathrm{PC}+\mathrm{HC}&=D\times P+(D/Q)\times I+(Q/2)\times J\\&=D\times P+(D/Q)\times I+(Q/2)\times F\times P\end{aligned}$$

通过对上式进行微分求异数，并令求导后的方程式等于零，最后解该方程式所求得的订货批量就是使总库存成本最小的最佳订货量，又称为经济批量（Economic Order Quantity，EOQ）。如下式所示：

$$\mathrm{EOQ}=\sqrt{(2D\times I)/J}=\sqrt{(2D\times I)/(F\times P)}$$

在按经济批量进行订货的情况下，最小的总库存成本 TC、每年的订货次数 N 和订货间隔期间 T 分别如下所示：

$$TC = D\times P+\sqrt{2D\times I\times J} = D\times P+\sqrt{2D\times I\times F\times P}$$

$$N = D/Q$$

$$T = 365/N = 365\times Q/D$$

【例】宇田公司是产生某机械器具的制造企业，按计划每年采购 L 零件 10 000个。L 零件的单位购买价格是 16 元，每次的订货成本是 100 元，每个 L 零件每年的保管仓库成本是 8 元。求 L 零件的经济批量、每年的总库存成本、每年的订货次数和每次订货之间的间隔时间。

解：

经济批量：$EOQ = \sqrt{(2D\times I)\ /J} = \sqrt{(2\times 1000\times 100)\ /8} = 500$（个）

每年的总库存成本：$TC = D\times P+\sqrt{2D\times I\times J} = 10\ 000\times 16+\sqrt{(2\times 1\ 000\times 100)\ \times 8} =$ 164 000（元/年）

每年的订货次数：$N = D/Q = 10\ 000/500 = 20$（次/年）

每次订货之间的间隔时间：$T = 365/N = 365/20 = 18.25$（天）

在经济批量模型中，作为参数的每次订货成本 I 和单位货物的仓储保管成本 J 往往难以精确地加以估算。因此，需要分析各个参数的变化对结果（总库存成本）的影响程度，即需要进行灵密度分析。如果每个参数的变化对结果的影响很大，那么就需要对该参数进行非常精确的估算，这样才能计算出正确的经济批量。另外，上述模型是建立在许多假定基础上的简单模型，如果考虑到实际情况的复杂性，则还需要对该模型进行修改。

（三）零库存

对于众多的制造商和分销商来说，不断增长的库存量已成为一种沉重的负担。企业管理者希望实现他们梦寐以求的“零库存”，保证物料供应和产品分配的顺畅，实现利润最大化。库存成本降低的潜力比任何市场营销环节都要大，成功的物流战略大多以尽可能低的金融资产维持存货，在对客户承担义务的同时实现最大限度的流通量，以保证利润最大化。

1. “零库存”的含义

“零库存”管理是物资存储优化理论，即存储理论在管理实践中的运用，它并不是指企业所有的原材料、半成品、成品的库存为零，而是指在确保企业生产经营活动的顺利进行的条件下，采用各种科学的管理方法，对库存进行合理的计算和有效的控制，尽可能降低库存量的一种方法。对有条件不设库存的原材料，应按要求由外协企业定时、定点地送到车间等有关生产单位；对资金占用量大且库存不可缺少的原材料，则通过合理的滚动计划和控制，将库存降到最低限度。不以库存形式存在就可以免去仓库存货的一系列问题，如全库建设、管理费用、存货维护、保管、装卸、搬运等费用，存货占用流动资金及库存物的老化、损失、变质等问题。

值得注意的是，零库存并不等于不要储备和没有储备，也就是说某些经营实体不单独设立库存和储存物资，并不等于取消其他形式的储存活动。实际上，企业（包括生产企业和流通企业）为了应付各种意外情况，如运输时间延误、到货不及时、生产和消费发生变化等，常常要储备一定数量的原材料、半成品和成品，但这种储备不是以库存形式来储存。从理论上讲，经营实体储备一定数量的产品，并以此形成“保险储备”也是一种合理的行为，它与实现零库存的愿望并不矛盾。现在，有人把零库存的使用范围无限扩大，认为零库存就是“零储备”，实现零库存即意味着可以从根本上消除库存，这种观点是片面的。

需要指出的是，上面所讲的零库存是针对微观经济领域内的经营实体的库存状况而言的一种库存变化趋势，它属于微观经济范畴。从全社会来看，不可能也不应该实现零库存。为了应付可能发生的各种自然灾害和其他各种意外事件，为了调控生产和需求，通常国家都要以各种形式，其中包站以库存形势储存一些重要物资，如粮食、战略物资、抢险救灾物资等。因此，在微观领域内，一些经营实体可以进行“无库存”生产和进行“无库存”销售，但是整个国家和社会不能没有库存。

此外，就微观主体的储存行为而言，零库存又是在特定的经济环境下实现的。也就是说，某些经营实体的零库存是在社会集中库存及保障供应的前提下得以实现的。从这个意义上说，零库存是对社会库存结构进行合理调整的结果。

2. 实现企业零库存的主要方式

（1）看板方式。看板方式是准时方式中的一种简单有效的方式，要求企业各工序之间、企业之间及生产企业与供应者之间采用固定格式的卡片作为凭证，由下一环节根据自己的节奏，逆生产流程方向，向上一环节指定供应，其主要目的是在同步化供应链计划的协调下，使制造计划、采购计划、供应链计划能够同步进行，缩短客户响应时间，节约采购资源，降低原材料和外购件的价格，提高企业的适应能力。在具体操作过程中，可以通过增减看板数量的方式来控制库存数量。

（2）按订单生产方式。企业的一切生产活动都是按订单来进行采购、制造、配送的，仓库不再是传统意义上的储存物资的仓库，而是物资流通过程中的一个“枢纽”，是物流作业中的一个站点。物资是按订单信息要求而流动的，因此从根本上消除了呆滞物资，从而也消灭了“库存”。这与传统意义上的为“库存”而产生，生产的产品进入“库存”后再等待订单是根本不同。

（3）JIT 配送方式。即企业将及时按照订单生产出来的物品配送到客户手中，在此过程中，通过物品的在途运输和流通加工，减少库存的方式。企业则以通过采用标准的 JIT 供应运作模式和合理的配送制度，使物品在运输中实现储存，从而实现零库存。

以海尔为例，海尔物流本部储运部，负责整个集团的成品分拨物流，统一协调及控制运输业务，为零距离销售提供物流配送保障，实现成品的 JIT 配送、减少库存量。

（4）协作分包式。即美国的”SUB-Contract”方式和日本的“下请”方式，主要是制造企业的一种产业结构形式，这种形式可以以若干企业的柔性生产准时供应，使主企业供应库存为零；同时主企业的集中销售库存使若干分包劳务及销售企业的销售库存为零。在经济发达国家，制造企业都是以一家规模很大的主企业和数以千百计的小型分包企业组成一个金字塔形结构。例如，分包零部件制造的企业可采取各种形式和库存调节形式，同时以主企业的生产，按指定时间送货到主企业，从而使主企业不再设原材料库存，同时以主企业集中的产品、库存满足各分包企业的销售，使分包企业实现零库存。

（5）委托保管方式。即受托方接受客户的委托，利用其专业化的优势，以较高的库存管理水平、较低的库存管理费用，代存、代管所有权属于客户的物资，从而使客户不再设有仓库，甚至可以不再保有安全库存，从而实现零库存。这种零库存方式主要是靠库存转移实现的，并不能使库存总量降低。但是委托方省去了仓储规划、建设及库存管理的大量费用，集中力量于生产经营，体现了专业化特色，是目前国内企业发展零库存的主要趋势。

（6）轮动方式。也称同步方式，是指在对系统进行周密设计的前提下，使各个环节完全协调，从而暂时甚至根本取消物料在工位之间停滞状态的一种零库存、零储备形式。这种方式是在传送带式生产的基础上，进行更大规模延伸形成的一种使生产与材料供应同步进行，通过传送系统供应从而实现零库存的形式。实现轮动方式是一项需要很大投资而且难度很大的系统工程。

（7）水龙头方式。水龙头方式是一种像拧开自来水管的水龙头就可以取水而无须自己保有库存的零库存形式。这是日本索尼公司首先采用的。这种方式经过一定时间的演变，已发展成及时供应制度，客户可以随时提出购入要求，采用需要多少就购入多少的方式，供应者以自己的库存和有效供应系统承担即时供应的责任，从而使客户实现零库存。适应这种供应形式实现零库存的物资主要是工具及标准件。

（8）无库存储备。国家战略储备的物资，往往是重要物资。战略储备在关键时刻可以发挥巨大作用，所以几乎所有国家都要有各种各样的战略储备。由于战略储备的重要性，故一般这种储备都保存在条件良好的仓库中，以防止其损失，延长其保存年限。因此，实现零库存几乎是不可想象的事。无库存的储备，是仍然保持储备，但是采取库存形式，以次达到零库存。有些国家将不易损失的铝这种战备物资作为隔音墙、路障等储备起来，以备万一，在仓库中不再保有仓库就是一例。

（9）配送方式。这是一种综合运用上述若干方式，采取配送制度保证供应，从而使客户实现零库存的方式。

四、现代库存控制方法

管理和控制库存是每个企业所面临的问题。由于库存的成本在总成本中占有相当大的比例，因此，库存的管理与控制是企业物流领域所面临的一个关键问题，对于企业物流整体功能的发挥起着非常重要的作用。

传统的库存控制方式包括确定条件和不确定条件下的定量订货法和定期订货法等数学模式方法。

在今天的经济环境中，企业的生产目标、生产组织结构、生产方式和方法都发生了巨大的变化，同时也对传统的库存管理方法提出了挑战。随有计算机技术的发展，创新性的现代库存管理方法得到普及和推广。这些方法包括物料需求计划（MRP）、制造资源计划（MRPⅡ）和分销资源计划（DRP）等。

（一）物料需求计划

物料需求计划把原料和零部件需求看成是最终产品需求量的派生需求。其出发点是要根据成品的需求，自动地计算出构成这些成品的部件、零件以至原材料的相关需求量；根据成品的交货期计算出各部件、零件生产进度日程与外购件的采购日程。MRP 的思想很早就产生了，但直到计算机产生、信息系统实施以后，MRP 才真正得以广泛应用。MRP 系统依据主生产计划、产品结构、库存状态来计算每种材料的需求量，并把需求量分配到每个时期。

MRP 系统的目标有以下三点。

(1) 保证在客户需要时，能够立即提供足量的材料、零部件、产成品。

(2) 保持尽可能低的库存水平。

(3) 合理安排采购、运输、生产等活动，使各个车间生产的零部件、外购件与装配的要求在时间与数量上精确衔接。

因此，MRP 系统可以指明现在、未来某时的材料、零部件、产成品的库存水平。MRP 系统的起点是需要多少最终产品，何时需要；然后分解到每一种材料、零部件，并确定需求时间。

(二) 制造资源计划

生产管理系统是企业经营管理系统中的一个子系统，它与其他子系统，尤其是经营与财务子系统有着密切的联系。在 MRP 进行研究，并吸取精华、克服缺点以后，制造资源计划应运而生。在 MRP 完成对生产计划与控制的基础上，进一步扩展，将经营、财务生产管理子系统相结合，形成制造资源计划。

一些生产管理先进国家的专家和学者认为，运用现代生产管理思想和方法建立的计算机化生产系统是一个先进的生产管理系统。MRP Ⅱ软件是根据订单和预测安排生产任务，对生产负荷和人员负荷与生产能力进行平衡调整，通过计算机模拟，得到一个最佳生产组合顺序的主生产计划。根据主生产计划的要求及库存记录、产品结构等信息，由计算机自动推导出构成这些产品零部件与材料的需求量，自制生产计划和外购件的采购计划。根据物料需求计算的结果，分阶段、分工作中心精确地计算出人员负荷和设备负荷，进行“瓶颈”预测，调整生产负荷，做好生产能力与生产负荷的平衡工作，指定能力需求计划，按照计划进行生产，在生产过程中，若出现问题，还可再进行调整。

MRP Ⅱ用科学的方法计算出什么时间、需要什么、需要多少，在保证正常生产不间断的前提下，根据市场供货情况，适时、适量分阶段订购物料，尽量减少库存积压造成的资金浪费，在解决物料供应与生产的矛盾、产品复杂多样化与生产条理化的矛盾中起着很大的作用。

MRP Ⅱ是一个很好的计划工具，能够进行因果分析。因此有助于分析在后勤、生产、市场营销 、财务等领域应用某一战略所产生的结果。例如，MRP Ⅱ可以解决企业物流中设施内部和设施之间的产品移动及存在等问题。

综上所述，MRP Ⅱ是计划和管理企业所有资源的技术，它超越了库存控制和生产控制，综合了几乎所有的功能，是一个面向未来的计划技术。它不仅减少了缺货，提高了客户服务水平，还使运输更高效、更能适应需求的改变，减少存货成本，减少生产线的停工，使计划更灵活。

现在，又有了新的发展，有人把 MRP Ⅱ利 JIT 结合起来，称之为 MRPⅢ。

（三）分销资源计划

分销资源计划（DRP）是把 MRP 的原则和技术推广到最终产品的储存和运输领域。MRP 包含一个主生产计划，然后把它分解成零部件的毛需求量和净需求量；相应地，DRP 从最终客户的需求量开始（这是一种独立需求向生产企业倒退），建立一个经济的、可行的系统化计划，来满足客户要求。利用准确可靠的需求预测，DRP 制定一个分阶段的产品从工厂或仓库到最终客户的分销计划。事实上，DRP 是通过对存货的分配来达到服务客户的目的，因此，它是一种推动方式。

DRP 的真正意义在于，它对于现实需求非常敏感，使合适的产品适时到达客户手中。它是替代传统订货点法的一种手段。

DRP 与 MRP 的主要区别在于，DRP 可以反复地调整它的订货方向，使之能够满足变化不定的环境。它也是从整个系统的角度考虑存货问题的，不会出现减少一个仓库的库存水平却使另一个仓库的库存水平大幅升高的问题。

有些企业把 DRP 和 MRP 结合起来应用，称之为 DRPⅡ。主生产计划是基于现实需求和需求预测的，MRP 程序直接对主生产计划进行处理，DRP 则依据对具体市场的需求预测和既定的生产计划，在各个不同的工厂和仓库之间分配库存。总而言之。MRP 是把所需的材料、零部件“推”到生产地或装配地，DRP 是把最终产品通过分销渠道“推”到需要它的地方去。

第二节　存货控制

存货是指企业在生产经营过程中为销售或耗用而储备的各种有形资产，包括库存的、加工中的和在途的各种原材料、燃料、包装物、低值易耗品、在产品、委托加工材料、外购商品、自制半成品、产成品及发出商品等内容。

存货特点：与无形资产相比，存货具有实物形态；与长期资产相比，存货具有较强的流动性；与货币资产相比，存货又具有发生潜在损失的可能性。

存货控制是实施一项存货政策的机械程序。存货控制的责任是要测定特定地点现有存货的单位数和跟踪基本存货数量的增减。这种测量和跟踪可以手工完成，也可以通过计算机技术完成。其主要的区别是速度、精确性和成本。

为了实施期望的存货管理政策，必须对控制程序进行设计。这些程序用于明确经常性检查存货水平的要求，并与有关存货参数进行对照，确定何时订货以及订多少货。接下来我们将讨论这些检查方法，并概括每一种方法的含义。存货控制程序的特点可以是永续的，也可以是定期的。

一、永续检查

采用永续检查控制方式的生产系统，在每次物资出库时，均盘点剩余物资，检查库存量是否低于预先设定的订货警戒线，如果低于订货警戒线，则应该发出订货指令。由于从订货指令发出到所购物资加入仓库，通常需要一段时间，在此期间库存储备不断减少，物资不断地投入生产环节，转换为产品，直到库存储备降到最低点。当订货物资到货时，库存储备得到补充，达到最大值。上述库存储备的变化周而复始地进行。

1. 永续检查控制方式的特点

一个企业采用永续检查控制方式后，其库存控制存在如下特点：一是每次的订货批量通常是固定的，在选择批量大小时，主要考虑库存总成本最低的原则；二是相邻两次订货的时间间隔通常是变化的，其长短主要取决于需求量的变化情况，需求大则时间间隔短，需求小则时间间隔长；三是订货提前期基本不变，订货提前期是由供应商的生产与运输能力等外界因素决定的，与物资的需求情况没有直接的联系，故通常认为是一个常数。基于这些特点，永续检查控制方式的库存控制要点是订货批量的确定与订货警戒线的设立，前者影响整个库存平均水平，后者影响服务水平。

2. 永续检查的订货批量与再订货点的确定

永续的存货控制过程用于检查日常的存货状态，以确定补给需要量。要利用这类控制系统，所有库存单位都必须对存货的精确性负责。通常需要借助计算机来实施永续检查。

永续检查过程是通过再订货点和订货批量来实施的。再订货点的计算公式如下：

$$\mathrm{ROP}=D\times T+\mathrm{SS}$$

式中：ROP——用单位数表示的再订购点；

D——用单位数表示的平均日需求量；

T——用天数表示的平均完成周期；

SS——用单位数表示的安全储备或缓冲储备。

可用 EOQ、EOQ 延展等其他方法来确定定货批量。为便于说明，我们假设不存在不确定因素，所以也不需要安全储备。

永续检查要将现有存货与已订购存货的合计与产品的再订货点进行比较。现有存货（On-Hand Inventory）是指实际储存在特定的配送设施中的数量。已订购存货（On-Order Inventory）是指已向供应商订购的数量。如果现有存货加上已订购存货的数量低于已确定的再订货点，那么，存货控制过程将启动，再次补给存货。在数学上，这种状况可以被描述为

如果 $I+Q_0 \leqslant \mathrm{ROP}$，则订购批量为 Q。

式中：I——现有存货；

Q_0——向供应商订购的存货；

ROP——再订货点单位数；

Q——订货批量单位数。

永续检查系统的平均存货可用下式计算：

$$\bar{I}=Q/2+\mathrm{SS}$$

式中：$\bar{I}$——用单位数表示的平均存货；

Q——订货批量单位数；

SS——安全储备单位数。

永续检查系统具有固定的再订货点，再订货的形成产生于两种假设：一是当达到再订货点时，存货控制下的产品项目将发出购买订单；二是控制方法能对存货进行持续监控。如果这两种假设得不到满足，则确定永续检查的控制参数（ROP 和 Q）必须重新予以修正。

3. 永续检查控制方式的适用范围

对下述情况下的物资，可以考虑采用永续检查控制方式控制。

（1）具备进行连续检查条件的物资

并非所有的物资都能很方便地进行检查，具备进行永续检查条件，因而成为选用永续检查控制方式的前提条件。

（2）价值较低的非重点控制物资

价值较低且需求数量较大的物资以及价格昂贵需要严格控制的物资，均适宜采用永续检查控制方式控制。前者是因为此类物资价低量大，采用永续检查控制方式的一些交易实施的方案可以简化控制程序；后者是因为永续检查控制方式可以及时地搜集库存信息，较灵活地控制库存。

（3）市场上易于采购的物资

采用连续检查控制方式，订货的时间无法确定，因此永续检查控制方式顺利

实施的前提条件之一是市场上随时可以采购到所需要的物资。

4. 永续检查控制方式的常用技法

永续检查控制方式常采用收发卡片或双堆法确定订货时机。

（1）收发卡片法

收发卡片法，顾名思义就是用特别设计的收发卡片控制订货时间的方法。收发卡片上通常标有物资代号、名称、规格、货位、最低库存储备量以及物资进出库的时间、数量、领料单位等信息。管理者可以通过察看收发卡片上现有库存量与最低库存储备量等基本信息，决定是否订货或何时订货。

（2）双堆法

采用该方法的企业，在每次进货时，均将物资分成两部分储备：一部分作为订货点的库存储备，单独存放；另一部分作为经常性储备，供日常发料之用。一旦在发料过程中发现经常性储备用尽时，则动用留作订货点的库存储备物资，同时马上发出订货指令。相比之下，双堆法操作起来更为直观、简单。

实际生产中，部分企业综合了收发卡片法和双堆法的优点，采用了一些更灵活实用的方法。例如，有的企业将收发卡片改造成旋转式卡片，通过卡片的旋转表示出物资的现有库存储备粮，当库存储备小于订货点储备量时，卡片上显示出醒目的红色，提醒管理者订货。

二、定期检查

定期检查控制方式，又称周期检查控制方式，是采用定期盘点库存，结合下一计划期预计的需求情况确定每次的订货批量。如果目前库存储备较少，或者预计需求将增加时，可以适当地增加订货批量，反之则可以减少订货批量。

1. 定期检查的特点

定期检查时，每两次订货的时间间隔是固定的，因此，此控制方式也称为固定订货期系统。与订货期相反，订货批量通常是变化的。此种控制方式的关键是确定订货期。由于周期检查控制方式采用固定的订货间隔期，通常按月或季来划分，有利于企业科学管理。例如，采用周期检查控制方式的生产企业从客观上比较容易制订出统一的采购计划，将一段时间企业需要采购的物资汇总采购，更容易获得价格优惠。

2. 定期检查下再订货点的确定

定期检查控制是按有规律的时间间隔，如每月或每周，对产品项目的存货状态进行检查。对于定期检查来说，必须将基本的再订货点调整到两次检查之间的间隔时间内。计算定期检查再订货点的公式如下：

$$ROP = D(T+P/2)+SS$$

式中：ROP——再订货点；

D——平均日需求量；

T——平均完成周期长度；

P——用天数表示的检查周期。

SS——安全储备。

既然存货状态的计算要在特定的时间内才能完成，那么在定期检查前，任何产品项目都有可能下降到期望的再订货状态以下。由此可以设想，在定期计算接近检查事件之前，存货有可能下降到理想的再订货状态以下。

对定期检查来说，平均存货公式如下：

$$\bar{I}=Q/2+(P \times D)/2+SS$$

式中：$\bar{I}$——用单位数表示的平均存货；

Q——订货批量单位数；

P——用天数表述的检查周期；

D——平均日需求量；

SS——安全储备单位数。

由于定期检查引入了时间间隔，定期控制系统一般需要比永续控制系统更大的平均存货。

3. 定期检查控制方式的适用范围

下列性质的物资可以考虑采用定期（周期）检查控制方式控制。

（1）需要定期盘点和定期采购或生产的物资

这些物资主要指需要成批生产的各种原材料、配件、毛坯和零配件等。企业在编制上述物资的生产计划或采购计划时通常均要考虑现有库存的情况，由于计划是定期制订并执行的，因此，这些物资需要定期盘点和定期采购。

（2）具有相同供应来源的物资

此处的具有相同供应来源的物资是指同一厂家生产或产地在同一地区的物资，由于物资来源的相似性，采用统一采购策略，不仅能够节约订货和运输费用，而且可以获得一定的价格折扣，降低购货成本。定期检查存货可以保证统一采购的顺利进行。

（3）需要计划控制的物资

价值较高的物资由于占用较多的资金，需要通过计划控制库存数量，达到优化库存成本的目的，因此，此类物资的生产与采购通常纳入计划管理，多采用与计划期同步的周期检查控制方式控制。

三、控制系统修正

为了适应特定的形势，基本的定期控制系统和永续控制系统已发生了变化并进行了组合。最常见的是补给水平系统和可选补给系统。现对各系统作简要讲解，以说明出于控制目的的系统修正范围。

补给系统（Replenishment System）的目标水平是建立一种固定订货间隔系统，它可以提供短期间隔的定期检查。由于存货的完整状态类似于永续概念，所以，该系统确定了再订货的上限或补给水平。将检查周期加到前置时间上去，目标补给水平（TGT）就可被确定为：

$$\mathrm{TGT}=\mathrm{SS}+D\ (T+P)$$

式中：TGT——补给水平；

SS——安全储备；

D——平均日需求量；

T——平均完成周期长度；

P——用天数表示的检查周期。

于是，一般的补给规则就变成：

$$Q=\mathrm{TGT}-I-Q_0$$

式中：Q——订货批量；

TGT——补给水平；

I——检查期间的存货状态；

Q_0——已订购数量。

当然，既然补给周期长于检查周期，就还必须考虑未交付的订货。

在目标补给系统下，确定订货规模无须参考订货批量，强调的是将存货水平维持在最高限度之下，这是目标水平或订货的上限水平。之所以将最高限度作为一种上限水平保护，是因为存货绝不会超过补给水平，并且只有在启动补给订货与随后的检查周期之间没有可销售的单位时，才能达到补给水平。在这些条件下，平均存货表示为：

$$\bar{I}=\ (DP)\ /2+\mathrm{SS}$$

式中：$\bar{I}$——平均存货；

D——平均日需求量；

P——用天数表述的检查周期；

SS——安全储备。

目标补给系统的变化是可选补给系统（Optional Replenishment System），它有时被称为（s，S）系统或极大极小系统。可选补给系统类似于目标水平补给系统，它以订货批量的变量替代特定的订货批量。然而，可选补给系统引入调整机制，限制可变订货批量的下限。结果，存货水平永久地保存在上下限之间。上限的存在是为了确定最大限度的存货水平，而下限则可保证补给订货将至少等于最高水平（S）与最低水平（s）之间的差额。基本的订货规则表示为：

如果 $I+Q_0<s$，则 $Q=S-I-Q$

式中：I——检查期间的存货状态；

Q_0——已订购数量；

s——最低限度的储备水平；

Q——订货批量；

S——最大限度的储备水平。

最低限度的水平或最低水平，类似于 ROP。当存在不确定因素时：

$$s=D\times T$$

式中：s——最低限度的储备水平；

D——平均日需求量；

T——平均完成周期长度。

当存在需求不确定因素和完成周期不确定因素时，最低储备成本（s）中必须增加安全储备的备抵数。

极大极小系统可以以产品的绝对单位数、供给天数，或两者的结合来运用。在绝对单位数的情况下，极大值和极小值都可以按照具体的单位数来确定。对于一种补给检查来说，供给天数与当前预测值相乘，成为具体的单位数。供给天数方法需依赖预测，所以会对需求变化作出反应。

第三节　相关案例分析

案例 1：安科公司的库存管理

安科公司是一家专门经营进口医疗用品的公司，2000 年，该公司经营的产品有26个品种，共有69个客户购买其产品，年营业额为5 800万元人民币。对于安科公司这样的贸易公司而言，因为进口产品交货期较长，库存占用资金大，因此，库存管理显得尤为重要。

安科公司按销售额的大小，将其经营的26个产品排序，划分为ABC三类。排序在前3位的产品占到总销售额的97%，因此把它归为A类产品；第4~7种产品每种产品的销售额在0.1%~0.50%之间，把它们归为B类；其余的21种产品共占销售额的1%，将其归为C类。

对于A类的三种产品，安科公司实行了连续性检查策略，即每天检查库存情况，随时掌握准确的库存信息，进行严格的控制，在满足客户需要的前提下维持尽可能低的经常量和安全库存量。通过与国外供应商的协商，并且对运输时间做出认真的分析，算出了该类产品的订货前置期为两个月（也就是从下订单到货物从安科公司的仓库发运出去，需要两个月的时间），即如果预测在6月份销售的产品，应该在4月1日下订单给供货商，才能保证在6月1日可以出库。其订单的流程表见表5-1。

表6-1　安科公司订单的流程表

4月1日	4月22日	5月22日	5月20日	5月30日	6月30日
下订单给供应商（按预测6月份的销售数量）	供货离开供应商仓库，开具发票，已经算作安科公司库存	船离开美国港口	船到达上海港口	货物入安科公司仓库，可以发货给客户	全部货物销售完毕

由于该公司每个月的产品的销售量不稳定，因此，每次订货的数量就不同，要按照实际的预测数量进行订货。为了预防预测的不准确和工厂交货的不准确，还要保持一定的安全库存。安全库存是下一个月预测销售数量的1/3。该公司对该类产品实行连续检查的库存管理，即每天对库存进行检查，一旦手中实际的存货数量加上在途的产品数量等于下两个月的销售预测数量加上安全库存时，就下订单订货，订货数量为第三个月的预测数量。因其实际的销售量可能大于或小于预测值，所以，每次订货的间隔时间也不相同。这样进行管理后，这三种A类产品库存的状况基本达到了预期的效果。由此可见，对于货值高的A类产品应采用连续检查的库存管理方法。

对于B类产品的库存管理，该公司采用周期性检查策略。每个月检查库存并订货一次，目标是每月检查时应有以后两个月的销售数量在库里（其中一个月的用量视为安全库存），另外在途中还有一个月的预测量。每月订货时，再根据当时剩余的实际库存数量，决定需订货的数量。这样就会使B类产品的库存周转率低于A类。

对于C类产品，该公司采用了定量订货的方式。根据历史销售数据，得到产品的半年销售量为该产品的最高库存量，并将其两个月的销售量作为最低库存。一旦库存达到最低库存时，就订货，将其补充到最高库存量，这种方法，比前两种更省时间，但库存周转率更低。

该公司实行了产品库存的ABC管理以后，虽然A类产品占用了最多的时间、精力进行管理，但得到了满意的库存周转率。而B和C类产品，虽然库存的周转率较慢，但相对于其很低的资金占用和很少的人力支出来说，这种管理也是个好方法。

在对产品进行ABC分类以后，该公司又对其客户按照购买量进行了分类。发现在69个客户中，前5位的客户购买量占全部购买量的近75%，因此将这5个客户归为A类客户；到第25位客户时，其购买量已达到95%，因此把6~25位的客户归为B类；其他的26~69位客户归为C类。对于A类客户，实行供应链管理库存，一直保持与他们密切的联系，随时掌握他们的库存状况；对于B类客户，基本上可以用历史购买记录做出他们的需求预测并作为订货的依据；而对于C类客户，有的是新客户，有的一年也只购买一次，因此，只在每次订货数量上多加一些，或者用安全库存进行调节。这样一方面可以提高库存周转率，同时也提高了对客户的服务水平，尤其是A类客户对此非常满意。

通过安科公司的实例可以看出，将产品及客户分为ABC类后，再结合其他库存管理方法，如连续检查法、定期检查法、供应商管理库存等，就会收到很好的效果。

思考与练习题

1. 安科公司将产品分为了哪几类进行管理？
2. ABC分类方法的优点是什么？
3. 安科公司是怎样对A、B、C三类产品进行库存控制的？
4. 安科公司是如何利用客户的ABC分类管理来提高库存周转率的？
5. 安科公司是如何利用客户的ABC分类管理来提高对客户的服务水平的？

案例2：光明乳业的物流“双赢”

一、基本知识点

供应商管理库存（Vender Managed Inventory，VMI）是一种以零售商和供应商双方都获得最低成本为目的，在一个共同的协议下由供应商管理库存，并不断监督协议执行情况和修正协议内容，使库存管理得到持续地改进的合作性策略。

二、背景介绍

2003年，中国市场的乳业大战已趋白热化，如独霸一方的光明乳业，更多地感受到了竞争对手的压力。作为一个生活在城市边缘的乳制品企业，光明乳业虽然拥有远东最大的牧场和世界一流水平的挤奶及恒温冷藏系统以及先进的乳品加工工艺、技术和设备，但不可能像“来自大草原的牛奶”——蒙牛和伊利那样，依靠大草原提供长保质期的优质奶制品，只能以城市周边的牧场为奶源，生产新鲜奶。这样，光明乳业必须以最短的时间，把从奶牛身上挤出的奶，经过一系列加工处理后，将9大类的液态奶、鲜奶等190多个品种安全、高质、快捷、保鲜地送到零售商或者消费者手里。为此，光明乳业只能以质量和新鲜度作为竞争手段，以速度和效率制胜。恰在此时，光明乳业与主要客户合作，针对其30家门店保鲜牛奶产品以及酸奶的缺货率、新鲜程度、库存积压率和按时到货率情况进行了调研。

三、问题提出

调研结果显示，除产品的按时到货率基本满意外，光明乳业的产品在缺货、新鲜度以及自身库存积压率方面都不太理想。

四、解决方案

2003年光明乳业决定与联华联手开展VMI项目，以提高订单精度和效率，实现无间断供货，并最终实现电子化订货、网上对账及支付。

根据光明乳业设计的系统构架，由联华的各家超市将每日库存和销售数据信息及送货单信息传递到联华总部，然后经由联华总部传递到光明乳业的后台——VMI系统中。这些信息经过VMI系统处理后，会给出一个产品的预测信息，然后把信息给联华发送过去。之后，联华根据这个信息制定订单并返回到光明乳业公司，最终，光明乳业ERP的后台会产生一个物流自配送，实现不间断地送货。

首先，光明乳业通过对联华的一些历史数据进行初步分析，如进行回归曲线的分析等。对一些主要因素进行考虑，如节假日、温度、天气、促销等不确定的因素，系统管理人员将这些因素转化成参数，由业务员提供个人经验值，完成VMI预测系统的销售影响因素的初始系数设定。

接下来，对历史数据及各种信息，如VMI门店信息、天气、促销、团购、库存预警、发货策略等进行整理。

最后，通过光明乳业VMI这个多元化的信息反馈系统，确保任何影响销售的因素及时被记录并交由系统做进一步处理。处理主要分四个方面：一是对各种信息如门店信息、天气信息、团购信息等进行基础性维护；二是通过光明的OMO系统完成促销计划的提前导入，以计划的准确性及信息转换的便捷性，完善促销信息；三是采集产品的缺货率、新鲜度、产品排单、即时库存、精品促销活动等更多的信息，并立即运用起来；四是与联华形成互动联系，二次要货计划由网上VMI系统实现，而一些突发信息如停电、修路等可以通过光明VMI热线来实现，形成门店主动反馈。

这样，光明乳业就能较为准确地对预测进行判断和调整，提高预测的精度。

五、小结

光明乳业VMI的成功，提高了客户服务水平和库存周转率，减少了库存水平和供应链成本，加强了与零售商之间的战略合作伙伴关系，提高了供应链的管理水平和客户的忠诚度。同时，也带动了广告公司业务量的增长和竞争力的提升。

六、思考与练习题

1. 光明乳业为什么要开展VMI项目？
2. 光明乳业的VMI有什么特点？

案例3：海尔“过站式物流”实现三零目标

一、基本知识点

库存管理：库存管理是指在物流过程中商品数量的管理。过去认为仓库里的商品多，表明企业发达、兴隆；现在则认为零库存是最好的库存管理。库存多，占用资金多，利息负担加重。但是如果过分降低库存，则会出现断档。

订单采购：商品短缺时期，企业为了保证生产，必然为增加库存而采购，但在如今市场普遍供大于求的状态下，企业为订单而采购则成了一条铁的规律。在市场经济条件下，零库存或少库存成了企业的必然选择。生产企业的制造订单是在客户需求订单的驱动下产生的，制造订单驱动采购部门的采购订单，采购订单再驱动物资供应商。这种准时化的订单驱动模式可以准时响应客户的需求，从而降低了企业库存成本，提高了物流的速度和库存周转率。

信息系统：信息系统是一个人造系统，它由人、硬件、软件和数据资源组成，目的是及时、正确地收集、加工、存储、传递和提供信息，实现组织中各项活动的管理、调节和控制。

二、背景介绍

海尔自创的“一流三网”，“一流”即订单信息流；“三网”分别是：计算机信息网络、全球供应链网络和全球客户资源网络。“三网”同步运行，为订单信息流的增值提供支持。海尔物流通过它的“一流三网”实现了零库存、零距离、零运营资本的目标。

三、问题提出

传统管理下的企业根据生产计划进行采购，是为库存采购，企业里有许许多多“水库”。没有订单的生产，其结果只能是生产库存，库存积压直接导致企业资金周转不灵。为解决没有市场的库存，其结果只能是降价，最终耗费掉企业宝贵的资源。海尔打破了过去仓库的概念，把仓库变成一个只为下一站配送而暂停的站，所以也把它称作“过站式物流”。

四、解决方案

海尔实施了信息化管理，通过三个 JIT（JIT 采购、JIT 原材料配送和 JIT 成品分拨物流），打通这些“水库”，把它变成一条不断流动的河。

海尔认为，按照订单生产，是解决库存问题的根本，同时利用完备的网络资源实现“三个零”的目标。现在的海尔，经销商下完订货单后，海尔的工作人员就将信息从商流工贸公司的信息系统终端输进海尔信息系统，完成对订单的上传；订单信息同时在相关部门的电脑终端上同时响应，并在推进本部门的电脑终端上立即转化为生产订单。海尔物流立体仓库的中央控制中心随即将产品分解成配件需求，自动统计并排查配件库存，将海尔国际物流中心配件立体仓库已有和待采购的配件分类进行操作。

对库存紧缺的配件系统自动生成采购订单，并显示在采购 JIT 工作人员的电脑终端上，根据采购订单实施网上 JIT 采购。这个信息同时将出现在原材料分供方的电脑终端上，分供方依托海尔的 BBP 系统（原材料网上采购系统）确认供货需求信息，并按要求配送到海尔物流立体仓库。立体仓库关于配件备齐的信息随即转化为生产申请，得到获准后，信息即刻在海尔国际物流中心，即海尔物流中心的配件立体仓库的电脑终端上显现出来。通过 JIT 原材料配送操作，分别将配件送到预定的生产线工位上，柔性化的生产线在运转中根据系统指令实现生产自动切换，即可生产出满足客户订单需求的产品，成品一下生产线，随即转运进入海尔国际物流中心成品立体仓库。全国主干线 JIT 成品分拨配送系统，在平均两天时间内将产品发运到 42 个遍布全国的海尔物流配送中心，各地配送中心再将经销商需求的产品配送到客户指定地点。这些配送操作在物流中心城市 8 小时到位，区域配送 24 小时到位。

信息系统消灭库存通过 BBP 系统交易平台，海尔每个月平均接到 8 000 多个销售订单，这些订单的品种达 9 000 多个，需要采购的物料品种达 26 万余种。在这种复杂的情况下，海尔物流自整合以来，呆滞物资降低了 73.8%，仓库面积减少 50%，库存资金减少 67%。海尔国际物流中心（海尔配件立体仓库）货区面积 7200m^2，但它的吞吐量却相当于普通平面仓库的 30 万 m^2。同样的工作，海尔物流中心只有 10 个叉车司机，而一般仓库完成这样的工作量至少需要上百人。因此，海尔仓库不再是储存物资的“水库”，而是一条流动的河。海尔物流从根本上消除了呆滞物资，消灭了库存。

五、小结

对于生产企业来说，物质资源的节约和人力消耗的降低都可以降低成本，这两方面都处于生产环节，没有多少潜力可挖，但是存在于流通领域的物流费用却很大，有效降低物流费用就成为生产企业关注的热点。

当然上述过程的实现基于海尔完善的计算机网络，在这个网络中应用最彻底的是海尔的物流管理系统。这个系统采用了 SAP 公司提供的 ERP 系统和 BBP 系统。在企业外部，海尔的 CRM（客户关系管理）和 BBP 电子商务平台的应用架起了与全球客户资源网、全球供应链网络沟通的桥梁，实现了与客户的零距离。目前，海尔的采购订单 100% 由网上下达，使得采购周期由原来的平均 10 天降低到现在的 3 天。

这些先进的物流设备和物流管理，大大降低了人工成本、机会成本，节省了时间，增强了客户满意度，从而大大降低了物流成本。

六、思考与练习题

海尔的库存管理与传统库存管理有什么区别？

第七章　物流信息化

第一节　物流信息化概述

一、物流信息

（一）商流、物流和信息流

商流、物流和信息流是从流通内部结构描述流通过程所提出的概念，称为流通过程中的“三流”。此处暂不讨论资金流。“三流”之间关系极为密切，失去了其中任何“一流”，另外“两流”都不会长期存在下去。它们互为存在的前提条件，同时又互为存在的基础。但是，从其本身的结构、性质、作用及工作方法来看，“三流”各有其特殊性，各有其不同的独立存在的特点，又各有其本身的运动规律。流通过程的信息流，从其信息的载体及服务对象来看，又可分为商流信息和物流信息两大类。两类信息中，有一些是交叉的、共同的，又有一些是商流及物流特有的、非共同的。

商流信息主要包含进行交易有关的信息，如货源信息、物价信息、市场信息、资金信息、合同信息、付款结算信息等；物流信息则主要是物流数量、物流地区、物流费用等信息。商流信息中的交易、合同等信息，不但提供了交易的结果，也提供了物流的依据，是两种信息流主要的交汇处。物流信息中的库存量信息，不但是物流的结果，也是商流的依据，是两种信息流的交汇处。所以，物流信息不仅作用于物流，也作用于商流，是流通过程不可缺少的管理及决策依据。

物流是一个集中大量信息和产生大量信息的领域，由于物流不断运动的性质，这种信息也随时间不断发生，信息量比一般的相对运动性较差的领域大得多。这么多信息的出现往往容易产生混乱，使人们很难从中发现和取得对管理和决策有用的那一部分，因此物流信息的处理方法和处理手段是物流信息工作的重要内容，否则物流难以顺利展开。

物流从一般活动成为系统活动有赖于信息的作用，如果没有信息，物流则是一个单向的活动，只有靠信息的反馈作用，物流才能成为一个有反馈作用的，包括了输入、转换、输出和反馈四大要素的现代系统。

（二）物流信息的分类

在处理物流信息和建立信息系统时，对物流信息进行分类是一项基础工作。按不同角度来看，物流信息可以分为以下几种类型。

1. 按信息领域分类

按信息产生的领域和作用的领域，物流信息可分为物流活动产生的信息和提供物流使用的、其他信息源产生的信息两类。一般而言，在物流信息工作中，前一类是发布物流信息的主要信息源，其不但可以指导下一个物流循环，而且还可提供给社会，成为经济领域的信息。后一类信息则是信息工作收集的对象，是其他经济领域、工业领域产生的对物流活动有作用的信息，主要用于指导物流。

2. 按信息作用的不同分类

按物流信息作用的不同，物流信息可分为以下几类。

（1）计划信息。计划信息是指尚未实现的、但已当做目标确认的一类信息，如物流量计划、仓库吞吐量计划、车皮计划、与物流活动有关的国民经济计划、工农业产品产量计划等。许多具体工作的预计、计划安排等，甚至是带有作业性质的，如协议、合同、投资等信息，只要尚末进入具体业务操作的，都可归入计划信息之中。这类信息特点是，信息带有相对稳定性，信息更新速度较慢。

计划信息对物流活动有非常重要的指导意义。因为掌握了这个信息之后，物流活动便可进行本身的战略思考，即如何在这种计划前提下规划战略的、长远的发展。计划信息往往是战略决策或大的业务决策不可缺少的依据。

（2）控制及作业信息。控制及作业信息是指物流活动过程中发生的信息，带有很强的动态性，是掌握物流现实活动状况不可缺少的信息，如库存种类、库存量、在运量、运输工具状况、物价、运费、投资在建情况、港口发到情况等。这种信息的特点是，动态性非常强，更新速度很快，信息的时效性很强。

物流活动过程中，由不断作业中产生的信息都是上一阶段作业的结果信息，但并不是此项物流活动最终结束后的信息。这种信息的主要作用是控制和调整正在发生的物流活动和指导下一次即将发生的物流活动，以实现对过程的控制和对业务活动的微调。这是管理工作不可缺少的信息。

（3）统计信息。统计信息是指物流活动结束后，对整个物流活动进行总结、归纳性的信息。这种信息是一种恒定不变的信息，有很强的资料性，虽然新的统计结果不断出现，从而从总体来看具有动态性，但已产生的统计信息都是一个历史性的结论，是恒定不变的。如上一年度、月度发生的物流量、物流种类、运输方式、运输工具使用量、仓储量、装卸量，以及与物流有关的工农业产品产量、内外贸量等都属于这类信息。

统计信息有很强的战略价值，它的作用是正确掌握过去的物流活动及规律，以指导物流战略发展和制订计划。物流统计信息也是国民经济中非常重要的一类信息。

（4）支持信息。支持信息是指能对物流计划、业务、操作有影响或有关的文化、科技、产品、法律、教育、民俗等方面的信息。例如，物流技术的革新、物流人才需求等。这类信息不仅对物流战略发展有价值，而且也对控制、操作能起到指导、启发作用，是可以从整体上提高物流水平的一类信息。

3. 按信息加工程度的不同分类

按加工程度的不同可将信息分为以下两类：

（1）原始信息。原始信息指未加工的信息，是信息工作的基础，也是最有权威性、凭证性的信息。一旦有需要，可从原始信息中找到真正的依据。原始信息是加工信息可靠性的保证，有时候人们只重视加工信息而放弃了原始信息，一旦有争议、有疑问，就无法用原始信息核证，在这种情况下，加工信息便毫无意义。所以，忽视原始信息也是不当的。

（2）加工信息。加工信息是指对原始信息进行各种方式、各个层次处理之后的信息。这种信息是原始信息的提炼、简化和综合，可缩小信息量，并将信息整理成规律性的东西，便于使用。加工信息需要各种加工手段，如分类、汇编、汇总、精选、制档、制表、制音像资料、制文献资料、制数据库等。

4. 按活动领域分类

由于物流活动性质有区分，所以物流各个分系统、各不同功能要素领域的信息也有所不同。按这些领域分类，有运输信息、仓储信息、装卸信息等，甚至更细化可分成集装箱信息、托盘交换信息、库存量信息、汽车运输信息等。

（三）物流信息的特点

和其他领域的信息相比，物流信息具有以下特点。

（1）由于物流是一个大范围内的活动，物流信息源也分布于一个大范围内，因而信息源点多、信息量大。如果这个大范围中未能实现统一管理或标准化，则信息便缺乏通用性。

（2）物流信息动态性特别强，信息的价值衰减速度很快，这就对信息工作及时性要求较高。在大系统中，强调及时性，信息收集、加工、处理应速度快。

（3）物流信息种类多。不仅本系统内部各个环节有不同种类的信息，而且由于物流系统与其他系统，如生产系统、销售系统、消费系统等密切相关，因而还必须收集这些类别的信息，这就使得物流信息的分类、研究、筛选等难度增加。

不同类别的物流信息有一些各自不同的特点。例如，物流系统产生的信息，由于需要向社会提供，因而收集信息力求全面、完整；而收集的其他系统信息，则要根据物流要求予以选择。

（四）物流信息的功能

最初，在物流活动中人们把注意力主要集中在物品的有效流动上，信息的重要性没有引起人们的足够重视。随着信息技术的发展及竞争的日趋激烈，信息的重要作用逐渐被人们所认识，并被提高到前所未有的高度上来。

（1）订货状况、产品的可得性、交货计划及票据等信息是整个客户服务的一个必要因素。

（2）信息能够有效地减少库存和对人力资源的要求，特别是利用最新的信息制定的需求计划，能够有效地减少需求的不确定性，从而减少库存。

（3）信息对于企业在战略上的决策具有重要作用。

1. 物流信息的功能层次

物流信息系统是把各种物流活动与某个一体化过程连接在一起的通道。一体化过程建立在四个功能层次上，即交易系统、管理控制、决策分析及制定战略计划，如图 7-1 所示。

图中说明了在信息功能各层次上的物流活动和决策。交易系统是物流活动的最基本的层次，它包括记录订单内容、安排存货任务、作业程序选择、装运、定价和开发票，以及接收消费者询问等。当收到的消费者订单进入信息系统时，就开始了交易系统的第一步；接着按订单安排存货，记录订货内容，然后指导材料管理人员选择作业程序；指挥搬运、装货及按订单交货；最后打印和传送付款发票完成整个交易过程。交易系统的特征是：格式规则化、通信交互化、交易批量化、作业逐日化。

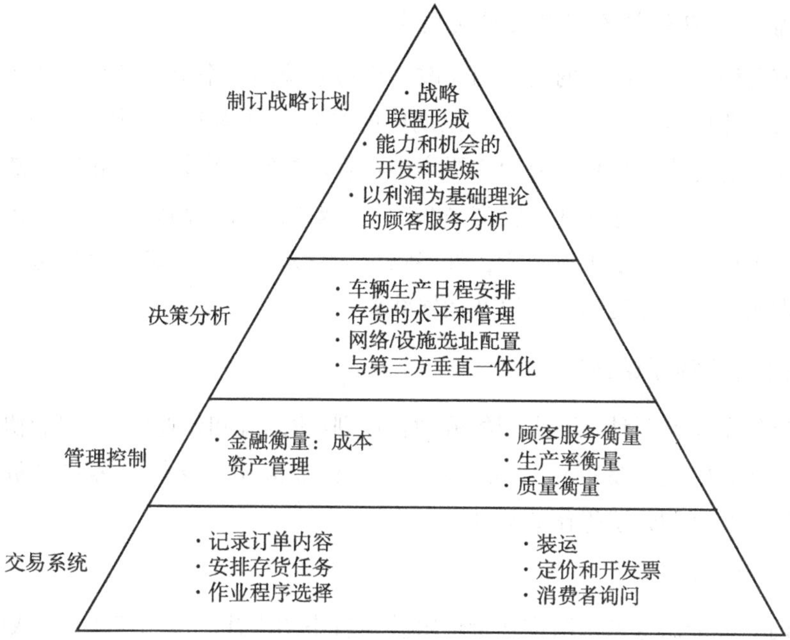

图 7-1　物流信息功能示意图

第二层次是管理控制，在这个层次中要求把主要精力集中在功能衡量和制作报告上。功能衡量用以提供有关服务水平和资源利用等的反馈信息。普通的功能衡量包括金融、客户服务、生产率，以及质量指标等。管理控制的特征是可估价的、策略上的，它是中期的焦点问题，它评价过去的功能和鉴别各种可选方案。

第三层次是决策分析，在这个层次中把主要精力集中在决策应用上，协助管理人员鉴别、评估、比较物流战略和策略上的可选方案。典型的分析包括车辆日常工作和计划、库存管理、设施选址，以及有关作业比较和安排的成本—收益分析。与管理控制层次相同的是，决策分析也以策略上的、可估价的焦点问题为特征。与管理控制不同的是，决策分析的主要精力集中在评估未来策略上的可选方案，并且它需要相对松散的结构和灵活性，以便作范围很广的选择。由于决策分析的应用比交易应用少，因此物流信息系统的决策分析主要强调有效，而不是强调效率。

最后一个层次是制订战略计划，在这个层次中把主要精力集中在信息支持上，以期开发和制定物流战略。这个层次一般是决策分析层次的延伸，但却更加抽象、松散，而且更加注重长期效应。在这个层次上，需要把较低层次的数据结合到范围较广的交易计划中去，以及结合到有助于评估各种战略的概率和损益的决策模型中去。

2. 物流信息的层次特点及层次理由

以前人们把绝大部分的精力用在改进交易系统的效率上，虽然这些改进在速度及降低作业成本方面很有成果，但期望能在降低成本上获益往往是不现实的。因而，现在的物流信息系统应用主要集中在管理控制、决策分析和制定战略计划等功能上。例如，把仓储和运输交易系统与重要的管理控制结合，用来衡量劳动和设施的生产率。对于决策分析，许多物流信息系统结合了定量化模型来协助评估配送设施选址、存货水平，以及运输线路。

（五）物流信息结构

物流信息涉及两种主要类型的流动：计划/协调流和作业流。计划/协调流用于支持生产和配置存货的计划和协调活动，作业流用于支持对客户订货进行入库、处理、装运和开票等作业活动。

1. 计划/协调流

协调是整个信息系统结构在价值链参与者中的支柱。协调产生的计划可以具体表现为战略目标、能力限制、物流需求、制造需求和采购要求。

（1）战略目标。企业最初传播的信息主要是为营销目标和金融目标而制定的战略目标。战略目标指导多年计划，通常包括季度更新。营销目标明确目标市场、产品、营销混合计划，以及如服务水平或能力之类的物流增值活动等。金融战略目标明确入库数、销售额和生产水平、相应的费用，以及资金和人力资源的限制等。营销目标和金融目标的结合明确了在计划期内物流必须适应的市场、产品和活动水平。从理想上说，营销计划和金融计划应该综合起来取得一致。两者不一致将会导致较差的服务、过剩的存货，或达不到金融目标。

（2）能力限制。能力限制是指由内部和外部的制造、仓库和运输等资源所确定的企业物流水平的状况。能力限制是由战略目标引申出来的，它可以识别物流的“瓶颈”所在，并对资源进行有效的配置，以满足市场的需要。对每一项产品来说，能力限制决定了生产、储存和运输时间、地点和数量。能力不足时，可以通过额外的资源获得或延缓生产或交付来加以解决，但这样就降低了企业的信誉和盈利水平。能力的调整，也可以通过合同制造或设备租赁等收购、联合的措施来完成。推测是指对预先计划和合同制造可能得到的生产能力的预期，通过这些预期来减少各种“瓶颈”状况。由于延缓而被耽搁的生产和装运，有必要考虑向延缓交付的客户提供一些补偿。能力限制把企业的综合营业计划与每周或每天的物流要求联系起来，对于每一个制造现场来说，这类限制对月度的或每周的生产有重大影响。产品的性质和从订货到交货之间的时间决定了资金的灵活性。从长期来看，由于可以利用全方位的延缓、推测及收购等战略，通常就会存在实际的灵活性。然而，从短期来看，如在当前一周内，因为各种资源都已到位，灵活性就受到限制。通常对整个计划/协调综合能力水平的高低表现了企业的物流水准。

（3）物流需求。物流需求起着协调必需的设施、设备、劳动力，以及库存等资源的作用。例如，物流需求安排从制造厂家到配送中心和零售商的制成品装运计划。通常物流需求被作为存货管理和过程控制的工具，通过配送需求计划（DRP）来实施，未来需求是建立在预测、客户订货，以及促销基础上的。预测是建立在与历史活动水平相联系的销售量和销售投入的基础上的。客户订货包括当前订货、预约订货，以及合同。在计划物流需求时，促销活动特别重要，因为它占总量的比例很大，对生产能力有着重大的影响。具体而言，计划期需求等于预测数与客户订货数及促销数的和。但由于不易确定已知客户订货数占预测数的百分比，所以必须要作出一些判断。因为当前预测数可能结合了一些未来订货数和促销数，所以计划期需求量实际上是这三个数字的结合。在确定计划期需求量时，要考虑到预测数、未来客户订货数和促销数之间的重叠部分。据此，计划期物流需求数应等于计划期需求数减去现有存货后再减去计划入库数的差。使用这种形式，每一个计划期将可以理想地以零库存结束。虽然从存货管理的角度来看，完美地协调供求关系是很理想的，但对于企业来说，它未必是最佳战略。物流需求必须把生产能力限制和制造需求结合起来去获得最佳的系统功能。

（4）制造需求。制造需求对生产资源计划作出安排，并试图在物料管理系统内解决因原材料短缺或者日生产能力限制而产生的“瓶颈”问题。制造需求用于确定主生产计划（MPS）和制造需求计划（MRP ）。主生产计划用于确定每周或每天的生产和机器设备的安排。确定主生产计划后，制造需求计划才能为执行期望的制造计划而协调采购和物料、零部件的到达时间。尽管介绍物流需求和制造需求的顺序不一致，但实际上它们必须平行进行操作。这类战略直接用市场需求或订货来协调生产计划，而减少对于预测或计划的依赖。

（5）采购需求。采购需求对物料发放、装运和入库作出安排。采购需求是建立在生产能力限制、物流需求和制造需求的基础上，显示长期的物料需求的发放计划。

2. 作业流

作业流包括接受、处理、装运客户订货和协调采购、订货入库所需的各种信息活动。它主要包括订货管理、订货处理、配送作业、装运和采购等内容。它们的主要功能见如表 7-1 所示。

表 7-1　物流作业的功能

作业	功能
订货管理	订货登录、信用检查、存货可得性、订货确认、订货修改、订货订价、订货状况询问、价格和折扣附加条件、促销检查、重新分配订货源、退化处理、服务管理
订货处理	创建总订单、生成发票、生成订单、选择单证、盘存准备金、处理总订单、重新分配订货源、发放保留存货、发放总订货、核实装运
存货管理	预测分析和建立模型、预测数据维护和更新、预测参数选择、存货参数选择、存放仿真模拟、制订存货需求计划、促销数据综合、补充订货、服务目标制定
配送作业	分配和跟踪存货选址、存货控制、劳动力计划、批量控制、订货选择、选址补充、接收和放置、储存、功能衡量
装运	承运人选择、承运人计划、调度、准备、运费支付、功能衡量、联合装运和路线安排、装运等级、装运计划、装运跟踪和发货、车辆装货
采购	搭配和支付、公开订货检验、采购订货维护、采购订货接收、采购订货状态、报价总清单、需求通信、接受约定清单、供应商历史

（1）订货管理。订货管理是客户订货和客户询问的登录点。通过使用通信技术，如邮件、电话、传真，以及 EDI，可以维护客户订货。当收到订货或询问时，订货管理就存取所需要的信息，编辑适当的计算结果，然后对保留的可接受的订货进行处理。订货管理还能提供有关存货可得性的信息和交付时间，以获悉和确认客户的期望。订货管理连同客户服务一起，构成了客户和企业物流信息系统之间最基本的界面。表 7-1 列出了订货管理的最基本功能，它包括登录总订单、电子订货和手工订货。总订购单反映了一段时期内，如季度或年度对一种商品的需求。订货管理创立和维护客户订货及补充订货的基础，它影响了后续的作业流程。

（2）订货处理。订货处理是向各种订货和补充订货指派或分配可得的存货。分配可以以收到订货的实际时间为基础，也可以按批量方式进行。批量方式是指定期地按天或按工班处理订货。虽然实时分配更容易作出及时的反应，但是当存货量较小时，批量处理能使厂商更容易控制局面。

例如，在批量处理中，可以把订货处理理解为仅按当前存货或根据以计划的生产能力指派库存。最佳的订货处理应连同订货管理，实行交互作业，产生一种订货解决方案，既满足客户需求，又符合企业资源限制。在这种作业环境下，客户服务代表与客户交互影响，共同确定双方都可以接受的产品、数量、完成周期等。但当订货处理中出现问题时，企业往往只能调整交付日期、替换产品，或从其他可选来源装运。

（3）配送作业。配送作业是结合物流信息系统功能来指导配送中心的实际活动，其中包括产品入库、物料搬运，以及储存和订货选择等。配送作业常被称作“存货控制”或“仓储系统”。配送作业通过批量和适时分配相结合来指挥配送中心内的活动。在批量作业环境下，物流信息系统开出一份指示清单或任务清单，来指导仓库内的每一位物料搬运人员。在某种程度上，该清单是搬运人员每小时或工班的作业清单。在实时作业环境下，条码、无线电频设备及自动搬运设备等信息导向技术与物流信息系统实行交互作业，可以减少决策与行动之间的时间。实时信息导向技术提供了更多的作业灵活性，可以减少内部完成周期所需的时间。

（4）装运。装运包括物流信息系统计划、执行和管理运输与搬运活动的功能。这类活动包括装运计划时间表、联合装运、装运通知、运输单证的生成，以及承运人的管理。这类活动保证了高效率地利用运输资源，并对承运人进行有效的管理。装运的特点是，物流信息系统常常包括三方当事人，即托运人、承运人和收货人，要有效地管理这一过程，就必须实现基本层次的信息一体化，以便信息共享。信息共享要求运输单证采用标准化数据格式。当前数据协调的精力主要集中在使运输单证与其他商业单证如订单、发票和装运通知相结合。

（5）采购。采购除跟踪卖主的表现和符合性外，还必须管理采购订货准备、修改及发放。虽然传统上采购系统还没有被看作物流信息系统的组成部分，但是在管理整个供应链时，结合采购系统显然是重要的。采购与物流计划和物流活动的结合可以协调物料入库、设施的生产能力，以及往返运输对于综合物流来说，采购必须跟踪和协调收货与装运活动，以便于优化设施、运输和人员资源的计划协调。协调一体化作业的物流信息系统是当今物流竞争的最低标准、协调一体化可以使整个企业的客户订货和补充订货信息顺利流转并且一致，而且还可以看到当前的订货状况。分享一体化信息可以减少延迟、错误和人员需求，然而当物流信息系统作业进行了较好的综合时，还有必要继续对系统进行检查，以确保没有发展“瓶颈”，并维持客户灵活性在当前的竞争中，只在企业内部实现协调一体化的物流作业是不够的，应该将物流信息系统作业跨过企业的界限，与供应商和客户连成一体，以实现供应链上的协调一体化，进而提高物流水平。

二、物流信息工作

物流信息工作的主要内容包括收集信息、信息处理、信息研究和信息服务。

（一）收集信息

开展物流信息工作，建立物流信息系统，首先要进行的是信息收集。只有广泛地收集各种有用信息，才能充分反映物流全貌，才能更进一步从中筛选出有价值的信息。收集信息是整个信息工作中工作量最大、最费时间、最耗人力的环节，因此必须掌握有效的方法，提高信息收集的效率。

做好物流信息收集工作，要掌握以下几个要点。

1. 目的明确

由于信息数量大，对于某个具体的物流系统来说，没必要也不可能兼收并蓄，必须有取有舍。为了有效地收集信息，必须培养这方面的人才，并组织信息需求和使用部门认真研究信息收集的范围。具体地讲，要通过以下事项明确信息收集的目的及范围。

（1）收集信息的类型，是科技信息还是市场或经营信息。

（2）为哪些工作收集，为什么目的收集，是为制定合理物流路线，还是确定合理储备，或为了进行物流成本核算，不同目的的情报范围和内容差异非常大。

（3）分析信息取舍可能对工作带来的影响，划定信息范围。

2. 确定深度和精度

不同系统对信息深度及精度要求不同。例如，是按小时收集库存动态信息还是按周、按分秒收集；是掌握某一具体时刻的信息还是掌握某一时间段的信息。决定信息收集工作水平和人力、物力安排应当事前提出明确要求，要求过高会造成时间、精力、费用的浪费，要求不足则会导致信息水平、质量的降低。

3. 选择信息源，建立信息渠道

信息源的选择与信息内容及收集目的有关，为实现既定目标，必须选择能提供所需信息的最有效信息源。信息源一般较多，应选择提供信息数量大、种类多、质量可靠的信息源。

因此，有必要建立固定信息源和渠道。

信息源提供的信息形式主要有以下几种。

（1）文字记录形式信息。主要包括以下三种：

①账簿及报表：这是财务、统计及其他部门经常性记录及汇总记录型信息，也是物流最原始、最基础的信息。这种信息的价值很大，可直接作为经营管理中计划、调度的依据，也可作为经济活动分析、企业管理、效益计算的根据。

②印刷型信息：这是大量印刷、普遍传播的一种信息。主要是对原始信息加工后的二次信息，以年鉴、杂志、公报、书刊形式发布，反映速度慢于第一类信息。此类信息中除一般信息、统计信息外，是物流科技信息的主要形式。

③缩微型文献：这种信息以缩微胶片、卡片为信息载体的形式，可将物流统计资料、科技信息微缩后存于胶片、卡片中，用放大系统读取。

（2）视听型信息：主要依靠影片、录像带、录音磁带、照片、图片、幻灯片、光盘、视盘形式提供的信息。视听型信息可用于物流科技信息做信息源。这种信息源所提供的信息有直观性强、形象生动的特点。

（3）电子数据：依靠光电及电子技术并与电子计算机联机工作实现的信息形式。如条码、穿孔卡片、计算机磁盘和其他磁记录方式，以及计算机数据库、计算机信息网络等。电子数据是现代物流领域中非常重要的信息源。

（二）信息处理

信息处理工作是指对收集到的信息进行筛选、分类、加工及储存等活动。对信息进行处理后，才能方便地使用。在信息量比较大、信息来源比较多且复杂的情况下，信息处理是不可缺少的程序。

信息处理大致分为四个步骤，即信息分类、信息编目（或编码）、信息储存（或输入计算机）和信息更新。

1. 信息分类

为了进行分类储存和分类使用，必须先建立完善的分类标准。一般说来，各个系统在特殊信息方面有统一的分类规定，在通用科技及管理信息文献方面可参照全国图书资料标准分类方法确定。信息的分类可按信息载体分，也可按知识单元分类，如分成一般信息、专题信息等。

2. 信息编目（或编码）

所谓编目（或编码）是指用一定的代号来代表不同信息项目。用普通方式（如资料室、档案室、图书室）保存信息则需要进行编目，用电子计算机保存信息则需确定编码。在信息项目、信息数量很大的情况下，编目及编码是将信息系统化、条理化的重要手段。

3. 信息储存

一般的储存手段有图书馆、资料室储存方式，建立卡片、档案的储存方式，汇总报表储存方式等。现代储存方式是利用电子计算机及外部设备的储存功能，建立有关数据库进行大量存储。

4. 信息更新

信息的连续性、广泛性固然很重要，但信息也具有效期，失效的信息需要及时淘汰、更新，才能容纳更多新信息，更有利于信息的使用。

（三）信息研究

专职的信息部门或有关的业务部门对原始信息进行分析、归纳、判断，将信息进行一定的加工，目的都是为了向决策机构提供高级信息，这项工作称为信息研究。以信息使用者来说，利用这种高级信息可简化决策的准备工作，提高决策速度及效率。对某些部门领导来说，信息研究是必须进行的工作。

（四）信息服务

服务性是物流信息资料的重要特性，信息服务工作的目的就是将信息提供给有关方面使用。

信息服务工作主要包括以下几方面的内容。

1. 发布与报道

发布与报道是指按一定要求将一些重要信息通过会议、文件、报告、年鉴等形式予以发表或公布，便于使用者搜集、使用。发布和报道工作是科学性极强的工作，一定要报道准确，同时还应正确区分保密与多提供真实信息的关系。

2. 借阅

文献形式的信息资料应当建立借阅制度及交换制度，以起到交流、宣传、使用信息资料的作用。

3. 代查代办

按客户要求项目收集信息或查找所需信息，可以解决一些人不习惯使用信息载体的问题，也可帮助需要信息但又缺乏查办力量的单位解决信息来源问题。

4. 复制

按规定向使用者提供信息的直接复印、复制品。

5. 信息咨询

有些物流环节和有关部门并不需要了解全面信息或收集连续信息，而仅在某一决策方面要求了解有关信息；或者使用部门超出自己固定信息渠道，要了解其他方面信息，则可以依靠专业信息的咨询服务。咨询工作主要是回答客户的问题，接受客户某方面的信息研究委托，提供研究成果等。

三、物流信息系统

在物流范畴内建立的信息收集、整理、加工、储存、服务工作系统，称为物流信息系统。如果在物流涉及的范畴中，建立若干从事此项工作的网点并以一定形式联结，则构成信息网络。

（一）建立物流信息网络的基础条件

建立物流信息网络是使物流信息系统化的首要条件。物流信息网可以是低水平信件、文件传递式的，也可以是自动化的计算机网络式的，无论哪种方式，建立信息网都需要创造一些基础条件。

1. 标准化

形成信息网有关标准化的项目有以下几种。

（1）物资分类及编码。对全国主要物资应有统一的分类方法及编码，为计算机管理创造最基本条件。

（2）统一物流专业词汇。物流用语常常因地区不同而有不同含义，在传递信息时可能引起误解和发生差错，统一专业词汇是沟通系统内信息交流的重要前提。

（3）单据、账票、卡片的标准化。包括统一格式及核算、记录项目等。

（4）信息传递的标准化。包括统一软件、统一传递方式等。

2. 决定工作程序

无论采取何种方式建立信息网，都应首先设计工作程序。采用文件传递方式，应确定手工汇总及整理信息的程序；采用电子计算机方式，则应设计相应的软件，这样才能使整个工作有条不紊地进行。

3. 确定信息发布手段及建立基础设施

现代物流系统信息数量大，因此信息的收集、汇总、储存、处理、发布必须有与之相适应的手段。物流信息主要是数据，因此可以方便地利用电子计算机。选择电子计算机、建立相应的基础设施是建立健全物流系统必须进行的工作。

4. 建立通信系统

现代信息的收集、汇总、储存、处理都离不开信息传递和交换，要进行信息传递及交换，就必须有合适的通信系统，否则信息就是“死”的。通信系统可采用现有的邮电方式，可以利用电话线路，也可以建立专用线路、微波通信线路，还可以利用最现代化的卫星通信和光缆通信。

5. 进行系统设计

对上述问题进行综合研究，决定服务器和客户端的配置方式、软件系统、通信交换手段、信息工作程序及管理与使用方法，就可以完成系统设计。

6. 培训信息人才

信息的收集、分类、存储水平有高低之分，因此需要有专业的信息人才。当然，即使是操作人员也需要进行专业培训。

（二）物流信息系统工作方法

1. 手工系统

手工系统的特点是：基础信息传递是单据、卡片；手工填报单据、卡片；一般通信方式（邮政等）进行常规远程传递及交换；定期举行传递、交换、分析会议；手工分类及整理单据、卡片，以表格及情况反映等形式输出信息；汇总、装订单据、卡片、表格，实行信息保存。

这种类型的信息系统简单易行，是信息系统的初级方式。手工系统的缺点是，信息处理能力低、处理速度慢，不是物流领域主要的系统方式。但在个别领域中，由于手工系统简单易行，投资少，所以仍不可低估它的作用。同时作为大型计算机系统的补充形式，手工系统仍有其应用领域和一定优势。

2. 电子计算机系统

电子计算机系统是指利用电子计算机储存、传递、处理信息的系统。由于电子计算机具有存量大、处理速度快等特点，所以一般不单机使用，而是要形成网络才能发挥其最大的效用。

此外，采用电子计算机可以有效处理手工难以解决的复杂问题，所以一般也无需建立单一的物流信息系统，而是形成与物流、商流、经营管理密切相联系的信息系统。

电子计算机信息系统的建立有以下三个基本条件：

①建立中心电子计算机及网络电子计算机或终端机。

②建立通用的软件系统

③建立信息传输系统，决定信息传输方式。

一般来讲，中心电子计算机是处理能力强、运算速度快、存储容量大的较大型电子计算机网络终端。如果必须进行信息处理，则采用较小的计算机；如果只起终端作用，则可采用无处理能力，只起输入、输出作用的终端机。

传输系统大体有以下三种类型。

（1）联机系统。将计算机和远程通信线路联结在一起，当有信息传递时，可以做出即时处理。

（2）脱机系统。将通信线路与电子计算机线路断开，通过线路传输的信息，利用磁带、卡片等记录下来，然后利用计算机处理。在传输量不大、线路难以处于经常工作状态时，可以采用这种系统。

（3）载体传输系统。不利用通信线路，而利用软盘、磁带等信息储存载体进行传输。具体方法是，一台计算机将收集、处理过的信息储存在软盘、磁带等载体中，然后将其运交给另一台计算机。

在实际应用中，三种方式都有各自的优势领域和适用领域。从物尽其用看，电子计算机联机系统已是远程或局域网络的重要方式，尤其是大型网络和涉及全局、大局的网络，电子计算机联机方式几乎是唯一的方式。电子计算机与通信系统一旦结成网络，就使计算机的应用价值成倍提高，是当前所谓“高度信息社会”的主要基础。通过通信系统将计算机网络化，这种成倍提高信息能力的网络，称为“增值网络”。

国际互联网络应用的发展，更为物流信息系统中计算机的网络化应用提供了机遇，这也是未来发展的方向。

第二节 信息技术在物流管理中的应用

一、EDI 技术

EDI 中文译为“电子数据交换”，俗称“无纸贸易”。国际标准化组织将 EDI 定义为一种电子传输方法，使用这种方法可将商贸中的格式化数据（单证）按照公认的标准形成报文，通过通信网络从一台计算机传送到另一台计算机进行自动处理。EDI 包括了三方面的内容：格式化的数据与报文标准、通信网络和计算机应用。这三方面内容相互依存，构成了 EDI 的基本框架。EDI 的作业流程是：发送方将客户文件先对照成平台文件，参照一定的标准翻译成标准文件，加封后通过 EDI 网络传给接收方，接收方按照与发送方相逆的过程获得客户文件，如图 7-2 所示。

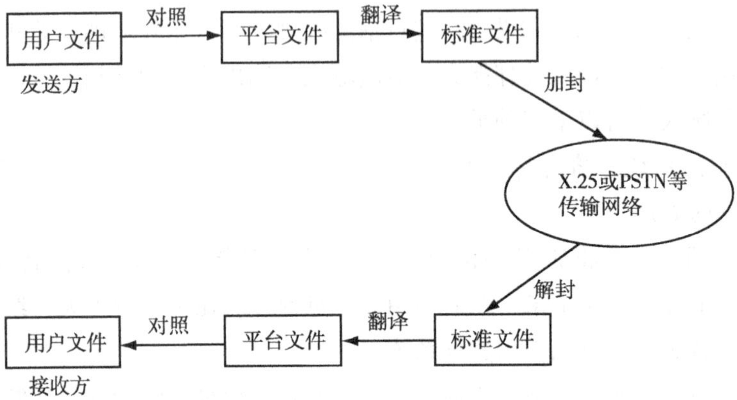

图 7-2　EDI 作业流程图

1. EDI 的特点

经过二十多年的发展与完善，EDI 作为一种全球性的具有巨大商业价值的电子化贸易手段，具有下述几个显著的特点。

（1）单证格式化。EDI 传输的是企业间格式化的数据，如定购单、报价单、发票、货运单、装箱单、报关单等，这些信息都具有固定的格式与行业通用性。而信件、公函等非格式化的文件不属 EDI 处理的范畴。

（2）报文标准化。EDI 传输的报文符合国际标准或行业标准，这是计算机能自动处理的前提条件。目前最为广泛使用的 EDI 标准是：UN/EDI FACT 联合国标准 EDI 规则，适用于行政管理、商贸、交通运输和 ANSIX. 12 美国国家标准局特命标准化委员会第 12 工作组制定。

（3）处理自动化。EDI 信息传递的路径是从计算机到数据通信网络，再到商业伙伴的计算机，信息的最终客户是计算机应用系统，它自动处理传递来的信息。因此这种数据交换是机—机，应用—应用，不需人工干预。

（4）软件结构化。EDI 功能软件由五个模块组成：客户界面模块、EDP 接口模块、报文生成与处理模块、标准报文格式转换模块、通信模块。这五个模块功能分明，结构清晰，形成了 EDI 较为成熟的商业化软件。

2. EDI 与传真、电话、电子邮件的区别

EDI 与传真、电话、电子邮件的区别如下。

（1）传真、电话、电子邮件是自由格式的，而 EDI 传送文件必须使用标准格式；

（2）传真、电话、电子邮件实现的是人到人之间的通信，而 EDI 实现的是计算机应用程序到计算机应用程序之间的通信；

（3）传真、电话、电子邮件的内容准确度要求不高，有时内容不完整甚至有错误也能够识别，而 EDI 则要求传递的数据正确无误，对内容准确度要求高；

（4）传真、电话、电子邮件不能处理数据，而 EDI 能够对标准报文传递的数据进行自动处理。

3. EDI 的联结方式

（1）直接联结

直接联结是指一家或多家公司的计算机直接与另一家或多家的计算机联结。这种联结方式又可分为几类：第一类是一对一联结，指一家公司的计算机与另一家公司的计算机直接联结，可以采取设立专线或通过电话线、调制解调器的方法；第二类是一对多联结，指以一家公司为中心，由它与其他多家公司的计算机建立一对一的联结；第三类是多对多联结，指多家公司的计算机与另外多家公司的计算机分别建立一对一的联结，在这种情况下一般只有通过多种联结组成的网络才能进行 EDI。

（2）第三方网络联结

第三方网络联结是指通信的各方不建立直接联结，而是通过第三方网络提供的多种服务如邮箱功能、翻译功能、通信协议的转化功能来实现联结，从而与对方实现 EDI 通信。

直接联结的优点是当参加 EDI 的公司数目较少且传输的信息资料较少时，直接联结方式比较方便、费用较低；缺点是对不同的公司必须进行不同的传输，增大了工作量和成本，同时不同的公司进行通信往往要采取不同的标准，这就增加了 EDI 标准的复杂性并限制了参与公司的数量。运用第三方联结可以有效地避免直接联结的弱点，从而使 EDI 通信不再受时间表、企业数目、地理位置的限制，因此目前大多数企业采用这种方式。

4. EDI 的效益

由于 EDI 系统具有快速、准确等传统信息传递方式所无法比拟的优点，所以 EDI 技术在社会经济领域得到了广泛使用，给各行各业带来了巨大的经济效益，推动了经济的飞速发展。

（1）企业生存和发展的基础。EDI 的最初使用是在 20 世纪 60 年代后期从美国国内运输业、仓储业开始的。这主要是因为使用EDI系统可以及时掌握物流的动向和规模，及时调拨调整运力，从而提高运输部门的效率，降低费用水平。仓储部门利用EDI系统与供货企业保持密切联系，可以提高仓库使用效率，保持合理存货水平；批发零售业使用EDI向供货商订货，根据销售量及时调整订货品种和数量，可以减少进货的盲目性，降低库存水平，甚至实现“零库存”。EDI的使用使一些企业业务快速增长，而没有应用EDI的企业则发现自己的竞争能力大大削弱，为了保持与本行业其他企业的联系和在行业中的地位，不得不采用EDI。随着EDI的广泛使用，那些没有EDI的公司的压力越来越大，许多大公司如通用汽车公司、福特汽车公司等要求它们的贸易伙伴必须采用EDI方式，否则中断业务联系。由此可见，EDI已经成为企业在信息社会生存和发展的基础。

（2）降低成本。能够大幅度降低生产成本和提高经济效益是应用EDI的一个明显优势。美国汽车制造业在应用EDI后，每辆汽车成本的降幅可达200美元；杂货行业使用EDI后，成本每年可降低3亿美元，节约金额相当可观。

EDI节省成本主要表现在降低单据处理成本、降低人事成本、降低库存成本和减少差错成本等方面。

（3）改进内部管理。应用EDI的一个优点是能够加强企业内部管理，提高工作效率。由于EDI一般都会与管理系统联结，如MRPⅡ系统、TIT系统、账目管理系统等，所以可以有效地改善内部管理和操作。同时，EDI的使用提高了工作效率，消除了大量准备单据的工作，从而可以使相关的管理人员拿出更多的时间用于其他更有成效的工作。

（4）改善与客户的关系。EDI客户可以大大提高对客户的服务水平。由于EDI具有快速反馈的特点，所以可以提高销售量；同时，EDI具有的快速传递订单的能力又能使客户不断调整在市场中的位置，以适应新的市场环境的变化，这样就增强了与客户的业务联系，巩固了双方的合作关系。随着客户关系管理成为时代潮流，许多公司把EDI作为改善与贸易伙伴关系、提高生产率、提高市场竞争力的重要途径。

二、条码技术

条码技术是在计算机应用实践中产生和发展起来的一种自动识别技术，它是为实现信息的自动扫描而设计的。条码技术是实现快速、准确而可靠地采集数据的有效手段。条码技术的应用解决了数据录入和数据采集的“瓶颈”问题，为物流管理提供了有力的技术支持。条码技术的核心内容是利用光电扫描设备识读条码符号，实现机器的自动识别，并快速、准确地把数据录入计算机进行数据处理，从而达到自动管理的目的。条码识别装置包括光笔扫描器、台式扫描器、手指式扫描器和固定式光电及激光快速扫描器等。条码技术的研究对象主要包括标准符号技术、自动识别技术、编码规则、印刷技术和应用系统设计技术五大部分。

1. 条码技术的特点

条码技术具有如下特点。

（1）简单条码符号的制作相对来说比较容易，扫描操作也较为简单，这是条码受到客户普遍欢迎和迅速推广的重要原因。

（2）采集信息量大。利用条码扫描，一次可以采集十几位字符的信息，而且可以通过选择不同码制的条码来增加字符的密度，使录入的信息量成倍增加。

（3）信息采集速度快。普通计算机的键盘输入速度是每分钟 200 个字符，而用条码扫描录入信息的速度是键盘输入的 20 倍。

（4）设备结构简单，成本低廉。

（5）可靠性高。利用键盘录入数据的出错率为 1/3000，利用光学字符识别技术的出错率大约为万分之一，如果采用条码扫描录入，误码率仅为百万分之一。

2. 条码技术在物流管理中的应用

利用条码技术，对企业的物流信息进行采集跟踪的管理信息系统，通过对生产制造业的物流跟踪来满足企业针对物料准备、生产制造、仓储运输、市场销售、售后服务、质量控制等方面的信息管理需求。

（1）物料管理。现代化生产物料配套是否协调极大地影响了产品生产效率，杂乱无序的物料仓库、复杂的生产备料及采购计划的执行几乎是每个企业所遇到的难题。应用条码技术可以解决这些问题。

①将物料编码，并且打印条码标签。这样不仅方便物料跟踪管理，而且也有助于做到合理的物料库存准备，提高生产效率，便于企业资金的合理运用。对采购的生产物料按照行业及企业规则建立统一的物料编码可以杜绝因物料无序而导致的损失和混乱。

②对需要进行标识的物料打印其条码标，以便在生产管理中对物料的单件进行跟踪，从而建立完整的产品档案。

③利用条码技术对仓库进行基本的进、销、存管理，有效地降低库存成本。

④通过产品编码，建立物料质量检验档案，产生质量检验报告，并与采购订单挂钩建立对供应商的评价。

（2）生产管理。条码生产管理是产品条码应用的基础。在生产中应用产品识别码可以监控生产、采集生产测试数据和生产质量检查数据、进行产品完工检查、建立产品识别码和产品档案，可以有序地安排生产计划，监控生产及流向，从而提高产品下线合格率。

①制定产品识别码格式。根据企业规则和行业规则确定产品识别码的编码规则，保证产品规则化。

②建立产品档案。通过产品标识条码在生产线上对产品生产进行跟踪，并采集生产产品的部件、检验等数据作为产品信息，当生产批次计划审核后建立产品档案。

③通过生产线上的信息采集点来控制生产的信息。

④通过产品标识条码在生产线上采集质量检测数据，以产品质量标准为准绳判定产品是否合格，从而控制产品在生产线上的流向及是否建立产品档案。

（3）仓库管理。

①货物库存管理。仓库管理系统根据货物的品名、型号、规格、产地、牌名、包装等划分货物品种，并且分配唯一的编码，也就是“货号”。

②仓库库位管理。仓库分为若干个库房，每个库房分若干个库位。仓库管理系统是按仓库的库位记录仓库货物库存，在产品入库时将库位条码号与产品条码号一一对应，在出库时按照库位货物的库存时间可以实现先进先出或批次管理。

③条码仓库管理。其包括对货物单件的管理，不但管理货物品种的库存，而且还管理货物库存的具体每一单件。采用产品标识条码记录单件产品经过的状态，从而实现对单件产品的跟踪管理。

④仓库业务管理。其包括出库、入库、盘库、月盘库、移库，不同业务以各自的方式进行，完成仓库的进、销、存管理。通过使用条码技术，可以更加准确地完成仓库出入库操作。条码仓库管理采集货物单件信息，处理采集数据，建立仓库的入库、出库、移库、盘库数据，这样可以使仓库操作更加准确，同时它能够根据货物单件库存为仓库货物出库提供库位信息，使仓库货物库存更加准确。

一般仓库管理只能完成仓库运输差错处理（根据人机交互输入信息），而条码仓库管理可以根据采集的信息建立仓库运输信息，直接处理实际运输差错，同时能够根据采集单件信息及时发现出入库的货物单件差错（入库重号，出库无货），并且提供差错处理。

（4）市场销售管理。为了占领市场、扩大销售，企业根据各地消费水准的不同，制订了各地不同的产品批发价格，并规定只能在此地销售。但是，有些违规的批发商以较低的地域价格取得产品后，将产品在地域价格高的地方低价倾销，扰乱市场，使企业的整体利益受到了极大的损害。由于缺乏真实、全面、可靠、快速的事实数据，企业虽然知道这种现象存在，但对违规的批发商也无能为力。为保证政策有效实施，必须能够跟踪向批发商销售的产品品种或产品单件信息。通过在销售、配送过程中采集产品的单件条码信息，根据产品单件标识条码记录产品销售过程，从而完成产品销售链跟踪。

（5）产品售后跟踪服务。应用条码技术跟踪产品售后情况，具体包括以下内容。

①根据产品标识码建立产品销售档案，记录产品信息和重要零部件信息。

②通过产品上的条码进行售后维修产品检查，检查产品是否符合维修条件和维修范围，同时分析其零部件的情况。

③通过产品标识号反馈产品售后维修记录，监督产品维修点信息，记录、统计维修原因，建立产品售后维修档案。

④对产品维修部件实行基本的进、销、存管理。与维修的产品一一对应，建立维修零部件档案。通过产品的售后服务信息采集与跟踪，为企业产品售后保修服务提供依据。

条码技术提供了一种对物流中的物品进行标识和描述的方法，借助自动识别技术、POS 系统、EDI 等现代技术手段，企业可以随时了解有关产品在供应链上的位置，并及时作出反应。当今在欧美等发达国家兴起的 ECR、QR、自动连续补货（ACEP）等供应链管理策略，都离不开条码技术的应用。

三、GIS 技术

GIS（Geography Information System）是指地理信息系统，是在 20 世纪 60 年代开始迅速发展起来的地理学研究的新成果，是一门由地理学、计算机科学、测绘遥感学、城市科学、环境科学、信息科学、空间科学和管理科学融为一体的新兴学科。GIS 系统以地理空间为基础，利用地理模型的分析方法及时提供多种空间、动态的地理信息，从而为有关经济决策服务。在物流领域应用 GIS，可以方便企业合理调配和使用各种资源，提高运营效率和经济效率。

1. GIS 的作用

在具体的应用领域，GIS 可以帮助分析解决下列问题。

（1）定位（Location）。研究的对象、周围环境和研究对象相互之间的地理位置关系。

（2）条件（Condition）。条件主要指符合某项事物（或业务）发生（或进行）的特定经济地理条件。

（3）趋势（Trends）。趋势是研究对象或环境从某个时间起发生了怎样的变化及今后演变的趋势。

（4）模式（Patters ）。模式主要指研究对象分布存在的空间模式。

（5）模拟（Modeling）。模拟是指在假设条件下模拟研究对象可能会发生的变化和结果。

GIS 最突出的作用就是能够把数据以地图的方式表现出来，把空间要素和相应的信息组合起来就可以制作出各种类型的信息地图。

2. GIS 在物流中的应用

GIS 不仅是一种查询信息的方法，也是一种挖掘信息模式的技术。目前，越来越多的商业领域已把 GIS 作为一种信息查询和信息分析工具，GIS 技术本身也融入了这些商业领域的通用模型，因而 GIS 技术在各个商业领域的应用，无论是在深度上还是在广度上都处于不断发展之中。而且，GIS 技术可以应用在任何涉及地理分布的领域，其经济管理方面的应用潜力也很大。

GIS 在物流领域中的应用主要是指利用 GIS 强大的地理数据功能来完善物流分析技术、合理调整物流路线和流量、合理设置仓储设施、科学调配运力，从而提高物流业的效率。目前，已开发出了专门的物流分析软件用于物流分析。完整的 GIS 物流分析软件集成了车辆路线模型、最短路径模型、网络物流模型、分配集合模型和设施定位模型等。

（1）车辆路线模型。车辆路线模型用于研究解决在一个起始点、多个终点的货物运输中，如何降低物流作业费用，并保证服务质量的问题。包括决定使用多少车及每辆车的行驶路线等。

（2）网络物流模型。网络物流模型用于解决寻求最有效的分配货物路径问题，也就是物流网点布局问题。如将货物从 n 个仓库运到 m 个商店，每个商店都有固定的需求量，因此需要确定由哪个仓库提货给哪个商店，使得运输费用最小。

（3）分配集合模型。分配集合模型可以根据各个要素的相似点把同一层上所有或部分要素分为几组，用以解决确定服务范围和销售市场范围等问题。如某一公司要设立 x 个分销点，要求这些分销点要覆盖某一地区，而且要使每个分销点的客户数目大致相等。

（4）设施定位模型。设施定位模型用于确定一个或多个设施的位置。在物流系统中，仓库和运输线共同组成了物流网络，仓库处于网络的结点上，结点决定着路线，如何根据供求的实际需要并结合经济效益原则，在既定区域内设置仓库，确定每个仓库位置、规模，以及仓库之间的物流关系等问题，均能运用此模型加以解决。

四、GPS 技术

GPS 即全球卫星定位系统，最早是由美国军方在 20 世纪 70 年代初在“子午仪卫星导航定位”技术上发展起来的，是具有全球性、全能性（陆海空）、全天候性优势的导航定位、定时、测速系统。GPS 由三大子系统构成：空间卫星系统、地面监控系统、信号接收系统。GPS 在物流领域的应用主要体现在以下几个方面。

1. 货物跟踪

GPS 计算机信息管理系统可以通过 GPS 和计算机网络实时地收集全路列车、机车、车辆、集装箱及所运货物的动态信息，实现对陆运、水运货物的跟踪管理。只要知道货车的车型、车号或船舶的编号就可以立即从铁路网或水运网中找到该货车或船舶，知道它们现在所处位置、距离运输目的地的里程，以及所有装运货物的信息。运用这项技术可以大大提高运营的精确性和透明度，为货主提供高质量的服务。

2. 与 GIS 结合解决物流配送

物流包括订单管理、运输、仓储、装卸、送递、报关、退货处理、信息服务及增值业务，全过程控制是物流管理的核心问题。供应商必须全面、准确、动态地把握散布在全国各个中转仓库、经销商、零售商，以及汽车、火车、飞机、轮船等各种运输环节中的产品流动状况，并据此制订生产和销售计划，及时调整市场策略。因此对大型供应商而言，没有全过程的物流管理就不可能建立有效的分销网络；对于大型连锁零售商而言，没有全过程的物流管理就谈不上建立供应配送体系；对于第三方物流服务商、仓储物流中心而言，没有面向全过程的物流管理服务就很难争取到物流业务；对于普通客户而言，没有快速、准确、安全、可靠的物流配送服务，网上采购和网上购物几乎是不可想象的。物流配送的过程主要是货物的空间位置转移的过程，在物流配送过程中，涉及货物的运输、仓储、装卸、送达等业务环节，对各个环节涉及的问题，如运输路线的选择、仓库位置的选择、仓库容量设置、合理装卸策略、运输车辆调度和投递路线选择等进行有效管理和决策分析，有助于物流配送企业有效地利用现有资源，降低消耗、提高效率。事实上，仔细分析上述各个环节存在的问题就可以发现，上面的问题都涉及地理要素和地理分布。如上所述，凡是涉及地理分布的领域都可以应用GIS技术。因此，GIS/GPS技术是全过程物流管理中不可缺少的组成部分。

第三节　相关案例分析

案例1：宝供的信息化之路

在当代社会中，如果把信息技术比作一股浪潮，那么这股浪潮正在以不可阻挡之势冲击着各行各业的每一个领域。就像不同餐馆的同一道菜都会有不同的味道一样，每个行业中的每一个企业在IT应用方面的做法也各不相同。

一、起步

物流行业中的宝供储运，是一家民营的中型储运企业，它从1994年年底成立到现在，有20多年的历史。在这20年多的成长历程中，它对应用信息技术的追求却贯彻如初。对不太了解储运行业的人来说，可能很难想象，在许多人的印象里靠“搬东西、看仓库”赚钱的企业，特别是这么一个原本很小的民营企业，对信息技术的应用竟然会如此执著，甚至，一些储运业的同行也不一定会理解或者赞同宝供储运的这种“另类做法”。然而，正是这种“另类做法”使得宝供储运业务实现连续翻番，资产增长了几十倍。

宝供储运的总经理和创始人——刘武在1992年承包了广州的一个铁路货物转运站。他承担下来的货运任务大多能及时完成，运输的质量比较好，仓库也比较干净，另外他的货运站也是当时唯一一家能够提供24小时货运仓储服务的企业。正是因为这些并不为很多人所重视的做法，在1994年，终于使刘武的转运站迎来了一个对未来事业产生巨大影响的客户——美国宝洁公司（P&G）。

1994年，美国宝洁公司进入中国市场，并在广东地区建立了大型生产基地。对于刚刚进入中国市场的宝洁公司来讲，产品能否及时、快速地运送到全国各地，是其能否快速抢占中国市场的一个重要环节。1994年的广东，国营储存和运输两种不同类别的公司占据了物流行业的主导地位。宝洁公司首先联系的就是这些大型国营储存和运输公司，但由于长期计划经济体制下形成的官僚主义作风、管理混乱、服务质量差等弊端，使宝洁公司终于忍无可忍，开始把目光投向了民营储运企业。

能够被宝洁公司这样的大客户看上，使当时还处在个体户形态的刘武颇感兴奋又很紧张。他说："在整个发运过程中，我们好像是在照料小孩子一样，对'宝洁'的货物真是呵护备至。"为了保证运输的质量，刘武将集装箱送上火车以后，马上乘飞机去了上海。当时他想，一方面去上海可以现场"督战"；另一方面还可以考察各个环节，拿到第一手资料，这样才能够保证以后的发运可以顺利进行，满足客户的要求。

刘武在这次"考试"中得了高分。不过这次生意的成本也确实很高，刘武自己说：那次根本没有赚到什么钱。但是这笔没赚钱的生意，却为刘武承包的转运站带来了越来越多让同行"眼红"的单子。"宝洁"从此开始陆陆续续地给刘武加大业务量，甚至一度把自己所有的铁路货运业务全部交给了刘武的宝供储运。

在发展初期，由于业务量小，复杂程度低，依靠灵活的人工操作管理与服务客户思想，就可以取得一定的成效。按刘武的话说："传统的运作方法必须改变，我必须要知道客户需要一些什么，然后想办法去满足他。否则人家又何必来找你一个小公司呢？"也正是这个想法，后来促使他下决心创办宝供储运这一企业。

二、发展

1994 年，刘武注册成立了广州宝供储运有限公司。对宝供储运的整个发展来说，"宝洁"是一个非常关键的大客户。刘武一直强调：通过跟"宝洁"合作，他们学到了很多东西，因为在合作过程中，"宝洁"会不断地提出更高的目标、新的要求，更重要的是，它很愿意帮助你提高。这样无形之中就推动了刘武不断地去学习和思考，同时也就开启了刘武对信息技术的渴望。

1995 年，也就是刘武的宝供企业开始走上正轨且加速发展的时候，他突然朦朦胧胧地感觉到一种对信息技术的需求。实际上，那时候刘武虽然已经很"前卫"地花大价钱买了好几台计算机，不过他还真的说不清 IT 到底是什么意思。

"当时我只知道自己缺的是什么。那阵子我们的业务量发展很快，全国已经有将近 30 万 m^2 的仓库，每天的发运量也非常大。我和运营部的人每天都要花很大的力气了解这些货是不是按照人家的要求在多少个小时之内发运出去，到达目的地的时间，破损是不是在控制范围之内，有没有及时把货送到仓库，签收情况又是怎么样等，这实在是太麻烦，效率太低了。另外，我想通过数据分析来了解，哪些方面还需要改进或者提高，但当时很难找到充足的数据。这样下去，时间长了非出事不可。"刘武讲起那时候的事仍然心有余悸。

宝供储运在发展到高速成长阶段的时候开始遇到信息"瓶颈"的问题。一张单子，刘武可以自己去跟踪，现在一天可能有上百张的单子，这个问题靠人力已经是很难解决了。实际上，“宝洁”对这个问题的反应最为敏感。经过一年左右相对的“蜜月”期之后，“宝洁”对宝供储运的意见越来越大。以前“宝洁”发现问题后，宝供储运马上就会去改进，可现在业务越来越大，宝供储运的反应速度却在明显下降。1996年，“宝洁”连续几次向刘武投诉，批评宝供储运不能提供及时准确的货运信息，进而指出经他们统计，发现某地的到货时间不准时，破损率也有上升。刘武一时摸不着头脑，因为从他和业务部了解到的情况来看并不存在这样的问题。可是一看“宝洁”详细的数字化收货记录，顿时就傻了眼。原来有些分公司的人员利用信息“瓶颈”瞒天过海，报喜不报忧，费了很大力气统计上来的信息竟然有不少水分。

这件事除了让刘武为公司的管理再次深感担忧之外，也使他发现宝洁公司不仅要求提供安全、准确、及时、可靠的储运服务，还对在物流各个环节产生的信息非常关注，如货物什么时候发运、用的是哪趟火车、预计何时到货、货物情况如何、有无破损、是否已经签收等。那么，如果宝供储运可以突破信息“瓶颈”，能够实时监控各个储运环节，不也就可以“捎带手”地把这些信息告诉宝洁公司吗？实现这种服务应该是会很受客户欢迎的。

20世纪90年代初，宝供储运就已经有了自己的“计算机室”和十几台386甚至486计算机。1995年，宝供储运通过单机操作把接到的单子输进电脑，好让刘武知道当天一共有多少单子。后来随着业务的变化，单机操作已经远远解决不了问题，于是在刘武的要求下，宝供储运员工中一名计算机专业的研究生在1996年建立了一套在DOS平台上用电话线连接的“原始”内部网络，以便可以在全国范围的企业内部传递一些信息。然而费了不少劲才建立起来的这套系统，在行家眼里显得毫无价值。总公司通过计算机与成都分公司联系的时候，往往由于电话线路紧张而失败；再加上操作复杂、稳定性差、长途电话成本高以及与宝洁公司没有“接口”等，效率实在太低。更关键的是，随着其他储运公司的进步和发展，宝供储运最主要的“财神”——宝洁公司，出于降低成本的考虑，结束了与宝供储运的铁路总代理合同，虽然宝洁公司仍把宝供储运当成主要货运商，但已开始有意识地把单子分散以引入竞争。

这件事对刘武的震动很大，他一下子意识到自己的企业不能再有“小富即安”的心理，而且一定要去开发更多的新客户，不能在宝洁公司这一棵树上吊死。IT实施的关键在企业的一把手，这时候，IT规划和企业的目标实现了统一，建立先进的企业信息系统也自然被提上了议事日程。

三、提升

尽管资金非常紧张，刘武还是尽力建立了一套较为完整的信息系统，但正式运行已经是半年以后的事了。在刘武的带动下，宝供储运对信息系统的应用水平提高得很快。而这些越来越高的应用水平也给宝供储运的信息系统挑出了不少毛病，不少员工在发现这个系统确实有用之后竟然“得寸进尺”地提出了许多新的要求。要知道，业务人员的真正参与才是信息系统建设成功的关键。

在员工们提出的各种要求之中，有人提出现在的数据确实是很及时也很丰富，但是要查一个数据往往要经过很繁琐的程序，有时候点击了六七下鼠标还找不到需要的信息。能不能想办法让这些数据可以从数据库里面自动提取出来？按一两个键，就会产生所要的表格？

这一想法和要求引出了宝供储运信息系统建设的第二个阶段——报表自动生成。大家一致认为这将对客户服务大有好处。因为在宝供信息系统建立以后，客户是通过宝供在互联网上的一个网站为入口来了解自己的货物信息的。每个客户都会被分配一个密码，客户在输入密码后就可以看到自己几个月来（包括昨天）的所有货运和仓储数据。而从各个分公司传回来的数据每日更新，数量相当大，这一方面让客户查起来很不方便，而且有些客户由于一些原因不能上网查询，比如有的外资公司根本就不上因特网，只是通过自己的局域网，甚至有自己的专线把各地的分公司连起来。在这一点上，宝供储运的想法跟客户就不一致了，虽然宝供储运把信息数据做出来了，但是人家并没有真正使用，这些企业就成了宝供储运客户服务中的“盲点”。

1998 年 8 月，他们开始自己做这方面的开发工作，到 10 月已基本完成。由于可以把原来在异地终端上的数据转化成为本地可查询的表格，不但内部查询起来比较方便，更关键的是，把这套系统提供给客户，还可以把有关客户需要的信息数据集成在表格之中，客户不仅可以在网上查，宝供储运还可以把自己收集的数据用电子邮件推过去。这就比原来让客户自己上网查询更前进了一步，使上不了因特网的客户也可以坐着享受宝供储运的服务了。自动报表系统完成后，受到了业务、质管、市场等部门的一致好评，而且从 1999 年 2 月以后，这套系统已经作为一个新的“卖点”，成了宝供储运市场推广的重点方向。

目前，宝供储运的客户有 80%都是外资企业，显然，企业管理规范程度的差异和对物流的理解差距会是主要的问题。刘武认为，自己的企业避开了低层次的价格竞争战场，通过信息系统的建设把优势集中到客户服务和减少流通环节这一方面。所以虽然宝供储运的价格并不低，但许多外企客户仍宁愿多花一点钱委托宝供储运去管理。但遗憾的是，这种做法对国内企业的效果实在有限。因此在以后的一段时间里，宝供储运向客户灌输现代物流观念和帮助他们规范管理流程将是一项艰巨的任务。

宝供储运做到今天，已经从只有“宝洁”一个客户变成了拥有45个客户，从4个分公司变成了在全国31个城市都设有运作点的公司。先不说信息系统对它的发展起了多大作用，单从现在公司的业务管理来看，没有1998年开始的“思想革命”就不可能正常运转。

从营运管理部统计的数字显示：目前宝供储运在运营指标方面也有了一定的提升。比如以前从广州运到北京要15天，现在只需要10天；在时间可靠性方面，原来能达到90%就不错了，可现在铁路运输已经提高到了95%，公路甚至可以达到99%以上。目前主要的操作全部由分公司完成，总公司业务部的12个人只负责监控。这在以前是不可想象的事情。

营运管理部的经理何召普说：“打个形象一点的比喻，我们在没有用这个系统的时候更像是一个作坊，现在我们就是一家比较现代化的工厂了。”

宝供储运近一年来又在信息系统建设上投入200多万元，目前总部基本上是人手一台计算机，每位经理也都配备了笔记本电脑。经理们开会的时候人人都拎着笔记本，使得许多客户的物流部门都自叹不如。不过更关键的是，宝供储运的上上下下是在真的用计算机工作而不是拿计算机做摆设。

刘武最近说了这样一句话：“我们企业的优势是什么？钱没人家多，人也没人家多，规模、名气更是没人家大，说到底，只有搞好客户服务的这套思路和让思路变为现实的这套信息系统。”

随着业务量的不断扩大，有一件事一直让宝供储运非常头疼。由于在储运的过程中环节众多，因此它在运营成本上出现很多不定因素，往往做完一份单子根本不知道自己是否赚钱。

对储运企业来说，对成本的控制和成本核算是“运作精良”的首要条件。如果你不知道这份单子到底要投入多少成本，你又怎样向客户开出合理的价格呢？宝供储运决定利用自己拥有的信息系统，从各个环节提取、汇总相应的成本信息，以做到对每张单子的成本有一个准确的了解。这样宝供储运内部形成了新的单据——成本流程模式：

受单→初步报价→估算成本→统计成本→再报价

这一流程不但可以使大家知道这张单子是赔了还是赚了，而且知道每个环节的成本状况，这对总体的成本控制大有帮助。这也就把宝供的信息化建设推向了第三个阶段：把信息系统的应用从原来的信息收集层次进一步推进到企业的经营层次，其中第一个要实现的，就是把财务模块放到信息系统中去，管理物流业务中与费用相关的各种数据。实际上这里最重要的目的就是解决成本和利润的核算问题。

IT部靠自身力量独立开发的基于因特网的“业务成本核算系统”经过四个多月的开发，于1999年9月26日起正式投入运行，三个多月的运行充分显示出该系统对于“控制成本、减少支出、改善经营、增加效益”的显著作用，非常直观的数据统计也为领导层的决策提供了充分依据，从而使企业IT应用从信息收集、跟踪推进到企业的经营层次。

四、评述

宝供储运，是一家民营的中型物流企业，从1994年年底成立到现在只有仅仅20多年的历史。但是，它能在众多大型国营储运企业的眼皮下生存、成长并逐步壮大依靠的是什么呢？

在改革开放的今天，许多与国外大企业打交道的人，大多能发现信用和认真是工作的基本信条，是企业生存之本。企业家的超前意识和准确判断是企业发展的基础。机遇是企业发展的助推器。而这些宝供都拥有了，做到了，所以它成功了。

机遇：刘武在1992年承包了广州的一个铁路货物转运站。在1994年，刘武的转运站迎来了一个对未来事业产生巨大影响的客户——美国宝洁公司（（P&G）。为宝洁公司服务已经不是简单的机遇，而是前两年工作的成果。

信用与认真：他承担下来的货运任务大多能及时完成，运输的质量比较好，仓库也比较干净，另外他的货运站也是当时唯一一家能够提供24小时货运仓储服务的企业。

超前意识与准确判断：企业不能“小富即安”；建立先进的企业信息系统。

有人说，中国的民营企业往往容易从无到有，却很难真正做到从小到大地持续发展。不知道宝供储运是不是可以有所突破，把自己创造的奇迹续写下去。我们可以感觉到它正在努力使自己向大企业的方向迈进，这是宝供与大家共同的希望。

1. 特点与启示

（1）宝供对应用信息技术的追求贯穿始终，这一点不要说民营企业，就是在大中型国有企业中也难以做到。这既是宝供的特色，也是宝供给不论民营还是国有企业家的最好启示。

(2) 第一次为宝洁公司服务时，当时还处在个体户形态的刘武亲自“跟车”“督战”，结果在这次“考试”中确实得了高分。不过这次生意根本没有赚到什么钱。但却带来越来越多让同行“眼红”的单子。这“第一次”服务的做法确实不值得提倡，但这种精神是难能可贵的，可能也是我们许多企业家或缺的。老板台前的矜持，推杯换盏的公关，歌舞厅里的潇洒，秘书、小姐前呼后应，在许多地方已成为现代企业家的标志，影视片中更是无不如此。应当说，亲自“跟车”“督战”的精神就是脚踏实地的工作作风，是很难得的。

(3) 宝洁在对社会服务的过程中避开了低层次的价格竞争战场，通过信息系统的建设把优势集中到客户服务和减少流通环节这一方面。所以虽然宝供储运的价格并不低，许多外企客户却宁愿多花一点钱，也委托宝供储运去管理。价格竞争，还是服务竞争？是我国许多企业不容易解决的问题，而最终大多企业选择了价格竞争，“价格大战风烟遍九州”或许是当今市场的一个写照，而宝供却选择了服务。

2. 问题与思考

(1) “我们企业的优势是什么？钱没人家多，人也没人家多，规模、名气更是没人家大，说到底，只有搞好客户服务的这套思路和让思路变为现实的这套信息系统。”这句话是低调，还是深谋远虑？

(2) 宝供靠自身力量独立开发的基于因特网的“业务成本核算系统”，其运行效果充分显示出该系统对于“控制成本、减少支出、改善经营、增加效益”的显著作用。宝供选择了独立开发，而海尔选择了共用软件，试对比，你认为哪个更好？

(3) 宝供解决信息“瓶颈”的过程是复杂的，它能引起你的哪些思考？

(4) 宝供认为“对成本的控制和成本核算是‘运作精良’的首要条件”。在传统经济思维中，这种观点是完全正确的。但如果从社会经济的角度看，这种思维方式是否值得商榷？

五、思考与练习题

1. 物流信息有何特点？
2. 物流信息的作用是什么？
3. 做好物流信息收集工作，要掌握哪几个要点？
4. 信息处理有哪些工作内容？
5. 条码技术的特点是什么？

案例2：“国通”让食品物流畅通

一、基本知识点

所谓协同管理，是指企业利用前沿技术所提供的一整套跨企业合作的能力，得以更有效地管理当今错综复杂的企业生态系统。它能帮助企业同其关键的交易伙伴们共享业务流程、决策、作业程序和数据，共同开发全新的产品、市场和服务，提高竞争优势。

二、背景介绍

对于竞争激烈的食品行业来说，苦练内功、狠抓产品质量固然重要，然而，更多的食品企业逐渐认识到，企业最大的困惑不是来自于内部，而恰恰是对渠道和终端的外部管理鞭长莫及。对于食品企业来说，严格的保质期、繁多的品种、消费者的反馈和投诉等，无一不对其渠道和终端构成严峻的考验和挑战。

上海国通供应链管理有限公司就是在这一背景下诞生的。1999年，上海国通供应链管理有限公司由联通国脉、上海大众、上海强生、巨化股份和钱江生化等12家大型上市公司共同投资2亿元组建而成。面向中国快速成长的大型企业有效、快捷、经济的应用需求，国通开放式地以ASP方式，即第三方外包托管模式，建设了中国第一家客户即点即用的平台，为中国、企业提供实现跨企业的协同管理的核心工具——跨企业协同管理平台。国通的成立，无疑给困惑中的食品业带来了发展的曙光。

三、问题提出

针对中国食品行业产品生产周期短、保质期严格、品种复杂、反应灵敏等特点，国通提出了“渠道为主，决胜终端”的方案。福建省知名食品企业亲亲股份有限公司开始使用国通“跨企业协同管理平台”，为“渠道为王，决胜终端”的食品企业信息化策略作出了很好的诠释。福建亲亲股份有限公司是一家以生产休闲食品为主且具有相当规模的民营企业。2003年，亲亲公司的销售额接近5亿元人民币。亲亲公司的产品（食品）属于快速消费品，其主要消费者集中在儿童与青少年人群，对品牌的忠诚度不高。加之食品几乎没有技术门槛，各种规模的竞争对手不计其数，产品同质化严重，市场竞争激烈。因此亲亲公司迫切需要提升自身在销售领域的能力，进而提升自己的市场竞争力。

众所周知，在销售这个大命题下，有订单、费用、客户关系、物流等一系列的分支命题，那么亲亲公司选择哪一个分支作为切入点呢？

经过周密分析，亲亲公司的领导者认识到，费用管理越来越成为制约其进一步发展的一块短板：

首先，销售费用是诸多问题中最具有不确定性的一个，这种不确定性主要包含了费用数额上的不确定性和销售费用效果的不确定性。为了达到预期的销售指标，需要多少销售费用很难作出准确的判断；而采取何种促销方式最有效，采取的这种方式能否达到预期目的也同样令人困惑。显然，数额和效果的不确定均来源于对市场认知的缺乏。

其次，销售费用是亲亲公司与分销商矛盾最集中的焦点。这种矛盾一方面来源于双方对利益的追求。另一方面则完全是因为传统模式的低效所造成。

四、解决方案

面对上述诸多问题，亲亲公司的领导者提出了“流向透明”的费用管理思路，希望以信息化的解决手段，通过优化流程、固化标准、强化监控的方法，来改善亲亲集团的费用管理现状，进一步提升集团的经营业绩。

作为一家优秀的食品企业，亲亲公司经营风格稳健而务实。在信息化建设方面，亲亲公司面临着市场上多种产品类型的选择。然而，决策层一直遵循的首要原则就是：以最小的风险实现最大的利益。

经过多种产品比较与慎重的考虑，亲亲公司最终被国通的以 ASP 方式提供的管理平台的服务模式所吸引。国通提供的跨企业的协同管理平台，实现了和经销商、分销商电子化的订单、库存、费用等协同业务管理，并将各环片内销量、库行、费用等信息实时动态汇总并进行智能分析，提供给供应链上相应的管理人员辅助其决策，同时借助移动供应链解决方案，将业务员与导购员每人的一线市场信息实时汇总到地 ASP 平台上，最终实现终端网点业务的动态管理，与其他同领域产品相比，四通供应链平台的优势在于其进入和退出成本较低，企业无须前期的服务器成本投入，而是在使用以后按照日常的业务流量付费，这使 IT 建设的沉没成本为零，客户不需要承担投资风险和管理风险。同时，管理服务以严格的合同条款为约束，保证了关键数据在系统使用过程中的安全性与保密性。此外，国通供应链的专业背景和该行业第一的地位，也让亲亲公司的决策者相信，将关键业务放在该平台上运行，绝无后顾之忧。

亲亲公司借助国通供应链平台费用管理模块的强大功能，将预算、促销申请、促销执行、费用报销等业务通过平台功能来完整实现，把业务标准固化在软件系统中，从根本上杜绝了不规范的操作。经过平台上线前的流程梳理，亲亲公司还优化了原有的费用管理模式与审批流程，真正实现了业务上的预算、申请，到执行、费用报销的层层控制，组织上从区域办、省办，到大区、分公司的逐级审批。此外，该平台还强化了费用生命周期的过程控制，做到流向透明，实时控制，并且结合强大的数据分析模块，决策者能够更加从容更加科学地作出各项决策，使企业的费用管理水平提升到一个新的高度。

五、小结

自该平台投入使用以来，亲亲公司很快获得了良好的管理收益：通过对费用系统的有效使用与业务标准的严格执行，预算从制作到审批通过，合计时间缩短到 6 天；费用申请和报销在每个结点的处理时间不超过半天；整个审批过程能够在 3 天内全部完成。工作效率提升了 50%以上。

六、思考与练习题

1. 跨企业协同管理平台有哪些优点？
2. 跨企业协同管理平台是如何改善福建亲亲股份有限公司所面临的困境的？

第八章　国际物流

第一节　国际物流概述

一、国际物流的概念

国际物流（International Logistics）是指货物（包括原材料、半成品和制成品等）及物品（包括邮品、展品、捐赠物资等）在不同国家间流动或转移，是相对于国内物流而言的，国际物流是国内物流越过国界在全球范围内开展的物流。与国内物流相比，它完成周期长、作业复杂、要求系统一体化等。其实质是按照国际分工协作的原则，依照国际惯例，利用国际化的物流网络、物流设施和物流技术，实现货物在国际的流动和交换，以促进区域经济的发展和世界资源优化配置。国际物流是国际贸易的一个必然组成部分，各国之间的相互贸易最终都将通过国际物流来实现。

可以从广义和狭义两个方面来对国际物流进行定义。广义的国际物流是指各种形式的物资在国与国之间的流入和流出，包括进出口商品、暂时进出口商品、转运物资、过境物资、捐赠物资、援助物资、加工装配所需物料和部件以及退货等在国与国之间的流动。而狭义的国际物流是指与另一国进出口贸易相关的物流活动，包括货物集运、分拨配送、货物包装、货物运输、申领许可文件、仓储、装卸、流通加工、报关、保险、单据等。换句话说，即当某国企业出口其生产或制造的产品给在另一国的客户或消费者时，或当该企业作为进口商从另一国进口生产所需要的各种原材料、零部件或消耗品时，为了消除生产者与消费者之间的时空差异，使货物从卖方的处所移动到买方处所，并最终实现货物所有权的跨国转移，国际物流的一系列活动就产生了。

为实现物流合理化，国际物流活动必须按照国际商务交易活动的要求来开展国际物流活动。并且，不仅要求降低物流费用、提高局部效益，而且要考虑提高客户服务水平，提高销售竞争能力和扩大销售效益，即提高国际物流系统的整体效益。

二、国际物流的特点

（1）国际物流的经营环境存在着较大差异。国际物流的一个显著特点就是各国的物流环境存在着较大的差异。除了由于生产力及科学技术发展水平、既定的物流基础设施各不相同，各国文化历史、风土人情以及政府管理物流的法律环境等物流软环境的差异尤其突出，使国际物流的复杂性远远高于一个国家的国内物流。例如，语言的差异会增加物流的复杂性。在地理上，西欧比美国小得多，但由于它使用多国语言，有德语、英语、法语等，每一种语言都需要相应的存货致使需要更多的存货来支持其市场营销活动。

（2）国际物流的系统广泛、风险性高。国际物流系统是由商品的包装、储存、装卸、运输、报关、流通加工和其前后的整理、再包装以及国际配送等子系统组成。物流本身就是一个复杂的系统工程。而国际物流在此基础上增加了不同国家的要素，这不仅仅是地域和空间的简单扩大，而是涉及更多的内外因素，增加了国际物流的风险。例如，由于运输距离的扩大延长了运输时间并增加了货物运转装卸的次数，使国际物流中货物灭失及短缺的风险增大；各国汇率的变化使国际物流经营者面临更多的信用及金融风险。而不同国家之间政治经济环境的差异可能使企业跨国开展国际物流遭遇更大风险。

（3）国际物流的发展依赖于高效的国际化信息系统的支持。由于参与国际运作的物流服务企业及政府管理部门众多，如货运代理企业、报关行、对外贸易公司、海关、商检等机构，使国际物流的信息系统更为复杂，国际物流企业不仅要制作大量的单证，而且要确保其在特定的渠道内准确地传递，因此耗费的成本和时间是巨大的。目前，在国际物流领域，EDI（电子数据交换）得到了较广泛的应用，它极大地提高了国际物流参与者之间的信息传输速度和准确性。但是，由于各国物流信息水平的不均衡以及技术系统的不统一，在一定程度上阻碍了国际信息系统的建立和发展。

（4）国际物流的标准化要求较高。国际物流除了国际化信息系统支持外，统一也是一个非常重要的手段，这有助于国际间物流的畅通运行。国际物流是国际贸易的衍生物，它是伴随着国际贸易的发展而产生和发展起来的，是国际贸易得以顺利实现的必要条件。如果贸易密切的国家在物流基础设施、信息处理系统乃至物流技术方面不能形成相对统一标准，那么就会造成国际物流资源的浪费和成本的增加，最终影响产品在国际市场上的竞争能力，而且国际物流水平也难以提高。目前，美国、欧洲各国基本实现物流工具。设施的统一标准，如托盘采用 1 000mm×1 200mm，集装箱实施统一规格及条码技术等。

三、国际物流的作用

（1）国际物流是国际贸易的重要组成部分。随着经济的全球化，国际贸易活动日趋频繁，越来越多的大型企业经营和交易活动的范围早已不再仅仅局限于其所在国界内，它们要么将自己生产的产品销往国外，要么需要从国外进口质高价廉的原材料。当某国一企业出口其生产或制造的产品给在另一国的客户或消费者时，或当该企业作为进口商从另一国进口生产所需要的各种原材料、各部件或消耗品时，为了消除生产者与消费者之间的时空差异，就需要国际物流使货物从卖方的处所物理性地移动到买方的处所，实现货物所有权的跨国转移，并最终完成国际交易。可见，国际物流是国际贸易的重要组成部分，如果没有了国际物流，国际贸易就无法实现。

（2）国际物流实现了资源跨国界的有效配置。国际物流的不断发展，实现了世界资源在全球范围的流通和使用。它扩大了国际贸易、提高了跨国公司的竞争能力和成本优势、广泛地与世界各国联系，尽早、尽快地打入国际市场；对于需求方或消费者而言，可以在本国内就享受和消费到来自国外的优质产品。所以说，国际物流实现了资源跨国界的有效配置。离开了国际物流，国际贸易活动与国际间的物资交流将寸步难行。

（3）国际物流提高了经济运行的效率。现代物流采用先进的物流技术，极大地提高了物流服务效率，加速了商品周转、资金流动，减少了库存和资金占压，加速了国际流通，提升了企业竞争力。因此，良好的物流管理是提高微观经济效益的“第三利润源”；当微观经济效益都提高了，那么，必然带来宏观经济效益的提高。

（4）国际物流有利于维护国际经济秩序，为国际经济合作提供了方便。国际物流的发展为国际贸易的顺利实现提供了基础，并不断促进国际贸易的发展，实现了国际间的物资交流。尽管国际物流有更多的好处，但国际物流活动必须按照国际商务交易活动的要求来开展。国际组织也出台了各种关于物流合理化的规定，各国政府也都可以为了国际物流的顺利流转进行交流和探讨，因为国际物流的合理发展必将有利于维护健康的国际经济新秩序。

第二节　国际物流系统的构成

一、国际物流系统的结构

国际物流系统是由商品的包装、运输、储存、检验、外贸加工和其前后的整理、再包装及国际配送等子系统构成，其中，运输和储存子系统是物流的两大支柱。国际物流通过商品的运输和储存实现其自身的时空效益，满足国际贸易的基本需要。

1. 国际货物运输子系统

运输的作用是将商品使用价值进行空间移动，物流系统依靠运输作业克服商品生产地和需要地之间的空间距离，创造商品的时空效益。国际货物运输是国际物流系统的核心，有时就用运输代表物流全体，通过国际货物运输作业使商品在交易的前提下，由卖方转移给买方。在非贸易物流过程中，通过运输作业将物品由发货人转移到收货人。这种国际货物运输具有路线长、环节多、涉及面广、手续繁杂、风险性大、时间性强、内外运两段性和联合运输等特点。

所谓外贸运输的两段性，是指外贸运输的国内运输段（包括进口国、出口国）和国际运输段。

（1）出口货物的国内运输段。出口货物的国内运输，是指出口商品由生产地或供货地运送到出口港（车站、机场）的国内运输，是国际物流中不可缺少的重要环节。离开了国内运输，出口货源就无法从产地或供货地集运到港口、车站或机场，也就不会有国际运输段。出口货物的国内运输工作涉及面广，环节多，要求各方协同努力，组织好运输工作。须摸清货源、产品包装、加工、短途集运、国外到证、船期安排和铁路运输配车等各个环节的情况，做到心中有数，力求搞好车、船、货、港的有机衔接，确保出口货物运输任务顺利完成，减少压港、压站等物流不畅的局面。国内运输段的主要工作有：发运的准备工作、清车发运、装车和装车后的善后工作。

（2）国际货物运输段。国际（国外）货物运输段是国内运输的延伸和扩展，同时又是衔接出口国运输和进口国货物运输的桥梁与纽带，是国际物流畅通的重要环节。出口货物被集运到港口（车站、机场），办完出关手续后直接装船发运，便开始了国际段运输。有的则需在港口仓库暂时储存一段时间，等待有效泊位，或有船后再出仓装船外运。国际段运输可以采用由出口国装运港直接到进口国目的港卸货，也可以采用中转经过国际转运点，再运给客户。

(3) 国际货物运输业发展的条件。国际货物运输业的发展将伴随着科技革命的浪潮迅速发展；大宗货物散装化、杂件货物集装箱化已经成为运输业技术革命的重要标志，现代物流业的迅速发展无不与运输业的技术革命相关联。如现代运输中，特别是联合运输和大陆桥运输的重要媒介——集装箱的发展与进步更是令人震惊。这种大规模国际货运业的发展又促进了国际物流业的发展，二者是相辅相成的。

与运输发展息息相关的运输设施的现代化发展对国际物流和国际贸易的发展起着重大的推进作用，是二者发展的前提。运输设施必须超前发展才能适应国际物流的发展。

2. 进出口商品装卸与搬运子系统

进出口商品的装卸与搬运作业化相对于商品运输来讲，是短距离的商品搬移，是仓库作业和运输作业的纽带和桥梁，实现的也是物流的空间效益。它是保证商品运输和保管连续性的一种物流活动。搞好商品的装船、卸船，商品进库、出库以及在库内的搬运、清点、查库、转运、转装等，对加速国际物流十分重要，而且节省装运费用也是物流成本降低的重要环节。有效地搞好装卸搬运作业，可以减少运输和保管之间的摩擦，充分发挥商品的储运效率。

3. 进出口商品的流通加工与检验子系统

流通加工与检验是随着科技进步，特别是物流业的发展而不断发展的。它是具有一定特殊意义的物流形式。流通加工业与检验的兴起，是为了促进销售，提高物流效率和物资利用率以及为维护产品的质量而采取的，能使物资或商品发生一定的物理和化学以及形状变化的加工过程，并保证进出口商品质量达到要求。出口商品的加工业，其重要作用是使商品更好地满足消费者的需要，不断地扩大出口；同时也是充分利用本国劳动力和部分加工能力，扩大就业机会的重要途径。

流通加工的具体内容包括袋装、定量小包装（多用于超级市场）、贴标签、配装、挑选、混装、刷标记等出口贸易商品服务；另一种是生产性外延加工，如剪断、平整、套裁、打孔、折弯、拉拔、组装、改装、服装的检验等。这种出口加工或流通加工，不仅能最大限度地满足客户的多元化需求，同时，由于是比较集中的加工，它还能比没有加工的原材料出口赚取更多的外汇。

4. 商品包装子系统

美国杜邦化学公司提出的“杜邦定律”认为：63%的消费者是根据商品的包

装装潢进行购买的，国际市场和消费者是通过商品来认识企业的，而商品的商标和包装就是企业的面孔，它反映了一个国家的综合科技文化水平。

商标就是商品的标志。商标一般都需经过国家有关部门登记注册，并受法律保护，以防假冒，保护企业和消费者的利益。客户购买商品往往十分看重商标，因此，商标关系到一个企业乃至一个国家的信誉和命运。国际进出口商品商标的设计要求有标识力；要求表现一个企业（或一个国家）的特色产品的优点，简洁明晰并易看、易念、易听、易写、易记；要求有持久性和不违背国际市场和当地的风俗习惯；出口商品商标翻译要求传神生动；商标不得与国旗、国徽、军旗、红十字会会章相同；不得与正宗标记或政府机关、展览性质集会的标记相同或相近。在考虑出口商品包装设计和具体作业过程时，应把包装、储存、装运和运输有机联系起来统筹考虑，全面规划，实现现代国际物流系统所要求的“包、储、运”一体化，即从商品一开始包装，就要考虑储存的方便、运输的快速，以加速物流，方便储运，减少物流费用等现代物流系统设计的各种要求。

二、国际物流系统的运作模式

国际物流系统的一般模式包括：系统的输入部分、系统的输出部分以及将系统的输入转换成输出的转换部分。在系统运行过程中或一个系统循环周期结束时，有外界信息反馈回来，为原系统的完善提供改进信息，使下一次的系统运行有所改进，如此循环往复，使系统逐渐达到有序的良性循环。国际物流系统，遵循一般系统模式的原理，构成自己独特的物流系统模式。

（1）国际物流系统输入部分的内容有：备货，货源落实，到证，接到买方开来的信用证；到船；编制出口货物运输计划；其他物流信息等。

（2）国际物流输出部分的内容有：商品实体从卖方经由运输过程送达买方手中；交齐各项出口单证；结算、收汇；提供各种物流服务；经济活动分析及理赔、索赔。

（3）国际物流系统的转换部分包括：商品出口前的加工整理，包装，标签，储存、运输（国内、国际段），商品进港、装船，制单、交单，报关，报验，现代管理方法、手段和现代物流设施的介入。

除了上述三项主要功能外，还经常有许多外界不可控因素的干扰，使系统运行偏离原计划内容。这些不可控因素可能是国际的、国内的、政治的、经济的、技术上的和政策法令、风俗习惯等的制约，这是很难预计控制的。它对物流系统的影响很大，如果物流系统具有强的应变适应能力，遇到这种情况，能马上提出改进意见，变换策略，那么，这样的系统就具有强的生命力。如 1956—1967 年苏伊士运河封闭，直接影响国际货物的外运。这是事先不可能预见的，是因受到外界政治因素的严重干扰的结果。当时日本的对外贸易商品运输，正是因此而受到严重威胁，如果将货物绕道好望角或巴拿马运河运往欧洲，则航线增长、时间过长，经济效益太差。为此，日本试行利用北美横贯大陆的铁路线运输，取得了良好的效果，大陆桥运输得名于此。这说明当时日本的国际物流系统设计，面对外部环境的干扰，采取了积极措施，使系统具有新的生命力。

三、国际物流网络系统的组成

国际物流网络是由国际物流实体网络和信息网络所组成的有机整体，实体网络和信息网络并非相互独立，它们之间的关系是密切相连的。

国际物流网络系统通过其所联系的各个子系统发挥各自的功能，这些功能包括：运输功能、仓储功能、装卸与搬运功能、流通加工功能、商品检验功能、商品包装功能以及信息处理功能等，它是由国际物流实体网络和信息网络所组成的有机整体。共同协力实现国际物流系统要求，达到最低的国际物流费用、较高的客户服务水平，从而最终达到国际物流系统整体效益最大的目标。

国际物流实体网络是指由多个收发货的“节点”和它们之间的“连线”所构成的物流抽象网络以及与之相伴随的信息流网络的有机整体。收发货节点是指进、出口过程中所涉及的内外的各层仓库，如制造厂仓阵、中间商仓库、货运代理人仓库、口岸仓库、国内外中转点仓库以及流通加工配送中心和保税区仓库。国际贸易商品就是通过这些仓库的收进和发出，并在中间存放保管，实现国际物流系统的时间效益，克服生产时间和消费时间上的分离，促进国际贸易系统的顺利运行。连线是指连接上述国内外众多收发货节点的运输路线，如各种海运航线、铁路线、飞机航线以及海、陆、空联合远航线。这些网络连线是库存货物移动（运输）轨迹的物化形式；每一对节点有许多连线以表示不同的运输路线、不同产品的各种运输服务；各节点表示存货流动暂时停滞，其目的是为了更有效的移动。

在国际物流过程中建立的信息收集、整理、加工、储存和服务工作系统构成国际物流信息网络。国际物流信息网络也是由节点和连线构成的。信息网络的节点是指各种物流信息汇集和处理之点，在信息网络节点上，外贸人员处理国际订单、货代编制和传输订舱单证、船代编制提单等；信息流动网上的连线是信息流动的载体，通常包括国内外的邮件，或某些电子媒介，如电话、电传、电报以及目前的 EDI 电子数据交换等。

物流网与信息网最主要的区别在于商品、物资的流向与商品的分配，以及进出口路线的不同。物流网是朝最终国外消费者方向移动；而信息网的方向大多与商品进出口分配通路方向相反，是朝商品货源地方向移动，即实施其反馈功能。尽管物流网与信息网是有区别的，但它们之间并非各自独立，而是密切相关联的。

第三节　国际物流标准

一、国际物流标准化的作用

在发展创新体物流技术，实施国际物流管理工作中，国际物流标准化是有效的保证，发挥了以下重要的作用。

（1）国际物流标准化是物流的质量保证。国际物流实现了物资跨国界的交易和流动，国际物流的标准化形成国际物流的质量保证体系；只要严格执行这些标准，就能将合格的物资送到客户手中，最终顺利完成国际贸易。

（2）国际物流标准化是降低物流成本，提高物流效益的有效措施。国际物流的高度标准化可以加快物流速度，降低储存费用，减少中间损失，提高工作效率，因而可获得直接或间接的物流效益，否则就会造成经济损失。我国铁路与公路在使用集装箱统一标准之前，运输转换时要“倒箱”，全国“倒箱”数量很高，损失巨大。实践证明，国际物流标准化是提高经济效益的重要手段。

（3）国际物流标准化是跨国企业进军国际物流市场的通行证。国际物流标准化也是全球物流企业提高国际竞争力的有力武器，实现物流标准的国际化已成为各国物流企业开展国际竞争的必备资格和条件。从世界范围看，物流体系的标准化，各个国家都还处于初始阶段，标准化的重点在于通过制定标准规格尺寸来实现全物流系统的贯通，提高物流效率。

二、国际物流标准体系

随着经济全球化的发展，贸易国际化了，标准也日趋国际化，以国际标准为其制定本国标准，已经成为 WTO 对各成员的要求。目前，世界上有近 300 个国际和区域性组织制定了标准和技术规则。其中最大的是国际标准化组织（ISO）、国际电工委员会（IEC）、国际电信联盟（ITU）、国际物品编码协会（EAN）与美国统一代码委员会（UCC）联盟等，它们创立的 ISO、IEC、EAN、UCC 均为国际标准，构成了国际物流标准的两大体系。

1. ISO

目前，ISO/IEC下设了多个物流标准化的技术委员会负责全球的物流相关标准的制定、修订工作，已经制定了多项与物流设施、运作模式与管理、基础模数、物流标识、数据信息交换相关的标准。

ISO与联合国欧洲经济委员会共同承担电子数据交换的标准制定，ISO负责数据标准制定，联合国欧洲经济委员会负责报文的标准制定。

在ISO现有的标准体系中，与物流相关的标准有2 000条左右，其中运输181条、包装42条、流通2条、仓储93条、配送53条、信息1 605条。

2. EAN，UCC

国际物流标准化的很重要的一个方面就是物流信息的标准化，包括物流信息标识标准化、物流信息自动采集标准化和自动交换标准化等。

EAN就是管理除北美以外的，对货物、运输、服务和位置进行唯一有效编码并推动其应用的国际组织，是国际上从事物流信息标准化的重要国际组织。而美国统一代码委员会（UCC）是北美地区与EAN对应的组织。近两年来，两个组织加强合作，达成了EAN. UCC联盟，以共同管理和推广EAN. UCC系统，意在全球范围内推广物理信息标准化。其中推广商品条码技术是其系统的核心，它为商品提供了用标准条码表示的有效的、标准的编码，而且商品编码的唯一性使得它们可以在世界范围内被跟踪。

EAN开发的对物流单元和物流节点的编码，可以用确定的报文格式通信，国际化的EAN. UCC标准是EDI的保证，是电子商务的前提，也是物流现代化的基础。

三、国际物流标准的分类

国际物流标准根据其规定的不同内容分类如下：

1. 国际物流系统配合性、统一性标准

（1）专业计量单位标准。除国家公布的统一性计量标准外，物流系统还有许多专业的计量问题，必须在国家及国际标准基础上，确定本身专门的标准，同时，由于物流的国际性很突出，专业计量标准需考虑国际计量方式的不一致性，也必须考虑国际习惯用法。

（2）国际物流基础模数尺寸标准。其是指基础模数尺寸指标标准化的共同单位尺寸或系统各标准尺寸的最小公约尺寸。在基础模数尺寸确定之后，各个具体的尺寸标准都要以基础模数尺寸为依据，选取其整数倍数为规定的尺寸标准。

由于基础模数尺寸的确定，只需在倍数系列进行标准尺寸选择其他的尺寸标准，这就大大减小了尺寸的复杂性。国际物流基础模数尺寸的确定一定要与国际物流系统衔接，具有一定难度和复杂性。

（3）国际物流建筑基础模数尺寸。其主要是指国际物流系统中各种建筑物所使用的基础模数，它是以物流基础模数尺寸为依据确定的，也可选择共同的模数尺寸。该尺寸是设计建筑物长、宽、高尺寸，门窗尺寸，建筑物柱间距、跨度及进深等尺寸的依据。

（4）集装模数尺寸。这是指在物流基础模数尺寸基础上，推导出的各种集装设备的基础尺寸，以此尺寸作为设计集装设备三项尺寸的依据。在国际物流系统中，由于集装是起贯穿作用的，集装尺寸必须与各环节物流设施、设备、机具相配合，因此，整个物流系统设计时往往以集装尺寸为核心，然后，在满足其他要求前提下决定各设计尺寸。因此，集装模数尺寸影响和决定着与其有关各环节的标准化。

（5）国际物流专业名词标准。为了使物流各系统有效配合和统一，尤其在建立系统的情报信息网络之后，要求信息传递异常准确，这首先要求专用语言所代表的含义实现标准化，如果同一个指令，不同环节、不同国家有不同的理解，这不仅会造成工作的混乱，而且容易出现大的损失。所以，在国际物流中要注意一些基本的、常用的专业术语的标准化。

国际物流专业名词标准包括国际物流用语的统一化及定义的统一解释，还包括专业名词的统一编码、物流核算、统计的标准化。统计的规范化是建立系统情报网，对系统进行统一管理的重要前提条件，同时也是对系统进行宏观控制与微观监测的必备前提。

2. 分系统技术标准

（1）运输车船标准。此标准面向的对象是物流系统中从事物品中间位置转移的各种运输设备，如火车、货船、拖挂车、卡车、配送车等。从各种设备有效衔接、货物及集装箱的装运，与固定设施的衔接等角度制定的车厢、船仓尺寸标准、载重能力标准、运输环境条件标准等。此外，从物流系统与社会关系角度出发，制定的噪声等级标准、废气排放标准等。

（2）作业车辆标准。此标准面向的对象是物流设施内部使用的各种作业车辆，如叉车、台车等。包括尺寸、运行方式、作业范围、作业重量、作业速度等方面的技术标准。

（3）传输机具标准。本标准包括水平、垂直输送的各种机械式、气动式起重机、传送机、提升机的尺寸、传输能力等技术标准。

(4) 仓库技术标准。本标准包括仓库尺寸、建筑面积、有效面积、通道比例、单位储存能力、总吞吐能力、温湿度等技术标准。

(5) 站台技术标准。本标准包括站台高度、作业能力等技术标准。

(6) 包装、托盘集装箱标准。本标准包括包装、托盘、集装系列尺寸标准、包装物强度标准、包装、托盘、集装箱重量标准以及各种集装、包装材料、材质标准等。

(7) 货架、储罐标准。本标准包括货架净空间、载重能力、储罐容积尺寸标准等。

3. 工作标准及作业规范

它是对各项工作制定的统一要求及规范化规定。工作标准及作业规范可明确划定各种岗位的职责范围、权力与义务、工作方法、检查监督方法、奖罚办法等可使全系统统一的工作方式，大幅度提高办事效率，方便客户的工作联系，防止在工作和作业中出现遗漏、差错，并有利于监督评比。具体规范化规定：

①岗位责任及权限范围；

②岗位交换程序及工作执行程序，例如配运车辆每次出车规定应由司机进行的车检程序，车辆定期车检时间及程序等；

③物流设施、建筑的检查验收规范；

④货车、配送年辆运行时间表、运行速度限制等；

⑤司机顶岗时间，配送车辆的日配送次数或日配送数量；

⑥吊钩 、索具使用，放置规定；

⑦情报资料收集、处理、使用、更新规定；

⑧异常情况的处置办法等。

第四节　国际物流的发展现状及发展趋势

一、发展现状

国际物流是一种新的物流形态，是现代物流系统中重要的物流领域。国际物流的概念虽然是最近才提出并得到人们的重视，但国际物流活动却是早已存在的；它是随着国际贸易和跨国经营的产生而产生，并随着它们的发展而发展起来的。

20世纪90年代初至今。国际物流的概念和重要性已为各国政府和外贸部门所普遍接受。网络、条码技术以及卫星定位系统在物流领域得到普遍应用，而且越来越受到人们的重视。这些高科技在国际物流中的应用，极大地提高了物流的信息化水平和物流服务水平，所以有人称"物流就是综合运输加高科技"。这一时期，贸易伙伴遍布全球，必然要求物流国际化，即物流设施国际化、物流技术国际化、物流服务国际化、货物运输国际化、包装国际化和流通加工国际化等。世界各国广泛开展了国际物流方面的理论和实践方面的大胆探索。人们已经形成共识：只有广泛开展国际物流合作，才能促进世界经济繁荣；物流无国界。

二、发展趋势

（1）物流技术高速发展，物流管理水平不断提高。国外物流企业的技术装备已达到相当高的水平。目前已经形成以信息技术为核心，以信息技术、运输技术、配送技术、装卸搬运技术、自动化仓储技术、库存控制技术、包装技术等专业技术为支撑的现代化物流装备技术格局。其发展趋势表现为：①信息化——广泛采用无线互联网技术、卫星定位技术（GPS、地理信息系统（G IS）和射频标识技术（RF）、条码技术等；②自动化——自动引导小车（AGV）技术、搬运机器人（Robot System）技术等；③智能化——电子识别和电子跟踪技术，智能交通与运输系统（ITS）；④集成化——信息化、机械化、自动化和智能化于一体。其中，高新技术在物流运输业的应用与发展表现尤为突出。

（2）专业物流形成规模，共同配送成为主导。国外专业物流企业是伴随制造商经营取向的变革应运而生的。由于制造厂商为迎合消费者日益精化、个性化的产品需求，而采取多样、少量的生产方式，因而高频度、小批量的配送需求也随之产生。目前，在美国、日本和欧洲等经济发达国家和地区，专业物流服务已形成规模，它有利于制造商降低流通成本，提高运营效率，并将有限的资源和精力集中于自身的核心业务上。

共同配送可以最大限度地提高人员、物资、金钱、时间等物流资源的使用效率（降低成本）。取得最大效益（提高服务）；还可以去除多余的交错运输，取得缓解交通、保护环境等社会效益。

（3）整体性供应链管理模式被重视。传统的管理模式习惯将组织分为不同部门，视每一个部门为一个成本中心来管理。但这种管理方式会引发组织内部的问题，如各自为政、因争夺公司资源而引发冲突等。这些做法最后将严重影响一个组织的生存。因此，新世纪的管理模式将是视组织为一个生命体，在生命体中有许多维持生命体永续活动的机制，如采购、生产、销售、配送等，这些机制需要有效联结来满足客户要求；新的管理模式将各项组织活动视为一连串相关的活动进行管理，通过整体性的管理，经理人可以精确地安排每一项活动的进行，最后为组织争取到最大的利益，也因为管理者是以一种整体的观点来管理公司，该组织将可以更快地对外部环境做出反应，加快组织调整速度。

（4）全球化的第三方物流提供商兴起。随着产业全球化，生产地和消费地分离，两者间的距离越来越远。为了快速地将产品送达客户手中，物流的重要性开始增加。此时，出现了一种可以整合上下游物流活动的企业形态，称之为“全球化第三方物流服务提供者”。此类型的公司可以从生产端开始，整合全球相关的物流配送活动，进而将产品准时地送达客户指定的全球任何地点。

从微观层次上看，第三方物流可以依托下游的零售企业，成为众多零售店铺的配送。加工中心也可以依托上游的生产企业，成为生产企业（尤其是中小型企业）的物流代理。这种集成物流作用模式，使供应链的小批量库存补给更加经济，而且还创出比供方和需方采用自营物流服务系统运作更快捷、更安全，服务水准更高，成本更低廉的物流服务。从宏观层面上看，使用第三方物流意味着减少生产企业自身的配送中心，把更多的业务转交给社会配送中心，由于社会配送中心更专业化，更容易形成规模经济、形成更高的劳动效率，这样不但节省了企业运营成本，减少了社会交通拥挤，节约了能源，保护了环境，还使企业能专注于自身的核心竞争力，集中发挥自己的特长。

（5）政府的贸易促进手段更加完善。在影响未来国际物流发展的因素中，政府的作用非常重要。其中，国际物流基础设施建设与法律制度的完善是政府首先要做的工作。以新加坡为例，新加坡的贸易审批程序非常快速与便捷，贸易商只要填一张电子表格，这份资料即会传送到贸易发展局 24 小时计放的大型计算机上，再以电子化资料转传到 18 个政府贸易审核机关。如果顺利的话，贸易商可以在 15min 之内拿到许可证书。据贸易商估计，电子化流程所节省的文件与时间效益，一年可达 10 亿美元之巨。又如，墨西哥政府近年来大力革新海关法规与流程，强化贸易通关系统功能，使海关程序从 12 个步骤简化到 4 个步骤，大大缩短了通关时间。

第五节　相关案例分析

案例：DHL 物流海陆空破路

一、基本知识点

国际物流：国际物流是不同国家之间的物流，这种物流是国际间贸易的一个必然组成部分，各国之间的相互贸易最终通过国际物流来实现。国际物流是现代物流系统中重要的物流领域，近十几年有很大发展，也是一种新的物流形态。

二、背景介绍

2003 年 5 月 10 日下午 3 点，在离上海浦东机场不远的一个物流仓库里，德国邮政全球网络的董事会主席崇文礼博士发表演讲，为 DHL 丹沙海空运在上海的物流作业中心举行招募仪式。

崇文礼和他的同事们一起宣布了 DHL 各业务部门在中国快递与物流市场的最新战略及业务发展计划。DHL 第一次公开宣称将推出中国国内快递业务，并介绍了其在中国投资 2 亿美元的详细计划，同时第一次宣布最新的 1 500 万美元的物流业务投资计划；两者相加共 2. 15 亿美元。这意味着，德国邮政的“全球网络”——海陆空全线业务在中国真正全面起航。DHL 是 2002 年营业额为 400 亿欧元的德国邮政的全资子公司，正是德国邮政在中国攻略的发动机。

三、问题提出

通过在中国的合资公司——中外运敦豪正式进入中国国内快递业务，这是 DHL 天下皆知的心愿。在国际快递与国内的合资常常发出“不和谐音”时，中外运敦豪一直“恩恩爱爱”，矢志不渝的结果是终于等来了“政策壁垒的松动”，DHL 一举成为首家在国内开展此项业务的国际快递公司。

网络方面的布局是 5 年之内将在中国投资 2 亿美元用于快递业务，投资主要用于完善基础设施、增设分公司、增购车辆和招聘员工。这样的巨额投资绝不仅仅是为了扩张传统的国际快递业务，但当时 DHL 对种种传言却气定神闲，不置可否。

相对于 FedEx、UPS 等其他几大国际快递公司而言，DHL 的先发优势不可忽略。在日益增长的物流市场上，等到它们有机会起跑时，它们将要面对的是 DHL 已经筑好的战壕和壁垒。

目前，DHL在中国的合资公司——中外运敦豪——在国际快递业务的市场份额已高达40%，假以时日，其国内快递业务要达到理想的市场份额需要哪些条件？

四、解决方案

崇文礼对这项新业务表达了他的乐观："中国国内快递业务的推出是DHL中国业务发展的重要里程碑，更是DHL和中外运战略合作的重要里程碑。凭借在中国市场上已经建立的无人可比的服务网络，DHL的国内快递业务将达到与DHL国际快递业务同样的领先水平。"

"2亿美元的投资将大大促进DHL在中国市场的网络覆盖、技术投资、员工增长以及基础设施的完善，从而巩固在中国的竞争优势。"DHL快递的CEO于德恒说，这笔钱主要用于扩大、提高4个现有的口岸作业中心，增设14家分公司，实施73个工程项目，增购1 200辆作业车辆，以及增聘2 100名员工。

除了加强现有的国际快递业务优势之外，这些投资主要用来开展国内快递业务和拓展快递物流业务。

除了国内快递业务之外，DHL依然坚持它在快递业务方面的投资。此次追加的1 500万美元，包括DHL丹沙海空投资300万美元在上海浦东和九亭建立的两个物流中心，以及投资1 200万美元进行基础设施建设，将现行业务规模扩大一倍。据预测，快递物流业务将会是DHL增长最快的业务领域之一。这项业务主要为在中国的跨国公司提供第三方备件库存管理，其中涉及提供定制和约和特定行业物流解决方案。除了目前占主体的高科技行业之外，DHL还计划探索建立针对生活、时装、保健和快速消费品等领域的行业配套中心。为此，DHL计划在中国建立数个快件物流中心和16个战略备件中心。

DHL的产品一直随客户需求的不断变化推陈出新。基于丰富的行业经验和强大的作业能力，如今中外运敦豪在上海推出了"DHL定时特派"服务（Time Definite Delivery），将完成派送的时间准确到小时，为客户带来显而易见的商业信用保证。即将推出的"DHL空运加速"服务（Fast Forward），则突破了国内传统的重货运输观念，用快递的方式运输重货，大大节省了运输时间，为重货快递树立了市场服务的新标准。

"今天的中外运敦豪已经是一家技术主导的快递服务企业。"此评价表明了信息技术在DHL发展战略中的重要地位。现在，中外运敦豪不论在预约、取件、转运、派送等核心作业环节，还是在追踪、查询等增值服务方面都具有明显的优势。此外，中外运敦豪还为客户提供"DHL便捷发件、DHL e-Track、DHL网上发件、DHL 短信跟踪”等方便快捷的信息服务。正是通过不断建立行业服务标准，满足客户个性化需求，今天的中外运敦豪成为了众多客户发展商业的理想合作伙伴。在中国，除了直接投资之外，DHL 还在 2003 年将其在中外运集体的股份增至 5%，从而成为中外运集团最大的战略投资者。

从这次国内快递业务向 DHL 在中国的合资公司中外运敦豪开放这一事件来看，5%的股份绝不仅是一种象征意义，更重要的是实实在在的利益和信心。联想到德国邮政全球网络今年来频频发起的收购和兼并来看，德国邮政推进多元化和全球化发展战略步骤，而又将这两者结合成一个整体，主要体现在快递和物流领域。

这种快速扩张的背后是德国邮政的战略调整，由于邮政和金融业务的国际化程度相对较低，所以德国邮政将物流和快递业务作为它迅速增长和国际化的重要手段。

1988 年，德国邮政参股 DHL 25%的股份，四年后 DHL 成为德国邮政的全资子公司；1999 年，德国邮政收购瑞士公司丹沙物流公司和美国的空运提供商 AEI；2003 年，德国邮政收购美国安邦快递，从而成为美国快递市场的第三大快递公司。

面对眼花缭乱的收购和兼并，德国邮政收购企业有两个标准：一是收购对象必须会加强现有的核心业务，而且和德国邮政的战略发展吻合；二是被收购企业的投资回报率高于 15%。

在对外收购和兼并的同时，德国邮政同时也在集团内部进行业务重组和调整，其目的是“我们能提供真正的一站式服务”，例如在经过多次收购和兼并之后，德国邮政的所有与物流和快递相关业务都被整合在 DHL 品牌下面，并在全球开始大量的广告宣传。

物流行业是具有战略意义的行业，是推动经济发展的重要动力，因此中国各级政府对这一产业的发展非常重视。DHL 的全面发展，将带动中国市场的大规模投入。看来，DHL 在中国的“海陆空”战略，刚刚真正起航。

五、小结

跨国公司进入中国给国内企业带来的压力，一种通常的看法是：跨国公司在品牌知名度、资金实力、产权机制和运营管理方面多数领先于中国企业。

如果在某一时间段来看，这种说法有一定的道理，但这个不能成为民族企业悲伤的理由。如果我们将视线稍稍拉远，就会发现那些现在知名的跨国公司也都是从国内企业一步一步成长起来的；在成长为卓越企业之前，这些跨国公司都经历了极其漫长的自我历练的时间，其中有些公司甚至经历了最艰难的时刻。

德国邮政全球网络的崛起有借鉴意义。这家历史高达500年的企业脱胎换骨的经历告诉我们：拥有悠久历史的大型企业不要固守过去，没有什么事情是完全不可能的。

14年前，德国邮政全球网络的前身德国邮政公司还是一家政府所有、负债累累的国有企业。企业负债高达7.2亿欧元，员工人数38万，主要业务仅限于邮政行业，主要为国内业务。

14年后，德国邮政全球网络的员工人数还是38万，但已经不可同日而语：业务从传统的邮政业务扩展到邮政、包裹、快递、物流和金融领域，2003年的营业额高达400亿欧元并保持盈利，国外业务占到总营业额的将近50%。

这种转变开始于德国的两次变革，这两次变革将德国邮政从一家纯粹的国有企业转变成股份制公司，这种转变最终导致2000年德国邮政公司的上市。体制的转变意味着公司治理机制的转变，并影响到公司战略的调整和组织结构的变革。虽然伴随大量痛苦的重组和裁员，但肌体开始慢慢恢复健康，实现扭亏为盈。

与此同时，德国邮政在基础设施现代化上投以重金，为提高企业的内部运行效率和市场竞争力赢得了必要条件。很短的时间，德国邮政开始全球化的扩张构想，这种扩张一方面体现为原有邮政业务的国际化运作，另一方面则体现为大量收购和兼并。

收购和兼并使得德国邮政的业务范围从传统的邮政转向多元化发展，并大大加速了国际化的步伐。在德国邮政的思想核心业务中，快递、物流和金融业务都是主要通过收购来完成的。其中影响最大的一笔收购就是对DHL的参股和收购，从1998年参股25%到2002年100%持有股份、德国邮政用了不到四年的时间。

如今，德国邮政全球网络的重组和收购还在继续，但整个集团的发展脉络非常清晰，多元化和专业化的发展理念并行不悖。不管什么业务，都打出“同一品牌——以同样面貌迎接客户”的口号，体现德国邮政全球网络向客户提供“一站式”服务的系统化理念。

企业国际化战略可能与国内业务整合相互影响，相得益彰，对这种辩证关系的领悟正引领海尔、TCL等公司的海外扩张实践，从而也提上整个中国工商界变革的日程。

六、思考与练习题

DHL将国际化战略用于国内快递市场，对内资物流企业有哪些启示？

第九章　现代物流发展趋势

第一节　实现物流共同化的优点

一、物流共同化概述

物流共同化是指通过建立企业间的结合共同组建物流体系，来处理企业营运中有关物品流动的相关作业，解决单一企业对物流系统投资的不经济或低效率等问题。共同型物流与社会化物流不同，它是通过签订合同，为一家或数家企业（客户）提供长期服务。这种配送中心由社会化配送中心来进行管理，也有由企业自行管理的，但主要是提供服务。共同化物流系统对企业的好处是可以最大限度地利用有限资源，降低风险和运营成本，维持一定的物流服务水准，共同进货以获取规模效益，并尽快实现物流管理现代化。因此，物流的共同化也是物流发展的一个新趋势。

我国企业的物流管理处于现代化的初期阶段，存在着许多问题，主要是多品种、少量、多频度、小口径的配送大量存在。此外，地价上涨、房屋建设、物流设备机器等方面的大量的投入资金，难以用有限的资源创造较大的价值。这些问题靠一个企业是难以解决的，所以，随着全球经济的共同化发展，各个企业必须抛弃自我意识，超越企业界限，创造出实现效率化的物流共同化体系。

在竞争激烈的商业背景下，物流共同化这一物流发展趋势促使我国的企业立足现在，放开眼界，扩大思路，认真思考企业未来的物流管理手段。物流共同化是运输、配送的共同化：要集中承包商零部件、原材料厂家，在准确的时间送到母公司；在位置上相隔很远的厂家之间充分利用返程货物降低运输费用；物流专业公司根据自己的经营方案为了提高装载率和满足货主的要求，实行运输、配送共同化；地域上是一个团体或者是城市的集中地域或商业、工业区的企业结成事业协同联合团体，实行运输、配送共同化。

物流共同化有很多类型，主要可以分为以下五种：

（1）同业种共同化。这种方式分为两种，即发货主实行共同化和收货主实行共同化。前者适合同一地域的纺织品、食品、甜品、酒、玩具批发商等或者是同业种构成园区的类型，目的是为了节省中、长距离的运输费或者是集中各个公司的商品配送到货主那里。后者是城市的商业集中地域的零售店和量贩店为中心形成联合团体的类型，目的是降低配送费用或消除店铺接货设备不全的不利影响，使检品合理化、减少卸货和存货。

（2）不同业种或者是地域内物流的共同化。这种方式同样分为发货主共同化和收货主共同化。不同业种间的共同化，因为货物外观、形状、商业习惯等的不同，比较难操作，而是否能够面向共同化重新构造各个公司的物流系统，要看领导者的能力。

（3）厂家间的共同化。厂家生产的合理化达到某种程度，很多时候把物流合理化作为最先进的经营战略。现在大多数企业送货到消费区后，都是空车回程或让运输者寻找回程货物，这就面临较高的运输费用。为了降低运输费用，厂家间有必要推进中长距离运输的共同化。

（4）垂直一体化的共同化。为了降低成本和满足客户要求，ECR 作为物流再造，废除了厂家的物流中心、批发商的仓库，而从物流专业公司和零售协同联合团体的物流中心直接送到消费者手中。

（5）以物流专业公司为核心的共同化。有两种情况，一是包括从物流中心的运营到运输、配送的所有内容；二是物流中心交给各类事业主体，公司只负责运输、配送业务。

由于各公司的利害关系和相互的不信任，物流的共同化较难进行。推进物流的共同化一般有如下几个措施。

（1）调整共同化成员的意识。各成员要召开关于共同化的例会和研究会，不断地认识共同化的必要性和优势，并使领导层理解；对参加共同化的公司的物流实际情况做彻底的调查分析，区分共同事项和异类事项，明确共同体系应包括和排除的事项；列举共同化中的问题，相互消除这些问题；对物流中心和运输、配送的共同化的成功和失败的实际情况做大量实地调查、参观，相互了解共同化推进方法和运营方法；一定要有模拟试验作为流程构造的立足点。

（2）调整共同化的行业种类、行业形态的利害关系。因为不同行业种类和行业形态，运输和配送方、货物外观、形状、出厂频度、运输和配送的时间段、卡车的式样等都是有差异的，即使是同行业，如果不作调整，也无法进行共同化。如不考虑这些因素，会产生物流费用的增加、运输和配送的非效率化。而因为行业种类和行业形态的不同，所以销售额、物流费、关于商品的机密即使泄露也不会产生问题。物流共同化的领导者除了非常熟悉物流结构，有丰富的经验外，还要拥有各成员能信赖的调整能力，以及有积极改革的欲望。

（3）土地、厂房的确保和政府等方面的支持。有效运用联合团体拥有的资产；在相邻地方确保物流中心；设法得到政府的财政支援。

（4）调整共同化的信息处理系统。订单接受系统的信息项目的标准化；检品、订购中使用条码数据；引入办公自动化系统，采用数码拣选和数据处理系统，货车上装备手持终端，交货业务电子化等。

物流的共同化对物流成本的削减作用，我们可以从物流共同化的优势清楚地看出：

（1）提高装载率，能够减少卡车数量。

（2）能够减少没有回程货物空车的行走路程和确保回程货物。

（3）减少各公司所有租借仓库和处理货物的设施。

（4）通过集约化，能够削减存货成本和提高物流中心作业人员的物流生产效率。

（5）导入物流信息体系的VAN（物流增值网络）型开放式网络系统，能大幅度削减信息处理成本。

（6）能够提高各公司分批到达商品的检验作业的效率，能够减少物流工作人员。

（7）同时能够减少到店卡车数量，减少接受货物的场地。

（8）票据处理、捆扎货物、配车业务等效率化，能够减少作业人员。

（9）推行顺畅的运输、保管商品流程和来往文书统一化，能够简化装卸作业。

（10）在政府政策的支持下，资金使用成本可以大幅度降低。

（11）由于集约化经营，有可能降低进货商品的价格。

由于企业间的利害关系使得物流共同化的难度较高，过程较烦琐，但是在如今全球经济一体化的背景下，高服务水准物流导致了高生产成本，人员费、物流费等的不断增加，企业必须找到一种在保持高服务水平的情况下可以控制的赢利模式，也就是尽量地削减物流成本，而物流共同化就是一个很好的发展趋势。

二、物流共同化的优点

（1）以有限的资源做最佳的应用：其中包含了物流、人力、设备、土地等资源，以社会的观点而言，可以不用浪费多倍的资源去做相同的事情，以最精倍的资源投入企业最需要的环节。

（2）降低营运成本：企业投入物流作业包含硬件及软件的设施成本，其总物流成本相当可观，假如投入后未达到营运的经济规模，造成单位成本过高，企业便无法在市场上具有竞争力。

（3）维持客户服务水平：因其运输业者具有专业特长和设施，在客户服务水平下必可维持一定水平，易取得市场先机。

（4）提高企业生产力：企业可选择运作效率较低的环节，委托专业物流厂商，可提升企业机构的整体营运效能。

（5）使企业保有最大的策略应变能力：在物流共同化下，企业可根据市场营销战略的变革，随时调整物流的运作。

（6）易扩大企业营运规模：企业可借由物流共同化来缩短目标，以便达成扩大营运规模的时间。

三、物流共同化的困难

企业进行物流共同化时，就如同企业改造，如果顺畅则可借此获利，若无好的规划与执行，易遭受抗拒或破坏而无法达到共同化的预期成效。下面分成3个层面来探讨物流共同化所面临的问题。

1. 以经营者的角度来看

（1）在导入共同配送的过程中，因暂时需投入大量资金，造成短时间物流成本增加，影响企业营运绩效。

（2）在共同化之下，企业间需相互合作，即所谓伙伴关系，但因有其利害关系，双方皆会顾忌、害怕客户信息外流，使业务流失。

（3）客户的配送并非由企业本身来执行，因而减少与客户间的接触，是否会因此影响其服务质量。

（4）与共同化的成员间是否能明定彼此间的权利、义务关系。

2. 以管理部门的角度来看

（1）执行物流共同化之后，是否会影响配送时效，质量等服务是否比未实施之前来得好。

（2）共同化成员是否真正合理、公平来分配、享受物流系统资源，如订单处理顺序、储位位置。

（3）要如何针对货物其损坏、遗失之物流损耗做一合理的分摊计算，其责任划分为何。

3. 由总体方向来看

（1）虽共同化可减少运输配送、人事方面的支出，如果只片面实行共同化作业，不但不能达到预设的效率，还会导致经营者畏惧流通变革。

（2）在专业物流中心成立后，企业将货品的配送、仓储交由专属机构管理，会产生比企业本身经营物流体系更多的沟通不良。

（3）企业签订合约实行共同化，一旦有任何环节产生疏漏，易造成无人愿意承担责任，往往形成物流机能不易掌握导致失控。

四、物流共同化的构筑原则

物流共同化成员彼此都存有利害关系，要如何妥善防范此项因素引起的弊端，需要在构建物流共同化系统之前拟定原则，以确保共同物流系统运作的成效，以下便提出几点构筑原则：

1. 慎选合作成员

欲成立一个永续经营的物流组织，选定互为有利的成员十分重要，每位成员的加入可带来何种贡献？是资金投入、经验交流，还是提供资源？在成员获利互不冲突下，组织物流共同化的成员能否提供自身优势，为组织带来更大的效益？这些都是选择合作成员应考虑的因素。

2. 确立共同化目的

每一个企业个体加入共同体系都有各自的目的，有的为解决自身配送力不足，有些是学习物流经验或者为了能长久发展，不论如何，其目的不外乎增加自身利益。在各路成员怀抱各种不同目的前提下，相互坦诚沟通便显得十分重要，成员将各自需求充分说明，寻求彼此共识，共同制订组织之目的，避免往后因意见不合产生争执。

3. 设立共同物流推动委员会

设立推动委员会来决定体系之规模、合作方式、形态、地点等决定性决策。

4. 确立远景与使命

成功的企业都拥有明确的远景，共同物流亦要有鲜明的目标来供全体员工一起努力，企业确立远景与使命显示结合体系具有清晰的经营方针。

5. 建立企业优越体系

建立企业优越体系的前提为体系成员与经理人务必遵守下列五项原则：排除私立、以共利为主的原则；做到公平公开与中立的原则；将资源予以活用来追求效率；降低成本、开发利润的原则；投入研究发展不断创新技术。

第二节　现代物流的发展趋势

从现今许多国家的具体情况来看，现代物流的发展趋势具有以下特征。

1. 物流信息技术发展迅速，物流管理日趋现代化

现代化的信息处理系统带来了物流管理技术的革命。现代通信技术的发展，是生产和物流部门有可能建立起完整的情报信息系统。例如，在20世纪80年代期间，经理人员开始实验用条码技术来改善物流运作水平。他们还开始使用电子数据交换（EDI），使数据传输变得十分便利。各种类型的电子扫描和传输技术的应用，提高了获取有关物流每一个方面的及时信息的可能性。许多厂商开始实验与客户和供应商进行计算机与计算机之间的连接，这有助于及时、准确地传输信息和存取数据。

到了20世纪90年代初期，计算机技术开始商业化。传输图像、声音和文字信息的能力越来越普遍而又经济。许多厂商开始试验声控技术，精确而又轻松地存取数据。传真成为广泛的通信模式，提供了易用、低成本的交换硬拷贝文件的方法。卫星通信的实施，使信息跟踪也被引入了物流领域。以迅速而又可靠的信息交换为基础的作业安排，为取得出色的物流表现的新战略提供了基础。准时制生产（Just in Time ，JIT）、快速反应战略（Quick Response，QR）、连续补充战略（Continuous Replenishment ，CR）及有效客户反应（Efficient Customer Response，ECR）等都是建立在先进的物流信息技术之上的，他们提高了生产效率，实现了客户信息反馈，并提高了物流的服务水平。

在可以预见的未来，信息技术会在物流各个环节中（如市场预测、信用审查、订货管理、合同管理、库存控制、设计包装、配送方式的选择、客户服务、资金核算及资料累计等）得到了广泛的应用，届时物流运作将真正实现准确、及时与高效的目标，真正做到物流管理现代化。

2. 物流企业向集约化、协同化发展

国外物流企业向集约化、协同化的方向发展主要表现在两个方面：一是大力建设物流园区；二是物流企业兼并与合作。

物流园区是多种物流设施和不同类型的物流企业在空间上集中布局的场所，是具有一定规模和综合服务功能的物流集结点。日本是最早建立物流园区的国家，至今已建立20多个大规模的物流园区；荷兰建立的14个物流园区，平均占

地面积 4 500m²；德国不莱梅的货运中心占地在 10 000m² 以上，纽伦堡物流园区占地面积已达 7 000m²。物流园区的建立有利于实现物流企业的专业化和规模化，发挥他们的整体优势和互补优势。

由于世界上各行业大型企业之间的并购浪潮和网上贸易的迅速发展，使国际贸易的货物流动加速向全球化方向前进。为适应这一发展趋势，欧美的一些大型物流企业跨越国境，展开连横合纵式的并购，大力拓展国际市场，以争取更大的市场份额。

美国的 UPS 并购了总部设在迈阿密的航空货运公司——挑战航空公司。该公司与南美 18 个国家签订了领空自由通航协议，它与这 18 个国家的空运物流量在美国同行中居第一。UPS 计划将自己在美国的最大物流运输网与挑战航空公司在南美洲的物流网相结合，从而实现南北美洲两个大陆一体化的整体物流网络。

美国联邦快递公司投资两亿美元，在法国戴高乐机场建设小件货物仓储运输设施，目的是将欧洲 38 个城市的空中物流和陆地物流连为一体，发展 38 个城市间的空中和陆地一体化快递服务，使欧洲主要城市间的邮递物流业面貌一新，因为欧洲整个市场邮政市场将分阶段地逐步实现安全自由化。

3. 物流全球化趋势

WTO 的《服务贸易总协定》（GATS）的服务部门参考清单中与物流全球化相关的部门有交通运输服务、销售服务、金融与保险服务等。其中，交通运输服务与物流业最为密切，它包括海运、铁路运输、航空运输、公路运输等货运服务以及报关、仓储、港口等附属交通运输服务。WTO 原则要求各国撤销壁垒，加快经济贸易自由化进程。这使得许多长期封闭的流通市场领域正逐步地对外开放，为物流业的全球发展带来了前所未有的机遇。

物流全球化就是以满足全球消费者的需求为目标，组织货物在国际间合理地流动，也就是发生在全球范围内的物流。具体而言，就是在全球范围内，把商品的采购、运输、仓储、加工、整理、配送、销售和信息管理等方面有机集合起来，选择最佳的方式与路径，以最低费用和最小的风险，保质、保量、适时地将货物从某国的供方运到另一国的需方，为消费者提供多功能、一体化的综合性服务。物流全球化的实质是按国际分工协作的原则，依照国际惯例，利用国际化的物流网络、物流设施和物流技术，实现商品和服务全球流动与交换，以促进区域经济的发展和世界资源的优化配置。

物流全球化观念是一种无国界观念，从事物流全球化的跨国企业需以全球的视点考虑消费者及其需求，在物流决策上不考虑国别的政治因素，仅从全球角度按照利益和效率标准进行物流决策。新组成的物流联合企业、跨国公司将充分发挥互联网的优势，及时准确地掌握全球的物流动态信息，调动自己在世界各地的物流网点，构建起本公司全球一体化的物流网络，节省时间和费用，将空载率压缩到最低限度，战胜竞争对手，为货主提供优质的物价和服务。

4. 专业物流形成规模，共同配送成为主导

共同配送是物流配送发展的总体趋势。当然，共同配送涉及很多具体的细节问题，在实施过程中难免会出现一些困难。首先，各业种经营的商品不同，有日用百货、食品、酒类饮料、药品、服务乃至厨房用品、卫生洁具等。不同的商品其特点不同，对配送的要求也不一样，共同配送存在一定的难度。其次，各企业在规模、商圈、客户、经营意识等方面也存在差距，往往很难协调一致，还有费用的分摊、泄露商业机密的担忧等。

5. 电子物流需求强劲，快递业“冲锋陷阵”

基于互联网络（如 Word Wide Web，WWW）的电子商务的迅速发展，促使了电子物流（E-logistics）的兴起。据统计，通过互联网进行企业间的电子商务交易额，2004 年全球已超过了两万亿美元。

企业通过互联网加强了企业内部、企业与供应商、企业与消费者、企业与政府部门的联系沟通、相互协调、互相合作。消费者可以直接在网上获取有关产品或服务信息，实现网上购物。这种网上的“直通模式”使企业能迅速、准确、全面地了解需求信息，实现基于客户订货的生产模式（Build To Order，BTO）和物流服务。此外，电子物流可以在线跟踪发出的货物，联机地实现投递路线的规划、物流调度以及货品检查等。可以说电子物流已成为 21 世纪国外物流发展的大趋势，一方面电子物流的兴起，刺激了传统邮政快递业务的需求和发展；另一方面，新兴的快递业发展迅猛，触角伸向全国各地。

长期以来，由于世界许多大的经济发达国家的经济萧条，使全球传统邮政业不景气。但在电子商务快速发展的背景下，有专家预测，短期内邮政业务的一些传统功能可能会很快消失。作为互联网时代的一个必不可少的通信工具，邮政业的功能将以其他的方式很快重现出来。因为通过互联网进行的电子商务，通常都是交易双方的距离比较遥远，比如通过电话销售、电视直销等方式促成的交易，这就为包裹邮寄和快递业务提供了巨大的发展机遇。正如在经过彩页促销、电话销售、直销以及电视直销和互联网展示后，产品最终要以邮寄方式送达客户手中。因此电子商务刺激了传统邮政业务向电子物流方向发展。

除了传统邮政业务将自己的业务向电子物流方向拓展外，一些国际著名的快

递企业也在电子物流中充当着前锋，如美国联邦快递、UPS 等已将自己的触角延伸到世界各地，大有抢占电子物流市场先机之势。一些新兴的物流企业也将视角瞄准电子商务这一新的物流需求市场，并在迅速崛起。

6. 绿色物流将成为新的增长点

物流虽然促进了经济的发展，但是物流的发展同时也会带来负面的影响，如运输工具的噪声、排放污染、运输工具增加的交通堵塞，以及生产和生活中的废弃物的不当处理所造成的对环境的影响。为此，21 世纪对物流提供了新的要求，即绿色物流。

绿色物流主要包括两个方面，一是对物流系统污染进行控制，即在物流系统和物流的规划与决策中尽量采用对环境污染小的方案，如采用排污小的货车车型，近距离配送，夜间配送（以减少交通阻塞，节省燃料）等。发达国家政府倡导绿色物流的对策是在污染发生源、交通量、交通流等三个方面制定相关政策。绿色物流的另一方面是建立具有工业和生活废料处理能力的物流需求。

7. 物流专业人才需求增长，教育培训体系日趋完善

在物流人才需求的推动下，一些经济发达国家已经形成了较为合理的物流人才教育培训体系。在美国，已建立了多层次的物流专业教育，包括研究生、本科生和职业教育等。许多著名的高等院校中都设置物流管理专业，并为工商管理及相关专业的学生开设物流课程。美国西北大学、密歇根州大学、奥尔良州立大学和威斯康星州立大学等，或设立了独立的物流管理专业，或将物流专业附属于运输、营销和生产制造等其他专业。佐治亚技术学院广泛开展物流职业教育，形成了一定规模的研究生教育体系。美国商船学院的全球物流与运输中心和佐治亚技术学院的物流所开展物流方面的科学研究。除去正规教育外，在美国物流管理委员会（American Council of Logistics Management）的组织和倡导下，还建立了美国物流业的职业资格认证制度，例如仓储工程师、配送工程师等若干职位，所有物流从业人员必须接受职业教育，经过考试获得上述工程师资格后，才能从事相关的物流工作。

第三节　相关案例分析

案例：上海全方物流演绎现代物流

上海商业储运有限公司是原上海市商业一局改制后形成的下属企业，属于上

海市规模较大的国有商业企业，计划经济时代主要依靠铁路从事传统物资的运输仓储工作。进入市场经济后，由于商业竞争的加剧，原有企业的竞争优势下降，原有运输设备老化，一直希望通过寻找新的商业项目，拓宽服务范围，增强企业的市场竞争力。

一、现代商业需要现代物流服务

20 世纪 80 年代，随着美国商品市场的激烈竞争，市场分工日趋细化和专业化，出现了独立于生产企业，专门从事商品运输、仓储配送的第三方物流公司，并形成了一个新的产业。第三方物流由于实行专业化的仓储配送、流通加工和运输，可以对不同公司产品进行高效和快速的配送，而且第三方物流在供应链中起到重要的纽带作用，把供应链的上下游更紧密地连接在一起，从而大大降低了供应链中的配送成本。20 世纪 90 年代，随着美国第三方物流的发展，在日本、德国等发达国家，第三方物流产业也得到了快速的发展。

中国的改革开放，不仅引进了许多国外的知名企业到中国建厂，而且现代企业的管理模式和新的业态也被中国的企业所认识和了解。上海商业储运有限公司的领导经过对国内外市场调研和考察，找到了改造国企的出路，即发展第三方物流业务，建立现代物流信息系统，为了中国的外资大企业提供满足他们物流需求的快速服务。而且随着企业的发展，物流信息系统的功能随之扩展。

上海商业储运有限公司在对原有的 25 万 m^2 仓库进行改造，创建上海物流商业中心的时候，就曾经对多家软件公司进行分析比较。经过考核发现，尽管有的软件公司在国内的名气很大，但其所谓的物流软件仅仅是个简单的进、销、存，没有现代物流的观念，根本无法满足第三方物流管理和运作的需求，而博科凭借对现代物流的理解和行业经验，加上使用自行开发的先进的平台技术，可根据客户的要求为客户快速提供满足其物流客户管理需求的物流软件和服务。为此，上海商业储运有限公司选定博科为其战略合作伙伴，博科为上海商业储运有限公司下属的上海商业物流中心开发了第三方物流应用软件，为世界级品牌 P&G 在华东地区的物流提供良好的服务，并得到客户的好评。由于树立了样板，积累了经验，上海储运公司尝到了变革的甜头，领导层作出战略决策，推广上海物流中心成果，扩大与国际品牌外资的合作。在 20 世纪 90 年代末，上海商业储运有限公司与美国百事食品有限公司结成战略联盟，由上海储运有限公司在松江工业区成立一家上海全方物流有限公司，专门为上海百事食品提供第三方物流服务。在全方位物流仓库筹建过程中，上海商业储运有限公司就主动找到上海博科咨询公司，提出了开发适合百事食品物流管理要求的软件，为百事食品提供专业的食品物流管理和运作。

上海博客资讯股份有限公司是一家全国性大型专业管理信息化解决方案提供商，主要为物流、零售和制造业等行业的企业提供信息化管理解决方案。该公司从1996年开始就介入物流信息系统的规划、设计和开发，其第三方物流信息系统，基于OPEN9000管理软件平台开发进行架构式设计，不仅吸收了国际上物流管理的先进理念，而且结合了国内物流企业的实际情况，是一个中西结合的现代物流管理软件。博科OPEN9000管理软件平台是一套大型管理软件构件库，曾被“IBM应用方案评测中心”评为全球最佳应用方案，博科的物流系统软件也曾被国内权威评测机构确认国内物流软件市场第一和客户满意度第一。

二、现代物流赢得现代服务

随着上海市城市功能的重新规划，上海松江免税出口加工区和松江工业区内将聚集大量的外资企业和中外合资企业，而这些外资企业产品数量多且多数销往外地，上海商业储运有限公司敏感地预测到这里需要一个具有现代物流服务功能的第三方物流企业。同时，20世纪90年代美国百事食品公司分别使用上海地区4个仓库，仓库距离生产加工区最远距离为30多km，每天短驳运输，人工投入很大，由于仓库没有信息系统或系统不能满足现代物流管理要求，无法降低物流成本，提高市场竞争力。上海商业储运公司的战略设想与百事食品的战略需求一拍即合，于是一个全新的第三方物流企业——上海全方物流有限公司——在松江诞生了。全方把百事公司作为自己的第一个第三方物流业务客户，开始了一对一的专业化的物流服务。

新的仓储基地紧邻美国百事食品公司，全钢结构，高12m，宽60m，长167m，面积1万m^2。整个仓库分为三个仓区，货架为纵深、可调节开启国际标准托盘式。第三仓为平面仓区，货架高10m，分4层，每层可承载1t货物，共有7 056个货架段位。科学设计的仓库和一流的物流设备为全方提供优质的服务打下良好的基础。

整个全方物流信息系统的实施过程分两步完成：第一步主要完成库存管理系统，整个系统包括基本信息设置、进出仓管理、信息查询三大模块；第二步完成无线信息的实施使用。全方物流根据百事食品的特点，制定了批次管理操作模式，百事公司和全方物流对各自的公司业务流程进行确认后，对博科咨询集团提出共同需求。之后，博科咨询集团的研发人员进驻全方公司，对全方的业务流程进行分析、确定后，在第一套第三方物流软件的基础上，按照百事食品的物流要求，量身订制了新版的第三方物流软件。在博科完成了系统的安装之后的两个月时间里，博科方面对全方的业务流程进行全面测试，根据测试结果和全方的要求变更，对系统进行了修改、调试和完善，发现问题及时解决。

经过双方的密切配合，博科的第三方物流信息系统在全方物流公司开业的第一天就正式运行，完全抛开了传统的手工账，实现了仓储配送的数字化管理，真正实现了出库、入库按规则自动分配，实现了食品库存和有效期的预警功能，全方的系统与百事食品信息系统实现了数据交换。百事公司在全方物流提供的终端服务器上，实现了实时查询，全方物流的进、出，情况尽在百事公司的掌管之中。由于双方实现了良好的战略合作，通过利用信息手段进行科学的物流管理，合作双方共赢，全方获得了长期合理的报酬，而百事食品的物流成本和耗损大大下降。

三、现代物流业需要量身定做

全方系统项目负责人对博科的合作，感慨道：每个公司都有自己特殊的情况，如果从市场上随便买一套系统，根本不可能满足企业的需要。因为量身定做，这套系统不仅满足了自己所有的需求，而且运行稳定。博科为双方提供的不仅仅是系统本身，更重要的是提供了全方位的服务。随着博科系统的升级，博科又对全方的系统进行了更新。新系统不仅满足百事食品的物流需求，而且能满足更多企业对物流的不同需求，为全方物流的二期工程（4.5 万 m^3，现代化仓库，为当年上海市中重点工程之一）提供强大的支撑。全方物流为百事食品提供的全方位服务，而博科为全方提供的也是全方位的服务。博科的物流软件为现代物流服务提供了有力的支撑。

如今，全方物流为上海百事食品公司提供从工厂的采购物流、生产物流、销售物流、流通加工、回收物流到废弃物流在内的全方位的物流服务，全方物流优良的物流软件，使百事食品降低了在库量，杜绝了因食品过期而引起的大量浪费，同时快速高效的物流配送，也大大降低了物流费用。对于百事食品公司来说，全方物流已成为百事食品的全国配送中心，并已成为百事食品公司的战略合作伙伴。

百事食品从生产线进入全方物流公司仓库的过程中，由于采取人工点货、人工输入等操作手段，难免会出现细微误差，为了把误差降低到最低限度，全方物流便提出零误差的系统需求。博科根据全方的要求，提供了最先进的无线信息系统入库解决办法——无数数据实时通信即 RF 系统。无线系统的开启后全方对入库的食品实行货位编码和商品编码同时扫描，使全方物流彻底告别了手抄作业，实现了无账本管理。

在近两年的时间里，百事公司产品的物流体系经历了一次全新的变革，过去外包给数家的物流业务逐步转移给一家专业的第三方物流公司——全方物流，食品从生产线上下来后直接进入全方的仓库，面向全国配送。百事公司原有用于临时存放食品的暂存仓库取消，变味原材料库房，成品真正实现了零库存。由于采用预警系统，百事食品因出库耽搁造成的过期食品大大减少，物流成本和库存资金损耗降到最低点，全年可节约资金数百万元。同时由于减少了中间环节（入库和出库），采用扫描方式进货，人员的平均劳动效率大大提高。百事食品的库存周转率为两周，最高峰可每周周转一次，极大地降低了库存成本。总库存下降，耗损减少，人员费用降低。

四、现代物流产业前景光明

上海全方物流有限公司由于采用先进的物流信息化系统，曾在业界引起轰动，上海市商委会把它作为上海市商业物流的典范进行广泛推广。国家科技部和上海科学技术情报研究所公布的上海博科咨询第三方配送系统报告中显示：上海博科资讯股份有限公司开发的第三方物流配送系统，整个系统中集成了无线通信和激光条码技术，可以对仓储货运的权构成实现无线管理。同时系统集成了GPS/GIS的功能，使系统可以随时跟踪物流运作状况。

由于该物流系统还采用了EDI技术，可以提供物流服务领域的明细财务信息，并与财务系统实时集成。在运输管理中提供了自动配车和人工配车相结合的方式，大幅度提高了配车的效率和合理化。经文献调研，该成果属国内首创。全方物流作为博科第三方物流配送系统的典型客户，其物流信息系统采纳了博科的最新商业智能技术，成为国产物流软件的一个有效的样板，同时也证明了民族软件厂商在物流信息系统中的独特优势。

随着我国经济的快速发展，未来几年中，物流产业将以几倍于经济发展速度的增幅前进，成为未来推动我国社会经济的又一重要因素，而作为现代物流业基础的信息技术也将成为现在物流业发展的助推器。

五、思考与练习题

1. 结合案例谈谈物流在社会经济生活中的地位和作用。
2. 你如何理解现代物流？

参考文献

[1] 李宝珠，王颖. 基于 ANP 的企业物流外包服务评价研究［J］. 中国农机化，2010（2）.
[2] 彭本红，罗明，周叶. 物流外包中的最优契约分析［J］. 软科学，2007（1）.
[3] 刘福华，陶杰，黄秀娟. 企业物流外包的风险与防范［J］. 物流科技，2005（7）.
[4] 黄玉华. 基于资源基础理论的物流外包决策研究［D］. 兰州理工大学：兰州理工大学，2009.
[5] 黄赪. 金恒利公司物流外包服务水平提升策略研究［D］. 华南理工大学：华南理工大学，2010.
[6] 徐娟，刘志学. 基于实物期权的物流外包成本风险［J］. 系统工程，2007（12）.
[7] 熊吉陵，雷霆. 中小企业物流外包的动因及策略简析［J］. 中国市场，2008（2）.
[8] 李桂艳. 物流外包风险的防范策略［J］. 经济与管理，2008（5）.
[9] 杨淼，邵鲁宁. 浅析物流外包［J］. 上海管理科学，2004（3）.
[10] 涂筱兰. 生态坊化妆品有限公司物流外包研究［D］. 华中科技大学：华中科技大学，2004.
[11] 陈文粤. 成都可口可乐饮料有限公司物流外包研究［D］. 西南交通大学：西南交通大学，2007.
[12] 戴一兵. 广州地铁运营物资采购物流外包研究［D］. 华南理工大学：华南理工大学，2009.
[13] 宗涛. 外包关系对制造企业物流外包绩效的影响［D］. 西安理工大学：西安理工大学，2009.
[14] 田宠. 家具企业物流外包的策略研究［D］. 南京林业大学：南京林业大学，2010.
[15] 张洁. 基于 WNN 的企业物流外包风险预测研究［D］. 河北工程大学：河北工程大学，2009.
[16] 刘健. 基于委托代理理论的物流外包激励机制研究［D］. 清华大学：清华大学，2009.
[17] 姚卓顺，鲁雅萍. 基于企业物流外包的第三方物流选择［J］. 科技和产业，2010（8）.
[18] 田宇. 从物流外包到物流联盟：契约机制体系与模型［J］. 国际贸易问题，2007（2）.
[19] 罗勇，卿海锋. 物流外包和自营物流的比较分析——以新一佳超市有限公司为例［J］. 物流技术，2007（5）.
[20] 赵卫华. 物流外包——烟草商业物流的方向［J］. 贵州工业大学学报（社会科学版），2008（5）.

[21] 袁志锋. 企业物流外包与物流企业博弈探析［J］. 中国市场，2008（10）.
[22] 洪怡恬，李晓青. 企业物流外包风险预警指标体系的构建及外包风险分析与评价［J］. 物流技术，2008（9）.
[23] 顾睿. 生产企业物流外包中甄选最佳第三方物流供应商模型研究［D］. 武汉科技大学：武汉科技大学，2008.
[24] 曾叶. 物流外包及物流绩效评价研究［D］. 浙江工业大学：浙江工业大学，2006.
[25] 陈志. 制造业物流成本核算及物流外包决策研究［D］. 大连海事大学：大连海事大学，2007.
[26] 马鹏，刘斌，徐国强，李秋香. 企业物流业务外包的双向选择模型［J］. 华北水利水电学院学报，2006（1）.
[27] 招莉莉. 供应链管理环境下的港口企业物流服务外包［D］. 中南大学：中南大学，2009.
[28] 记者 阮栩. 物流外包好看不好吃？［N］. 信息时报，2003-01-23（C04）.
[29] 程凯媛. 企业物流业务外包中存在的问题及解决方法［J］. 物流科技，2009（2）.
[30] 田宇，阎琦. 物流外包关系中物流服务需求方信任的影响因素研究［J］. 国际贸易问题，2007（5）.
[31] 胡从旭. 基于价值链的企业物流业务外包问题探讨［J］. 物流科技，2008（11）.
[32] 刘联辉，王坚强. 企业物流外包风险分析及其防范［J］. 湖南工程学院学报（社会科学版），2005（4）.
[33] 王淑云. 物流外包的效益及外包区域分析［J］. 公路交通科技，2004（8）.
[34] 记者 鲁松）实习生 时琪. 淮矿物流大市场“第三方物流外包”成功运作［N］. 淮南日报，2008-08-10（001）.
[35] 杨树果. 物流外包决策的模糊综合评价［J］. 黑龙江八一农垦大学学报，2010（4）.
[36] 俞仲秋. 当代物流外包中企业战略关系矩阵的探索与研究［J］. 物流科技，2011（4）.
[37] 俞仲秋. 当代物流外包中有效沟通系统模型研究［J］. 物流技术，2011（3）.
[38] 杨涛，孙军伟. 物流外包风险管理研究现状述评［J］. 价值工程，2011（13）.
[39] 虞上尚，刘丹. 基于承包商视角的物流外包风险分析与对策研究［J］. 物流技术，2011（7）.
[40] 王宇楠. 基于企业生命周期的物流外包策略研究［J］. 辽宁工业大学学报（自然科学版），2011（2）.
[41] 周立军. 企业物流外包风险分析与控制研究［J］. 物流技术，2010（21）.